Jutta Mattausch

Der Duft von Aprikosen

Die erstaunliche Geschichte eines Hirtenjungen im alten Himalaya

W0174264

WINDPFERD

Die Informationen in diesem Buch sind nach bestem Wissen und Gewissen dargestellt. Die Autoren und der Verlag übernehmen jedoch keine Haftung für irgendwelche Schäden aus dem richtigen oder unrichtigen Gebrauch der in diesem Buch vorgestellten Methoden. Diese sind zur Information und zur Weiterbildung gedacht.

1. Auflage 2018

© 2017 by Windpferd Verlagsgesellschaft mbH, Oberstdorf

Alle Rechte vorbehalten

Kein Teil des Buches darf in irgendeiner Form oder zu irgendeinem Zweck elektronisch oder mechanisch, einschließlich Fotokopie, Recording und Wiederherstellung ohne schriftliche Genehmigung des Verlages wiedergegeben werden.

Der Verlag weist ausdrücklich darauf hin, dass er auf im Text enthaltene externe Links keinerlei Einfluss hat. Eine Haftung des Verlags ist daher ausgeschlossen.

Umschlaggestaltung: Jennifer Jünemann | www.bitdifferent.de

Verwendete Illustrationen: alle @123rf – ratanakhailee, photoroad, Andrey Alyukhin, Nataliya Velykanova

Vignette im Innenteil: foxyliam 123rf

Lektorat: Marion Voigt, Zirndorf

Korrektorat: Sylvia Luetjohann

Satz und Layout: Marx Grafik & ArtWork

Gesetzt aus der Warnock

Druck und Bindung: C. H. Beck, Nördlingen

Printed in Germany

ISBN 978-3-86410-180-9

www.windpferd.de

Inhalt

Dolma und Dolkar,
für euch Dakinis

Der Brief

Wenn ich an meine Kindheit denke, fallen mir zuerst die Aprikosen ein. Ein Dutzend Sorten gibt es. Unglaublich, nicht wahr? Aprikosenbäume vor schneebedeckten Gipfeln auf über dreitausend Meter Höhe mitten im Himalaya. In unserem Garten hatten wir fünfundzwanzig Aprikosenbäume mit sieben Sorten. Damals jedenfalls.

Ich kann noch heute jede Sorte erkennen, denn jede Aprikose schmeckt anders und jede reift zu ihrer Zeit. Die ersten Aprikosen sind Ende Juni so weit. Klein, sauer und knackig sind sie. Wie oft hatte ich diese heftigen Bauchschmerzen, weil ich es nicht abwarten wollte, bis die Früchte ausgereift waren. Ein paar Wochen später kamen die mittelsüßen Früchte an die Reihe. Dann im August, endlich, die zuckersüßen und besonders saftigen Aprikosen. Sie schmeckten am besten, keine Frage. Allerdings waren wir bis dahin längst übersatt, sodass wir diesen Schatz kaum noch würdigen konnten. Api, meine geliebte Großmutter, brachte die Aprikosen in die Hauptstadt zum Markt. Zwei Tagesmärsche brauchte sie bis nach Leh und oft war ein Teil ihrer Aprikosen zerdrückt, noch bevor sie die Stadt erreichte. Mit diesen letzten August-Aprikosen machte Api das beste Geschäft, doch was mich betrifft: Ich habe immer jene frühen sauren Aprikosen geliebt.

Manche Bäume sind so alt und knorrig, dass selbst meine Api nicht sagen konnte, welcher Urahn sie gepflanzt hatte. Für jeden Aprikosenbaum gab es einen eigenen Namen. Da waren der Krummbaum, der Weiße-Kerne-Baum und wie sie alle hießen.

Mein Lieblingsbaum war der Wasserfall-Baum. Durch seine ausladende Krone voller dunkelgrünem Blätterwerk und goldgelben Früchten tanzten faden-dünne gleißende Sonnenstrahlen auf meinem Gesicht, wenn ich unter ihm lag. In seinem knorrigen Stamm erkundete ich zauberhafte Landschaften, träumte mich in jene Geschichten, die Api mir von Wassergeistern, fabelhaften Lufttänzerinnen und heldenhaften Rittern erzählt hatte. Dieser Wasserfall-Baum war der gehei-me Treffpunkt von mir und meinem besten Freund Tundup. Er war durch eine niedrige Steinmauer von unserem Hauptgarten abgetrennt, sodass uns niemand sehen konnte, wenn wir dort saßen. In seinem Schat-ten tauschten wir Geheimnisse aus, hier versteckten wir uns, wenn es zu Hause wieder einmal Ärger gab.

Sonja, denkst du noch daran, wenn du eine Aprikose isst, den Kern aufzubewahren und ihn auf einer Stein-mauer entlang deines Wegs abzulegen? Gewiss weißt du, dass wir auch heute noch die Kerne sammeln; wir schla-gen die Schale auf und pressen den weißen Mandelkern zwischen zwei Steinen, bis er seine Flüssigkeit freigibt. Aprikosenöl duftet wunderbar, sagtest du damals zu mir. Das Öl, das du heute in der Stadt kaufen kannst, ist ziem-lich sicher maschinell gepresst. Kein Vergleich zu diesem selbst hergestellten dickflüssigen, goldgelben Öl mit sei-nem intensiven Geruch. Wenn ich an meine Api denke, rieche ich diese würzig-herbe Verbindung von Erde, But-terfett und dem bittersüßen Geruch des Aprikosenöls, mit dem sie ihr Gesicht und die Hände einrieb.

Auch andere Bilder meiner Kindheit steigen in mir auf. Wie ich barfüßig mit durchgefrorenen Zehen auf nacktem gestampftem Lehmboden stand. Kein Kind in unserer Nachbarschaft besaß richtige Schuhe. Natürlich hatten wir unsere bunten Stiefel aus Filz. Allerdings hat der Schnee sie immer durchweicht, sodass meine Füße im Winter patschnass wurden. »Stell sie an den Ofen, Nunu«, grummelte meine Api dann gutmütig, »und setz dich zu mir.«

Api hockte während der Wintermonate den lieben langen Tag in der Küche neben dem Lehmofen, auf dem Kannen mit Tee und Töpfe mit heißer Nudelsuppe brodelten. Sie schob getrockneten Kuhdung in das Seitenfach und gab acht, dass die Glut nicht verlosch, während sie geräuschvoll eine Tasse fetten salzigen Buttertee nach der anderen schlürfte, ihre Gebetsmühle drehte und Schafwolle spann. Also stellte ich meine Stiefel gehorsam neben den Ofen, kuschelte mich an ihren rauen Wollmantel und bettelte sie um eine Geschichte von meinem Helden an, dem legendären König Gesar von Ling. Api war eine wundervolle Erzählerin und ihre Fürsorge tröstete mich darüber hinweg, dass ich im Haus bleiben musste, während meine Freunde sich draußen im Schnee vergnügten.

Ein Paar wasserdichte Schuhe waren mein größter Wunsch, der sich einmal sogar erfüllte, jedenfalls fast. Eines Tages kam mein Vater mit Schuhen aus der fernen Hauptstadt Leh zurück. Ich weiß noch, wie er in die Küche trat und mir stolz dieses Jutesäckchen präsentierte. Ich wusste sofort, was sich darin befand. Hatte mein hartnäckiges Betteln Vaters Herz erweicht oder hatte er einfach meinen Starrsinn satt? Egal!

Mit pochendem Herzen wickelte ich das Päckchen auf. Knöchelhohe Schuhe aus glänzendem schwarzem Plastik, »Made in India« stand auf der Sohle. Zauberworte waren das! Indien erschien uns Lichtjahre entfernt und alles, was von dort kam, war wie ein Versprechen.

Mir wurde schwindlig vor Überraschung und Glück, aber im nächsten Augenblick packte mich der Übermut. Ich zwängte meine breiten Füße in das steife Schuhwerk und flitzte in den Garten. Alle Nachbarn, ja das ganze Dorf sollte diese neuen Schuhe bewundern.

Ich packte unseren dicken schwarzbraun gefleckten Ziegenbock, der friedlich an frischen Heuballen knabberte, bei seinen prachtvollen Hörnern und schwang mich auf seinen Rücken. Zuerst drehten wir eine Runde im Garten, wobei der arme Ziegenbock schier in die Knie ging. Also hielt ich die Balance, indem ich mit beiden Füßen auf dem Boden mitmarschierte, und so trabten wir leidlich würdevoll ein Stück unseren Hausberg hinauf. Drehten, immer schön im Gleichschritt, eine enge Schleife zur Straße vor, wo, wie ich hoffte, möglichst viele Bewunderer zur Stelle wären. Als wir am Dorfplatz einliefen, spürte ich an meiner linken Fußsohle ein merkwürdiges, sehr vertrautes Gefühl. Widerstrebend zog ich meine Goncha hoch und betrachtete das Unglück. Die Schuhsohle hatte sich gelöst und ich stand mit nacktem Fuß auf der Erde! Der rechte Schuh sah kaum besser aus, immerhin hing die Sohle noch daran. Ich stieg ab und dankte meiner Schutzgottheit, dass kein Nachbar mich in diesem beschämenden Moment sehen konnte. Die Überreste meiner neuen Schuhe steckte ich ein, dann zog ich den störrischen Ziegenbock hinter mir her nach Hause.

Mein Vater reagierte wie erwartet: »Ich wusste es doch, jede Rupie für diesen Sohn ist Verschwendung! Er ist und bleibt ein Nichtsnutz.«

»Halt den Mund«, blaffte Api meinen Vater von ihrem Platz aus an, wo sie bequem zwischen einem Haufen Decken und Fellen hockte. »Lass den Jungen in Ruhe. Schließlich hast du, mein Sohn, in diesem Flegelalter noch weniger Hirn gehabt als dein Kleiner hier!«

Während ich, hinter Apis Rücken versteckt, meinen Schuhen nachtrauerte, schob sie mir flink ein Stück köstlichen Baba in den Mund, gekneteten Gerstenteig. Mutter mischte sich nicht ein. Allerdings tat es ihr leid um das schöne Geld. Und ich musste wieder barfuß gehen.

Mit diesen Briefen, Sonja, will ich dir vom alten Ladakh erzählen, vom Leben in meiner Kindheit. Damals, so schien es, hatten unsere Traditionen Bestand für die Ewigkeit. Welch ein Irrtum.

Heute erlebe ich, wie sich unser Land rapide verändert. Die meisten Neuerungen befürworte ich. Straßen, gute Schulen, wetterfeste Kleidung und, ja, auch Schuhe, machen den Alltag angenehmer. Allerdings birgt dieser sogenannte Fortschritt auch Gefahren. Buddha mahnte: Gier und Maßlosigkeit machen den Geist rastlos und unzufrieden. Er hat recht; wir verlieren das Gefühl für das rechte Maß an Fortschritt. Was soll werden, wenn zahllose Autos auf viertausend Meter Höhe die Luft verschmutzen? Wenn Jugendliche mit einem guten Schulabschluss keine passende Arbeit im Land finden? Natürlich wollen sie nicht zurück auf die Felder oder Ziegen auf den Hochweiden hüten.

Doch wer bin ich, dies zu sagen? Auch in mir keimte früh eine Sehnsucht nach einem freieren Leben auf. Ohne die leiseste Idee, wohin mein Karma mich einmal führen würde.

Fünfundzwanzig Jahre ist es her, dass wir uns begegnet sind. Du warst eine Weltreisende, ungebunden und neugierig. Du warst einzigartig für mich, faszinierend. Erinnerst du dich an unsere gemeinsame Zeit? Ich wollte dir meine Familie vorstellen, und du wolltest meine Gedanken, meine Gefühle verstehen, meine Geschichte erfahren. Und ich die deine. Dazu kam es nicht, wir haben einander verloren. Vielleicht hast du mich längst vergessen.

Ich nehme es vorweg: Es war mein Fehler, dass ich unsere letzte Verabredung verpasste. Gewiss warst du sehr zornig auf mich, vielleicht auch traurig. Ich würde es verstehen. Aber es gab einen Grund dafür, Sonja.

Viel ist seitdem geschehen. Unser Leben strömt dahin wie ein Fluss, nichts bleibt, wie es ist. Doch nun habe ich einen Wendepunkt erreicht. Gerade deshalb finde ich wohl erst jetzt den Mut, dir zu sagen, dass die Zeit mit dir zu den schönsten meines Lebens zählt.

So will ich mein altes Versprechen einlösen: Ich erzähle dir meine Geschichte. Und wenn du es erlaubst, zeige ich dir gern mein Dorf.

Verzeih mir.

Julley, Citta

Im Klang der Stille

Schwungvoll spannte der Hotelboy die bunten Sonnenschirme auf, aus der Küche wehte das Klappern von Frühstücksgeschirr in den Garten. Stimmen, ein Auto, jemand kehrte den Gehweg. Sonja lauschte, vernahm leise, ganz vage nur eine Schwingung von Stille, über die alle Geräusche hinwegperlten wie eine beiläufige Melodie. Sie lehnte sich in ihren Korbstuhl zurück und genoss die ersten Sonnenstrahlen dieses Morgens. Für die Jahreszeit lag noch reichlich Schnee auf den Bergen. Es würde ein wolkenloser und warmer, ein perfekter Junitag werden. Sonja atmete tief durch. Sie liebte dieses Land, seit sie vor fünfundzwanzig Jahren das erste Mal hier gewesen war.

Im Hotelgarten gedieh üppige Vegetation, daran würde sie sich wohl nie gewöhnen. Gerade noch waren sie von Delhi über kahle, unberührte Berge geflogen, über tief verschneite Gletscher, auf die kein Mensch je seinen Fuß gesetzt hatte.

Als die Maschine nur eine Stunde später in weitem Bogen den Indus überquerte und inmitten der sandigen Ebene auf der Landebahn aufsetzte, als sie aus dem Flugzeug stieg, die scharfe kalte Morgenluft einatmete, wunderte sie sich einmal mehr, dass in dieser ausgedehnten Oase eine Stadt lag.

Vor der weiß getünchten Fassade des zweistöckigen Hotels mit seinen weinrot lackierten Fensterrahmen leuchteten Sonnenblumen, Vergissmeinnicht, Ranunkeln, Stockrosen, Tagetes und Rittersporn in satten Farben, in gepflegten Beeten gediehen Blumenkohl, Kartoffeln und Karotten.

Sonja trank von ihrem Tee. Gleich würde Samten eintreffen, der Leiter ihrer hiesigen Agentur, um das Programm für diese Reise mit ihr zu besprechen. In Gedanken ging sie die Tour durch, da trat er schon an den Tisch.

»Julley, Madam Sonja.«

Sie begrüßten einander mit einer Umarmung, plauderten über ein paar Belanglosigkeiten. Es war Sonjas erste Tour nach Ladakh in diesem Jahr und sie hatten sich seit Monaten nicht gesehen. Sonja mochte Samten. Er war zuverlässig und sie schätzte seine charmante und kluge Art, den Gästen sein Land zu zeigen. Samten würde die Gruppe begleiten, sich in den Klöstern darum kümmern, dass man alle interessanten Räume besichtigen konnte, und wenn möglich Sonderwünsche der Kunden erfüllen.

»Wie viele Leute haben wir in der Gruppe, Madam Sonja?«

Samten bestand auf der formellen Anrede, obwohl Sonja ihn oft gebeten hatte, sie einfach beim Vornamen zu nennen. »In unserem Land respektieren wir die älteren Menschen«, hatte er ihr erklärt. Die Älteren! Sonja schmunzelte beim Gedanken an seine Worte. Dabei lag ihr fünfzigster Geburtstag kaum ein Jahr zurück; zum Glück war sie auf einer Tour durch die Mongolei gewesen, sodass sich das wohlmeinende Drängen ihrer Freunde auf eine angemessene Party erübrigte und Sonja diesen Termin dezent übergehen konnte. Sie räusperte sich und kam auf Samtens Frage zurück:

»Zusammen mit uns beiden sind wir zu zehnt. Damit reichen zwei Autos.«

Es war eine klassische Kulturrundreise geplant. Jahrhundertealte Klöster, in denen bis heute reges Mönchsleben stattfand. Spaziergänge durch Dörfer, in denen die Zeit stehen geblieben war, wie das Programm versprach. Eine Exkursion zu Nomaden im Hochland an der Grenze zu Tibet.

»Können wir wieder Verwandtschaft von dir besuchen? Damit die Leute ein bisschen Kontakt zu den Einheimischen bekommen?«

»Ich gebe meiner Cousine Pema Bescheid, sie ist eine gute Gastgeberin«, versprach Samten. Außerdem wollte er die Gruppe morgen bei ihrem ersten Rundgang durch die Stadt begleiten.

Nachdem er gegangen war, überflog Sonja noch einmal die Liste. Die Gruppe bestand aus zwei Ehepaaren und vier Alleinreisenden: drei Frauen, ein Mann.

Sie machte sich auf dem Zimmer kurz frisch, zog ein paar Bürstenstriche durch ihr widerspenstiges dunkelbraunes Haar, dann kehrte sie zurück in den Garten, um ihre Kunden zu empfangen. Sie hatten geruht, eine Dusche genommen, einige berichteten, sie hätten bereits die Koffer ausgepackt. Nun rückten sie sich die Stühle unter den Sonnenschirmen zurecht. Ohne Umstände entspann sich eine lockere Unterhaltung, schließlich wollten die Reisegäste einander beschnuppern, einen ersten Eindruck bekommen von diesen Menschen, mit denen man nun drei Wochen verbringen würde.

Herr und Frau Schneider, beide in mittleren Jahren, erzählten von ihrer Safari in Namibia im vergangenen Jahr und von der Rundreise durch Thailand im Jahr zuvor.

Nun also der Himalaya – über Ladakh kämen gerade viele Berichte im Fernsehen, erklärte Herr Schneider zufrieden, dieses ehemalige Königreich müsse man schon einmal gesehen haben. Er blätterte im Reiseprogramm. Seine Frau nickte ihm bisweilen zu, wirkte allerdings zurückhaltend.

Daneben saßen Verena und Heinz Volkers, pensionierte Lehrer. Sie bereisten vorwiegend Europa, gern auch Hochkulturen in Südamerika oder eben in Asien. Herr Volkers überließ seiner lebhaften Frau das Wort und lächelte derweil freundlich in die Runde. Sie waren beide von rundlicher Statur und stellten grinsend klar, dass sie keinerlei sportliche Ambitionen hegten. Auf Wanderungen würden sie gern verzichten, solange man mit dem Auto ebenso ans Ziel komme.

Cornelia reiste allein. Während ihr Mann am liebsten Rennradtouren unternahm, interessierte sie sich für asiatische Länder, erzählte sie. Cornelia war die auf den ersten Blick unscheinbarste Teilnehmerin der Gruppe, sie würde sich anpassen, dabei unverbindlich und langweilig bleiben, vermutete Sonja. Dann Heidrun, eine zierliche Frau mit kurzen grauen Haaren. Heidrun mochte um die sechzig sein, wirkte allerdings jünger. Ständig schien sie in Bewegung. Schließlich Günter, hochgewachsen und schmal, in mittlerem Alter. Etwas an ihm war seltsam, Sonja konnte sich nicht erklären, was sie an seiner Ausstrahlung irritierte.

Jule, mit Mitte zwanzig eindeutig die Jüngste der Gruppe, erschien als Letzte. Klare graue Augen, braune Kurzhaarfrisur. Ein aufgeschlossener Mensch, sie wird sich in Ladakh wohlfühlen, überlegte Sonja, während Jule auf dem Stuhl neben ihr Platz nahm und entspannt ihre langen Beine in der engen Jeans ausstreckte.

»Es ist fantastisch, ich sitze hier mitten im Himalaya. Gibt es hier eigentlich WLAN?« Zufrieden blinzelte Jule gegen die Sonne und Sonja folgte ihrem Blick zu den Bergketten hinüber. In den oberen Regionen glänzte es weiß. Sie nickte. »Ja, es gibt WLAN, das Passwort bekommst du an der Rezeption. Und der Gletscher dort drüben ist der Stok Kangri, ein Sechstausender. Das Basislager ist nicht weit von hier.«

»Nein, danke schön! Mir genügt der Blick von unten«, stellte Jule lakonisch fest.

Sonja grinste. »Mir auch.«

Wie bei jeder Gruppe war Sonja auch dieses Mal gespannt auf die Herausforderungen der Reise. Sie hatte immer schon ein Gespür für Menschen gehabt und es mit den Jahren professionell weiterentwickelt. Sie täuschte sich nur selten mit ihrer ersten Einschätzung, und diese Gruppe schien nach jetzigem Ermessen keine größeren Probleme zu bereiten.

Inzwischen klagten Cornelia und Frau Volkers über Kopfschmerzen und Schwindel, übliche Symptome der ungewohnten Höhenlage, und Sonja empfahl den beiden, noch eine Weile zu ruhen. Margit Schneider und Heidrun unternahmen einen Spaziergang durch den Garten, machten anerkennende Bemerkungen zum Gemüse und zu den Blumen. Jule setzte sich auf die andere Gartenseite, um den Blick auf die Berge zu genießen.

Silbernes Abendlicht hatte sich über das Tal gelegt, die schneebedeckten Spitzen der Bergkette glitzerten in blassem Rosa, als Sonja später durch den Garten lief, um Lobsang zu besuchen, den Eigentümer des Hotels. Sie war mit ihm seit vielen Jahren befreundet, seit die Agentur die Gruppen hier einquartierte. Lobsang wohnte mit

seiner Frau und den beiden Kindern im alten Bauernhaus. Der vordere Teil des Grundstücks mit dem Hotel
war eingegrenzt durch ein paar Apfelbäume und Weiden, nicht weit dahinter stand das Bauernhaus. Die zwei
Hündchen von Lobsang, zerzauste Fellknäuel in Weiß
und Hellbraun, tollten mit spitzem Gebell um die Gar-
tenstühle, als sie sich dem Haus näherte. Lobsang stand
an der Tür. Er rief nach den Hunden, kam aber, als er
Sonja sah, mit offenen Armen auf sie zu. »Willkommen,
Sonja. Ich warte seit Stunden auf dich.«

Sonja zuckte lachend die Schultern. »Du weißt doch –
der erste Tag! Was macht die Familie?«

Amüsiert registrierte Sonja, wie Lobsang nochmals in
die Hände klatschte und so lange pfiff, bis die Hündchen
endlich nach drinnen flitzten. Das Haus war ganz nach
Sonjas Geschmack. Behagliche Lehmbauweise, ein alter
Holzboden und Zimmerdecken aus Pappelästen, wie
man sie in allen traditionellen Bauten fand.

»Seit die Mädchen in Chandigarh auf der Schule sind,
ist das Leben für Rinchen und mich einsam geworden. Sie
ist übrigens heute auf der Geburtstagsparty einer Freundin und lässt dich schön grüßen.« Lobsang führte Sonja
ins Wohnzimmer und bot ihr einen der schweren gepolsterten Sessel an. »Nimm dir bitte Kekse«, er deutete zur
Kristallschale auf dem Glastisch, »ich hole Tee für uns.«

»Nein, lass nur, bitte keinen Tee.« Sonja winkte ab.

»Aber Sonja, kein Alkohol heute. Du weißt doch,
nicht am ersten Tag …«, scherzte er, darauf anspielend,
dass die beiden schon die eine oder andere Runde zusammen getrunken hatten.

»Nein, Lobsang, ich meine, gar nichts zu trinken«,
erwiderte Sonja lachend, »weder Cola-Whisky noch Tee.

Verschieben wir das auf morgen, ich bin wirklich müde. Was macht denn deine Mutter?« Lobsangs Mutter war eine Frau mit Geist, Humor und einer beneidenswerten Alterszufriedenheit. Sie wünschte, ihre eigene Mutter hätte wenigstens eine dieser angenehmen Qualitäten. Nach ihrer Erfahrung verstärkten sich persönliche Merkmale mit den Jahren, im Positiven wie im Negativen. Neue überraschende Eigenschaften kamen eher selten dazu.

»Du weißt ja, sie geht immer früh zu Bett. Besuche sie doch morgen, sie wartet immer auf dich ...« Lobsang unterbrach sich. »Ach, bevor ich es vergesse: Vor ein paar Tagen hat jemand ein Päckchen für dich gebracht. Mutter sagt, der Überbringer wollte wissen, an welchem Tag du kommst. Aber sie wusste es nicht genau. Jedenfalls musste sie ihm versprechen, dir das Päckchen sofort nach deiner Ankunft zu geben.«

Ratlos schaute Sonja Lobsang an. »Ich erwarte kein Paket. Von wem ist es denn?«

»Ich habe keine Ahnung, frag Mutter morgen selbst.«

Das Päckchen lag auf dem Fernsehtisch, in weinroten Stoff eingepackt und mit einer Kordel sorgfältig verzurrt. Nachdem Lobsang es ihr überreicht hatte, verabschiedete sich Sonja alsbald. Auf dem Weg zu ihrem Zimmer maß sie das Bündel ab. Es fühlte sich nach einem schweren Packen Papier an. Wer mochte der ominöse Absender sein? Sie setzte sich aufs Bett, zögerte einen Moment, starrte diese Überraschung auf ihrem Schoß an.

Dann löste sie die Kordel, faltete den roten Stoff auseinander und schaute auf einen Stapel Blätter, die seitlich gelocht und von einer dicken Schnur zusammengehalten waren. Das Deckblatt zierten in handgeschriebenen Buchstaben nur zwei Worte: »For Sonja«.

Sonja ließ die Blätter einzeln durch Daumen und Zeigefinger gleiten. Sie waren beidseitig mit blauer Tinte beschrieben, in Englisch, gut lesbar, die Schrift neigte sich leicht nach links. Sonjas Befangenheit wich einer aufgeregten Neugierde. Sie nahm die erste Seite zur Hand und im nächsten Augenblick war ihr klar, dass diese Blätter sie wie ein Orkan aus ihrer Routine werfen würden. Und dass diese Reise garantiert nicht nach Plan verlief.

Sie schlug die erste Seite auf.

Auf der Sommerweide

Der Sommer war immer meine liebste Jahreszeit. Jene trägen Tage, einer wie der andere. Auch dieser Tag begann zunächst ganz normal.

Wir waren gemeinsam unterwegs. Wir, das Dreiergespann Tundup, Rigzin und ich, ungefähr acht Jahre alt und unzertrennlich. Als Hirten brachten wir die Jungtiere auf unsere Sommerweide am Fluss.

An diesem Sommertag führte ich sieben Lämmer, vier Zicklein, zwei Kälber und unsere drei Esel mit mir. Mutter hatte mich am Morgen ermahnt: »Komm nicht zu früh nach Hause, Nunu Norbu, mach dich erst auf den Heimweg, wenn die Sonne hinter den Bergen verschwindet und der Fluss im Schatten liegt.« Als wüsste ich nicht selbst, dass die Tiere bald auf dem Dreschplatz arbeiten und daher viel nahrhaftes Gras und Kräuter fressen sollten!

Da unser Haus am Rand des Dorfs lag, lief ich erst bei Rigzin vorbei, dann holten wir Tundup am Haus von Onkel Angchuk ab. Tundup war der Sohn des Dorftrommlers, er gehörte zur Sippe der Trommler, der Mon. Seine Familie besaß wie die meisten Mon weder Äcker noch Tiere. Deshalb musste Tundup sich als Hirte bei unserem Onkel verdingen. Als Lohn bekam die Trommlerfamilie ausreichend Gerste und Gemüse. Angchuk war ein großherziger Mensch und dafür respektierte man ihn im Dorf. So trabten wir mit unseren Tieren zwischen weiß getünchten Häusern und über Felder zur Sommerwiese hinüber. Hier würden wir den Tag verbringen.

Die Sommerweide durchfloss ein imponierender Bach. Kaum vorstellbar, dass im Frühling hier noch ein schmales Rinnsal geplätschert hatte. Aber der Winter war gut gewesen, schneereich, und der mächtige Gletscher oberhalb unseres Dorfs schickte mit der erstarkenden Sonne reichlich Wasser herab. Beiderseits des Bachs war die Wiese übersät von glatt geschliffenen Flusssteinen jeder Größe. Api, meine Großmutter, behauptete, die Flussgötter hätten vor unvorstellbarer Zeit diese Steine von den Bergen herabgerollt. Dabei zog sie das Wort »uuunvorstellbar« in die Länge, um mir eine Vorstellung der gewaltigen Dimension zu geben.

Von dieser Weide konnten die Tiere praktisch nicht ausbrechen: Nach oben war das Tal begrenzt von Geröllflächen, die in einen senkrecht abfallenden Kessel übergingen. Rechts machte der Fluss ein Durchqueren unmöglich. Kritisch war nur die linke Seite, wo die Weide in faltige Hügelkämme überging. Allerdings kannte ich jede einzelne dieser Bergfalten, hatte meine Tiere oft aus Mulden herausgelockt, in denen besonders saftige Gräser standen. Und ich kannte jede Quelle, denn im Winter, wenn die Bäche gefroren waren, brachte ich die Tiere zum Trinken hierher.

Ich setzte mich auf meinen Lieblingsstein, ein großer ovaler graugrüner Granit, und überschaute den Horizont. Um uns ragten in einem weiten Kreis wilde scharfgratige Bergspitzen in die Höhe. Die Erdmassen waren vielfarbig geschichtet, bisweilen schräg hochgedrückt, andere warfen sich senkrecht gegen den Himmel. Zwischen den massiven Felsen quollen feiner Sand und spitzes Geröll hervor, die sich talwärts zu breitgefächerten losen Flächen ausweiteten. Lediglich auf den Bergspitzen stand noch unberührt der massive Granit.

Vor mir erstreckte sich mein Dorf, das mit etwa siebzig Familien einer der größten Orte im Industal war. Häuser und Stallungen glichen braungrauen Würfeln in unterschiedlicher Größe, eingebettet in üppig bewachsene Gärten, die jetzt voller Stockrosen und Sonnenblumen standen. In den Kronen der Apfel- und Aprikosenbäume leuchteten die reifen Früchte. Ich ärgerte mich kurz, dass ich nicht ein paar Aprikosen mitgebracht hatte, ließ dann meinen Blick weiter bis zum oberen Rand der Wiese wandern. Dort säumten hochgewachsene schlanke Pappeln die Ufer des Gletscherbachs, dazwischen hatten sich ein paar kurzstämmige Weiden breitgemacht. Die Äcker waren ovale Flickenteppiche in grünen und gelben Schattierungen, durch schmale Wasserkanäle voneinander getrennt. Die Ähren standen schon kompakt auf den Halmen, das hieß, Vater würde unser großes Quellefeld bald für erntereif erklären. Darauf freute ich mich, die Ernte war immer ein besonderes Ereignis.

Die Straße durch unser Dorf lag im Moment grau und öde da. Weil sie die einzige Verbindung vom indischen Flachland in die Hauptstadt Leh war, musste jedes Fahrzeug, das von dort heraufkam, unser Dorf passieren: die schweren Fahrzeuge der Militärs, die in endlosen Konvois bis an die Grenzposten nach Pakistan und China weiterfuhren, ebenso wie die dunkelblauen Lastwagen mit hölzernen Fahrerkabinen, hoch beladen mit Kerosin, Reis und Mehl. Sehr selten bekamen wir auch einen bunt lackierten Truck zu sehen. Diese Straße also verband das Dorf in den Sommermonaten, solange die Pässe schneefrei waren, mit den fernen Städten, eine für uns unerreichbare Welt. Kaum jemand aus dem Dorf war bis jenseits dieser Pässe gekommen – was gab es in Indien schon zu erledigen?

»Hey, Norbu, mach Platz da, wir wollen essen!« Übermütig spritzte Rigzin mir ein paar Handvoll Bachwasser ins Gesicht. Murrend und in Zeitlupe rutschte ich von meinem Stein herunter und bemerkte im selben Moment, wie hungrig ich war.

Rigzin und Tundup hatten sich inzwischen über meinen Weidenkorb hergemacht auf der Suche nach Essbarem, stöberten zwischen dürrem Gestrüpp und drei Fladen getrocknetem Kuhdung, meiner bisherigen Ausbeute des heutigen Tages. Noch hatten sie die Köstlichkeit, die ich mitgebracht hatte, nicht entdeckt. Ich ließ sie zappeln.

»Hier, das dürfte genügen«, grinste ich, schob meine beiden Freunde beiseite und zog einen verschnürten Beutel heraus: Tsampa, frisch gemahlenes, geröstetes Gerstenmehl. Mit Wasser oder Tee vermischt, war Tsampa die perfekte Verpflegung für unterwegs, eine nahrhafte Paste von würzig-nussigem Geschmack, die zu Kugeln geformt einfach in die Tasche gesteckt wurde. Allerdings gab es auch besseres Essen als Tsampa, besonders wenn man wie wir seit dem Morgen draußen war. Ich genoss einen Moment Rigzins langes Gesicht, griff dann in meine Tasche und zog drei große dunkelrote reife Tomaten hervor, frisch aus unserem Garten.

»Das sieht passabel aus«, stellte Tundup in seiner spröden Art fest, doch seine glänzenden Augen verrieten, wie sehr er sich über die Köstlichkeit freute.

Rigzin nahm die Tomaten sofort an sich und tanzte ausgelassen auf dem Geröll herum.

»Wie sieht es bei dir aus?«, fragte ich nun Rigzin.

Vorsichtig legte er die Tomaten auf den Stein und platzierte daneben einen kleinen braunen Brocken Tee.

»Prima.« Ich nickte anerkennend. »Haben wir zufällig auch Milch?«

Rigzin schüttelte den Kopf.

»Was soll's. Fangen wir mal an«, schlug ich vor.

Tundup steuerte nur selten etwas zu unserem Mittagessen bei. Bei ihm zu Hause reichte es gerade für das Nötigste, und es war selbstverständlich, dass wir das Essen mit unserem Freund teilten. Aber dieses Mal überraschte er uns mit einem verknüllten Leinenbeutel, den er aus seinem Mantel zog. Zucker! Weiße süße Kristalle, durch lange Transporte angestaubt, mit Lastwagen in Säcken über die Pässe des Himalaya befördert.

»Woher ist der? Hast du einen Lastwagen geplündert?« Ich traute Tundup so etwas sofort zu.

Aber er grinste bloß. Tundup war unser Chef, somit erübrigten sich weitere Nachfragen. »Von Onkel Angchuk, weil ich meine Arbeit gut mache«, erklärte Tundup schließlich bereitwillig. »Was habt ihr denn gedacht ... den brauchen wir später zum Tee.«

Eine Thukpa wollten wir kochen, Nudelsuppe mit Brennnesseln. Zarte junge Brennnesseln wucherten zu der Zeit üppig auf der Wiese, und es dauerte nicht lange, bis wir genug davon gezupft hatten.

»Steck bloß keine Ziegenköttel mit ein!«, neckte ich Tundup, und er verzog sein Gesicht zu diesem trockenen Grinsen, dieser speziellen Tundup-Mimik, die ich nie ganz durchschaute, und obwohl er mein bester Freund war, verstand ich oft nicht, welche Gedanken und Gefühle sich hinter dieser Fassade verbargen.

»Wenn schon, die Ziegen haben auch bloß Gras und Brennnesseln gefressen«, erwiderte er.

Als wir mit unseren vollen Taschen zurückkamen, hatte Rigzin ein Feuerchen entfacht, über dem das Wasser im Topf kochte. Wir kneteten den Teig, zupften ihn auseinander und gaben ihn mit den Brennnesseln, Tomatenstücken, etwas Salz und Chilis in den Topf. Die Suppe schmeckte herrlich und nach dem Essen dösten wir träge in der Sonne, bis Rigzin einen lauten Schrei ausstieß: »Leute, Steinadler! Genau über uns.«

Ich riss die Augen auf. Tatsächlich. In dem makellos blauen Himmel zogen zwei schwarze Punkte weite gleichmäßige Kreise, und zwar in jener eigentümlichen Ruhe, wie nur starke, selbstbewusste Lebewesen dies taten.

»Was machen die denn hier?«, rief Tundup. »Sie sollten viel weiter oben in den Bergen sein.« Mit einem Ruck war er auf den Beinen und wies uns an: »Beobachtet sie und pfeift, wenn sie an Höhe verlieren. Habt ihr verstanden?«

Nervös beobachteten wir die Adler, als ich bemerkte, wie eine Ziege ins Geröll hinaufkletterte. Sie wäre die perfekte Beute! Im Jahr zuvor hatte ein Steinadler eines meiner Schäfchen vom Hang weggeholt.

Ich begann zu schwitzen und rannte den Hügel hinauf. In meinem Kopf hämmerte es. Wie Vater schimpfen und mich wieder einmal einen Nichtsnutz nennen würde, wenn wir auch dieses Jungtier an einen Adler verlieren würden. Meine bloßen Füße berührten hartes Gestrüpp, bis ich aus der Ferne Pfiffe und Rufe hörte.

»Hey, Norbu, komm zurück, alles in Ordnung.«

Ich blieb stehen und schaute nach oben. Nicht ein schwarzer Fleck war in diesem unglaublichen Blau zu sehen.

»Sie sind doch längst abgedreht.« Tundup lachte, als ich bei meinen Freunden ankam. »Wirst du schnell nervös, Junge!«

Während ich mich langsam beruhigte, hatte Tundup bereits das Thema gewechselt.

»Wisst ihr eigentlich, warum ein Adler wegfliegt, wenn du laut pfeifst?« Er kaute an einem frischen Weidenblatt. Da Rigzin und ich ratlos mit den Schultern zuckten, gab er selbst die Antwort: »Weil der Pfiff sein Hinterteil kitzelt. Deshalb zwickt er es zusammen und schießt dadurch automatisch vor. Wie ein Pfeil.«

Oft bezweifelte ich, dass Tundup seine Worte ernst meinte. Dann schob ich meine Zweifel schnell beiseite. Letztlich wollte ich ihm einfach glauben. Und ihn bewundern. Tundup war klug und mutig. Und er hatte ein feines Gespür für die Gesetze und Launen der Natur. Mein Onkel Angchuk setzte großes Vertrauen in Tundup und erzählte oft, wie sicher seine Tierherde bei ihm aufgehoben sei. Tundup konnte sogar einem Muttertier beim Gebären helfen, griff ohne Scheu in ihr Inneres, um den Nachwuchs in die Welt zu holen. Anschließend rieb er das Neugeborene mit Gras trocken, wickelte es in ein Tuch und trug es behutsam, das blökende Muttertier an der Seite, nach Hause in den Stall.

Die Erde war noch aufgeheizt von der Sonne, als wir ausschwärmten, um die kostbare Hinterlassenschaft unserer Tiere einzusammeln und zum Trocknen auszulegen. Jeder von uns hatte seinen eigenen Stein, auf den wir unsere Fladen mit der Hand plattdrückten. Die getrockneten Stücke vom Vortag packten wir in unsere Weidenkörbe, wobei wir gut aufpassten, dass keiner einen Fladen vom anderen stibitzte, Freundschaft hin oder her.

Längst hatten die Schatten sich über den Fluss im Tal gesenkt, als wir uns auf den Heimweg machten. Die Zicklein und Kälber sprangen ungeduldig und in Vorfreude auf die schweren Euter ihrer Mütter umher.

Mutter und meine große Schwester Yangchen warteten schon, als ich mit dem letzten Tageslicht endlich zu Hause eintraf. Ich war müde und wäre am liebsten gleich ins Haus gegangen, doch musste ich die Jungtiere noch in den Stall bringen. Meine Mutter nahm mir das erste Kalb ab und führte es zu dessen Mutter, die es aufgeregt abschleckte und begrüßte, während ihr Kleines gierig nach dem vollen Euter suchte.

Als das Kälbchen lange genug getrunken hatte, zog ich es behutsam weg. »Mach eine Pause«, murmelte ich und rieb seine hellbraune Blesse, »und teile bitte deine Milch mit uns.« Ich wiederholte diese Worte, die meine Api schon immer in die weichen Ohren unserer Kälbchen und Zicklein geraunt hatte. »Ein Tier ist ein Lebewesen wie du und ich. Wenn du also seine Hilfe benötigst, mach es dir zum Freund. Nur mit Respekt wirst du ihre Unterstützung bekommen«, hatte Api uns Kinder immer ermahnt.

Das störrische Kälbchen wollte sich nicht losreißen, und es kostete mich einige Mühe, es von seiner Mutter zu trennen.

Yangchen knuffte mich freundlich in die Seite und schickte mich mit einer Handbewegung aus dem Stall. Währenddessen ergriff Mutter mit sicherer Hand das

Euter und ließ die glänzende fette Milch in den bereit-
gestellten Lederbeutel fließen. Als der Lederbeutel halb
gefüllt war, richtete sie sich auf und schob eine Haar-
strähne unter ihr Kopftuch. Sie lächelte.

»Nunu Norbu, du darfst nun gehen. In der Küche stehen Buttermilch und frisches Brot.«

Dankbar leerte ich meinen Korb, stapelte die gesam-
melten Dungfladen auf den sorgsam aufgebauten Haufen
und betrat den Hausflur. Dort standen ein paar Säcke mit
Stroh, zwei alte Benzinkanister zum Wasserholen, auf
dem gestampften Lehmboden lagen Schnüre, Seile und
anderer Kleinkram. Unsere gefleckte graue Katze, die auf
einem der Strohsäcke gedöst hatte, schrak auf und rannte
in den Stall; sie wusste, dass sie von Mutter eine Schüssel Milch bekommen würde. Schließlich fiel mein Blick
auf zwei weitere Säcke. Sie waren prall gefüllt mit Äpfeln
aus unserem Garten. Das konnte nur bedeuten, meine Api würde auf den Markt nach Leh gehen. Die Äpfel
aus unserem Dorf waren in der Hauptstadt begehrt, und
immer wenn Api von dort zurückkam, brachte sie Geld-
scheine und ein Geschenk für mich mit.

Ich stieg die steile Treppe in den ersten Stock hinauf.
Angenehm dunkel und kühl war das Haus, denn es gab
nur kleine Fenster, damit im Winter die Kälte und im
Sommer die Hitze abgehalten wurden. Mit einem Fuß-
tritt schob ich die schwere knarzende Holztür zur Küche
auf.

Die Küche war der größte und wichtigste Raum des
Hauses. Hier kam die Familie zusammen, Gäste wurden
empfangen und meine Geschwister machten ihre Schul-
aufgaben. Außerdem schliefen wir in der Küche, außer
im Sommer, wenn wir auf dem Hausdach unser Lager

aufschlugen. Der Mittelpunkt des Raums war ein riesiger Ofen aus gebranntem Lehm. Er hatte drei Löcher auf der Deckplatte, über denen gekocht wurde. Durch ein seitliches Loch wurde das Brennmaterial hineingeschoben. Neben dem Herd entlang der Wand war auf Holzregalen das Geschirr aufgestellt: große Kannen für Tee und Chang aus Messing, kunstvoll gehämmert und verziert, Becher und Löffel, ebenfalls aus Messing. Auf der Erde standen drei Tonkrüge zum Aufbewahren von Buttermilch. Bald würde Yangchen einen Teil dieses Hausrats für ihre Aussteuer bekommen.

Entlang der linken Wand lagen schmale Teppiche, davor reihten sich ein paar niedrige Tische mit kleinen Schalen voller Tsampa darauf. Der dicke Holzpfosten in der Raummitte zum Abstützen des Dachs erfüllte noch weitere Zwecke. Auf mittlerer Pfostenhöhe war ein kleines Brett angenagelt, auf dem ein Kamm aus Yakhorn, eine Zahnbürste sowie ein trüber Handspiegel lagen – die komplette Badausstattung.

Ich nahm eine Holzschale vom Regal und füllte Buttermilch ein. Sie schmeckte frisch und säuerlich, Mutter hatte sie am Morgen zubereitet. Gerade ließ ich mich vor einem Tischchen nieder und zupfte ein Stück vom Brotfladen ab, um es in die Buttermilch zu tunken, als Api hereinkam. Sobald sie mich sah, breitete sich ein Strahlen auf ihrem Gesicht aus. »Nunu, mein Junge, iss ordentlich, du musst Hunger haben.«

»Api, wirst du nach Leh gehen? Warum hast du mir nichts gesagt?«, erwiderte ich vorwurfsvoll.

Mit einem langen Seufzer ließ Api sich neben mir nieder und legte ihre faltige knochige Hand auf meinen Kopf. »Du hast recht, Nunu. Ich gehe morgen nach Leh.«

Sie nahm ihre Wollmütze ab, die sie rund ums Jahr trug, und kratzte sich ausgiebig den Kopf.

»Du hast versprochen, mich einmal mit in die Stadt zu nehmen«, beschwerte ich mich. Api und ich waren doch Verbündete, wie konnte sie ein Versprechen nicht einhalten?

»Dein Vater sagt, er braucht dich für die Tiere. Deshalb kannst du nicht mit.«

Ich ließ den Kopf hängen. Ich würde Api vermissen. Api war für mich der wichtigste Mensch auf der Welt. Niemanden habe ich so innig geliebt wie sie und sicher liebte kein anderer Mensch mich so bedingungslos wie Api. Vielleicht lag unsere spezielle Beziehung darin, dass wir beide aus demselben Holz geschnitzt waren. Api konnte stur sein wie ein Esel, sie war derber als ein Mann und konnte mindestens ebenso viel Chang trinken. Und sie hatte ein Herz aus Gold. Was uns am meisten verband, war wohl unsere Furchtlosigkeit. Api hatte vor nichts und niemandem Angst und auch ich war für mein Alter ziemlich mutig. Es gefiel ihr, dass ich so frech war. Deshalb stand ich unter Apis Schutz, wenn Vater wieder einmal allzu streng mit mir umsprang.

»Nunu, komm jetzt, kratz mir mal den Rücken. Da juckt es gewaltig«, befahl sie mir unwirsch, sie mochte keine Sentimentalität. Also fuhr ich mit meiner kleinen Hand in den Halsausschnitt ihrer Goncha und kratzte konzentriert über ihren Rücken. Voller Behagen seufzte Api, bis sie genug hatte und mir mit rauer Stimme Einhalt gebot: »Schluss jetzt, du ziehst mir noch das Fell ab, Junge.«

Nach und nach kamen die anderen Mitglieder unserer Familie herein, meine Geschwister, Vater und schließlich

Mutter. Yangchen hatte inzwischen den Ofen angefeuert, aus dem jetzt dicker Qualm quoll. Dann übernahm Mutter den Sitzplatz vor dem Ofen. Es dauerte nicht lange, bis sie sich ihre Augen rieb, wegen des beißenden Rauchs. Yangchen legte durch das Seitenloch ein paar Dungfladen nach, und der Qualm wurde noch schlimmer. Ich hatte mich neben Api zusammengerollt und lauschte träge den Gesprächen.

»Das Metallteil ist vom Rechen abgebrochen«, erzählte Vater, während er ein Stück Holz zurechtschnitzte. Hin und wieder ließ er seine Arbeit ruhen und trank einen Schluck Tee, dabei prüfte er sein Werk. »Was ist mit der Kuh? Sie ist längst überfällig mit dem Kalben«, fragte er Mutter, die am Herd in einem Topf herumrührte. Es würde wieder Nudelsuppe geben mit Gemüse aus unserem Garten, wo Kartoffeln, Karotten, Erbsen, Zwiebeln, Spinat und Rettich wuchsen.

»Sie wird immer apathischer, ich weiß auch nicht, hoffentlich ist alles in Ordnung«, erwiderte Mutter.

»Das wird ein Bulle, wenn er so lange überfällig ist«, warf Api ein und zwinkerte mir zu. »Vielleicht kriegst du bald deinen Bullen, Nunu.« Ich wünschte mir schon lange einen kleinen Bullen.

Api hockte im Schneidersitz auf ihrem Stammplatz am vordersten Sitz neben dem Ofen, schließlich stand ihr als der Ranghöchsten der Anwesenden dieser Platz zu, und drehte ihre Gebetsmühle. »So, Yangchen, jetzt hol mir meinen Chang«, beorderte sie meine Schwester, die neben Mutter am Herd hockte und die Karotten säuberte.

»Dann leg deine Gebetsmühle beiseite!«, fuhr Vater dazwischen. »Gebete an den Buddha und Chang passen nicht zusammen. Jedenfalls nicht gleichzeitig.«

Manchmal stritt mein Vater mit Api, weil für sie alles Mögliche zusammenpasste, was andere für unpassend hielten. Aber heute wollte sie offenbar keinen Streit anzetteln. Api wusste, ihr Sohn mochte es nicht, wenn sie allein in die Hauptstadt ging. Mit einem Knall platzierte Api ihre Gebetsmühle auf das Tischchen, als Yangchen ihre Tasse füllte. Sie tauchte die Spitze ihres rechten Ringfingers in die milchigweiße Flüssigkeit und schnippte dreimal in die Luft: nach oben, nach vorn und zur Erde hin. Es war ihre Gabe an die Götter des Himmels und der Erde, die offenbar auch Chang mochten. Dann trank sie das Glas in einem Zug leer. »Wohin gehst du jetzt wieder, Yangchen, du sollst mir nachschenken.«

Meine Mutter wiegelte bei solchen Streitgesprächen immer ab und wechselte das Thema: »Das Wasser auf unseren Feldern ist knapp. Man muss dem Churpon Bescheid geben, dass er den Kanal abends länger offen hält.«

Vater nickte, er würde am nächsten Tag mit ihm reden.

Nach dem kurzen Zwist lag wieder diese ruhige, beständige Wellenbewegung im Raum, entspanntes Geplauder über die Vorkommnisse des vergangenen Tages.

Das Abendessen wurde im Sommer spät fertig, denn das Kochen fing erst an, wenn alle Arbeiten auf den Feldern und mit den Tieren erledigt waren. Der lange Tag hatte mich müde gemacht, die Stimmen entfernten sich, ich döste schon ein, bis ich einen kalten Gegenstand in meiner rechten Hand spürte.

»Komm, Nunu, iss noch etwas Thukpa, dein Magen knurrt so laut wie der Hofhund draußen.«

Unter Apis Ermunterung schlürfte ich schlaftrunken ein paar Löffel heiße Suppe, und während mir die Augen wieder schwer wurden, hörte ich Mutter sagen: »Habt ihr schon gehört: Der kleine Tundup von der Mon-Familie soll zur Schule gehen. Nun braucht Onkel Angchuk einen anderen Hirten.«

»Der Junge von einem Trommler geht zur Schule. So ein Unfug, das kann nicht sein«, erwiderte Vater.

Dann fiel ich in einen tiefen, traumlosen Schlaf.

Spaziergang in Leh

Mit pochenden Kopfschmerzen lag Sonja im Bett, während Bilder auftauchten, die sie lange schon aus ihrer Erinnerung verbannt hatte. In diesen Stunden jedoch drängten sich vergessene Szenen, fragil und flüchtig, an den Rand ihres Bewusstseins. Fünfundzwanzig Jahre. Sie hatte tatsächlich lange nicht mehr an ihn gedacht. In der ersten Zeit aber, nach jenem Sommer, hatte sie in einer Endlosschleife die Szenen der wenigen gemeinsamen Wochen vor- und zurückgerollt. Auf der Suche nach einem Hinweis darauf, warum er an jenem Morgen einfach verschwunden war, wie ein Schatten und ohne ein einziges Wort der Erklärung. Nie hatte sie eine Antwort gefunden, und irgendwann war sie des zermürbenden Nachforschens, der fruchtlosen Grübeleien müde gewesen. Wie Zeit die Wahrnehmung verschob! Längst hatte ihre Gefühlslage sich entspannt. Nun aber gestand sie sich widerstrebend ein, dass in all den Jahren, wann immer sie diese Berge betrachtet hatte, ein stummes Echo in ihr mitschwang, ein Nachhall versäumten Glücks.

Noch bevor das erste Sonnenlicht sich über ihre Bettdecke ergoss, war die Geschichte wieder da. Die Verliebtheit, die ihr Flügel verliehen hatte. Mit Citta zusammen fühlte sie sich ganz, sobald sie getrennt waren, ertrug sie die Sehnsucht kaum. An diesem Morgen sah sie sein

Gesicht wieder vor sich, fühlte förmlich seinen weichen, kräftigen Körper.

Jetzt also trat er wieder in ihr Leben. Unvermittelt und ungefragt. Nach einem Vierteljahrhundert! Mit einem Stapel von Hand beschriebener Seiten, in denen er sein Versprechen einlöste. Ich werde dir mein Leben erzählen, hatte er gesagt und vorsichtig ihre Hand genommen, wenn du das möchtest. Natürlich hatte sie gewollt. Damals. Alles hatte sie wissen wollen von ihm. Jetzt allerdings überlegte sie, ob sie die Briefe einfach wegwerfen sollte. Diese Geschichte war doch bereits abgeschlossen. Aus und vorbei. Hatte sie jedenfalls gemeint.

Im Widerstreit ihrer Gefühle kämpfte sie gegen den rasenden Puls und das Herzklopfen an, das ihr schier den Atem nahm. Wie sollte sie in diesem Zustand einer heiteren, neugierigen Reisegruppe entgegentreten und ihr dieses wundervolle Land nahebringen?

Erleichtert fiel Sonja ein, dass Samten an diesem Vormittag die Stadtführung übernahm. Sie musste also nichts weiter tun, als Präsenz zu zeigen. Dafür würde es noch reichen. Schließlich war sie professionell genug, mit der Gruppe das Frühstück einzunehmen und ein paar unverbindlich-freundliche Worte an ihre Teilnehmer zu richten.

Auf der engen Straße war viel los. Sie mussten hintereinander auf dem schmalen Rand zwischen Asphalt und der tiefen Regenrinne balancieren. Einmal sprang Sonja in einen Ladeneingang, um einem Laster auszuweichen, der keine Armlänge entfernt an ihr vorbeifuhr. Cafés, Restaurants und Souvenirläden säumten den Weg. Nach fünfzehn Minuten erreichten sie das Stadtzentrum, wo Motorräder, Autos, Menschen in einem heillosen Durcheinander die Straße verstopften. Über einer Gasse hing das Schild »one way road«.

»Einbahnstraßen auf dem Dach der Welt, das ist wirklich unglaublich«, fand Frau Volkers, »damit habe ich nicht gerechnet.«

»Gibt es hier keine Ampeln?« Jule schüttelte den Kopf.

»Doch«, entgegnete Sonja, »eine einzige! Allerdings funktioniert sie nicht.«

»Die Menschen fahren vorsichtig, weil sie so sanftmütig sind«, schaltete sich Heidrun ein.

»Eher weil sie miserabel Auto fahren. Aber keine Sorge, unsere Taxifahrer sind Profis. Sie werden uns sicher durch das Land bringen.« Sonja lächelte, gerade in den ersten Tagen war es wichtig, eine gute Atmosphäre in der Gruppe aufzubauen.

Die Stimmung war entspannt. Man bestaunte den Königspalast, blieb vor Antiquitätenläden stehen und betrachtete in den Schaufenstern religiöse Statuen aus Messing, Pappmachéfiguren, antike und neue Thangkas, bunte Schals, Kleider aus dünner Baumwolle made in India und handgestrickte Mützen aus Schafwolle. Herr Schneider fotografierte, Frau Volkers löcherte Samten mit Fragen zur Geschichte. Günter jammerte, dass er schlecht geschlafen habe; da aber niemand auf ihn einging, wandte er sich wieder Samtens Vortrag zu.

»Ladakh war über tausend Jahre lang ein unabhängiges Königreich. Der legendäre König Sengge Namgyal ernannte Leh erst vor vierhundert Jahren zur Hauptstadt von Ladakh und ließ diesen Palast erbauen. Hier regierten die Könige bis zum Jahr 1834, als Soldaten aus der indischen Region Jammu einmarschierten und den König verjagten. Somit ist Ladakh erst seit gut hundertachtzig Jahren ein Teil von Indien.«

Außerdem erzählte Samten, wie Ladakh viele Jahrhunderte lang Knotenpunkt einer Karawanenroute war, auf der Händler von der schwülheißen südlichen Tiefebene über zerklüftete Gebirgszüge bis nach Ostasien nach Yarkand und Khotan zogen, in den Satteltaschen ihrer Kamele Teppiche, Seide, Gewürze und Wolle. Daher sei die Stadt immer schon ein lebhaftes buntes Zentrum für Kaufleute aus fernen Ländern gewesen, bis vor zwei Generationen die Zeit der Karawanen zu Ende ging.

Während die Unterhaltung weiter mäandrierte, kehrten Sonjas Gedanken zurück zu ihrer ersten Reise nach Ladakh. Mit dem Bus war sie aus Srinagar gekommen, der Standardroute für Rucksacktouristen mit viel Zeit. Damals war Leh ein größeres Dorf, die wenigen Touristen freuten sich über ein paar Annehmlichkeiten, die man hier fand: Vollkornbrot, Müsli und frisch gemahlenen Kaffee in der German Bakery, zerlesene Secondhandbücher, eine heiße Dusche.

Heute standen vor der State Bank of India Menschen in der Schlange, um mit ihrer Mastercard Rupien abzuheben. Die Lehmhäuser hatten dreistöckigen Betonbauten Platz gemacht. An der Geschäftsstraße beim Neuen Tempel saßen die Bäuerinnen noch immer auf dem Gehsteig, vor sich Kartoffeln, Karotten, Kohlrabi, kleine feste Äpfel, alles dekorativ aufgeschichtet. Früher hatte Sonja dieses Bild romantisch gefunden, heute wirkten die Frauen in dem Getümmel und auf Höhe rußender Autoauspuffe verloren. Trotzdem gingen die Geschäfte gut – heimisches Obst und Gemüse schätzten viele Kunden mehr als die Importfrüchte.

Heidrun wollte unbedingt Korallen kaufen. Nicht die billigen hellen von den Straßenständen, sondern echte dunkelrote Korallen. Außerdem brauchte sie einen großen Bergkristall. »Ein Geschenk für meinen Mann«, erklärte Heidrun. »Der Ärmste sitzt ja ständig an seinem Computer. Wusstest du, dass Bergkristalle Elektrosmog reinigen? Das ist wissenschaftlich nachgewiesen. Ich habe dazu eine interessante Studie gelesen.«

Noch während Heidrun über die gesundheitlichen Gefahren von Elektrosmog referierte, verabschiedeten sich die anderen. Sie hatten genug von der Stadt und wollten ins Hotel zurück. Sonja empfahl Heidrun einen gut bestückten Antiquitätenladen gleich um die Ecke. Als endlich alle weg waren, wusste sie einen Moment lang nichts mit sich anzufangen. Sie schlenderte unschlüssig umher, betrachtete die Auslagen von Shops, die sie längst auswendig kannte, bis sie sich vor Tashis Teashop wiederfand.

Tashis Teashop! Dieses kleine Restaurant mit seinen vier Tischen und den kitschigen Hochglanzpostern von Wasserfällen, Katzen und dichten Nadelwäldern an den Wänden. Hinter einer Glasvitrine standen zwei Vasen mit bunten Plastikblumen.

Als Sonja eintrat, kam Tashi ihr strahlend entgegen, umarmte sie und tätschelte Sonjas Wangen. »So lange warst du nicht hier! Wie schön, dich zu sehen! Möchtest du Minztee wie immer?«

Sonja nickte dankbar und schaute sich um. Alle Tische waren besetzt und sie nahm auf dem letzten freien Stuhl Platz. Während sie eher unfreiwillig dem Gespräch von zwei Amerikanerinnen an ihrem Tisch zuhörte, beobachtete sie Tashi, die wie immer gut gelaunt freundliche Bemerkungen zu ihren Gästen machte. Auch am Abend würde sie das Lokal noch mit ihrem Elan, ihrer Warmherzigkeit erfüllen.

Tashi war vor vielen Jahren mit ihrem Mann aus Tibet geflohen, die beiden hatten bald nach ihrer Ankunft in Ladakh dieses Restaurant eröffnet. Seitdem gab es eine klare Arbeitsteilung: Während Tashi sich um die Gäste kümmerte, übernahm ihr Mann die Küchenarbeit. In der kleinen, durch einen Vorhang abgeteilten Küche bereitete er Berge von Nudeln zu, kochte Tee und schnippelte Gemüse, vom Morgen bis zum Abend. Nebenbei wurden zwei Kinder großgezogen, für deren Studium sie nun jede verdiente Rupie brauchten. Tashi, die Extrovertierte, ihr Mann der ruhende Pol. Obwohl die beiden so gegensätzlich waren, hatte Sonja eine beneidenswerte stille Harmonie zwischen ihnen gespürt.

»Ist alles in Ordnung, Sonja?« Tashi sammelte die benutzten Teller und Teegläser vom frei gewordenen Nebentisch ein und stellte ihr Tablett ab. Aufmerksam musterte sie Sonja.

»Natürlich, Tashi, no problem«, ihr gelang ein Lächeln, das eine Spur von Ironie hinterließ. Es stimmte: Sie hatte kein Problem. Jedenfalls keines, das eine Frau wie Tashi beeindrucken konnte.

In jenem Sommer hatte sie oft mit Citta hier gesessen, zusammen mit anderen Travellern und Einheimischen. Citta bestellte heiße Zitrone, sie Minztee. Seitdem war Sonja nur selten in Tashis Teashop gewesen. Sie hatte alle Orte der Erinnerung gemieden, später mit den Reisegruppen war kaum Zeit gewesen.

Jetzt schweiften ihre Gedanken zurück zu jenem Abend, an dem sie Citta kennengelernt hatte. Es war im

Gartenrestaurant, Lotus Garden, damals ein beliebter Treffpunkt und in der Szene bekannt für gutes Essen – kurz vor Einbruch der Dunkelheit, in den Bäumen hingen bunte Lampions, auf den Tischen standen Kerzen bereit für den wahrscheinlichen Fall, dass der Strom ausfallen würde. Sonja hatte es sich mit einem Buch bequem gemacht, es störte sie nicht, dass sie ohne Begleitung hier saß. Im Gegenteil, sie reiste gern allein und brauchte nicht ständig Unterhaltung.

Dann entdeckte sie Tundup. Er saß ein paar Tische weiter mit jemandem zusammen und winkte, sie solle sich zu ihnen gesellen. Tundup führte ein Reisebüro in der Stadt und sie hatte bei ihm zuvor Ponys für eine Trekkingtour gebucht. Sonja fand Tundup nicht sonderlich sympathisch, nahm aber, einem Impuls folgend, ihr Glas und setzte sich zu den beiden.

»Sonja, das ist mein alter Freund Citta. Wir kommen aus demselben Dorf und haben praktisch unsere Kindheit miteinander verbracht«, stellte er ihn vor. »Inzwischen studiert er in Delhi, in den Sommerferien arbeitet er bei mir. Mein bester Reiseleiter!«, fügte er mit einem Anflug von spröder Ironie hinzu.

Die Begegnung traf sie wie ein Blitz. Samtbraune lebhafte Augen, dicke schwarze Haare, ausdrucksvolle schmale Hände. Sein weicher melodiöser Tonfall, wenn er sprach.

»Das kann ich nicht glauben!« Citta schüttelte den Kopf und lachte so wundervoll, dass ihr schwindlig wurde. »Du bist seit Wochen in Ladakh und warst noch nie am Königspalast? Wenn du möchtest, begleite ich dich.«

So begann das, was sie später die intensivste Zeit ihres Lebens nennen würde.

Sie trafen sich am nächsten Tag und dann jeden Abend, sobald Citta seine Exkursionen mit den Touristen beendet hatte. Es war, als habe ihr Karma darauf gewartet, dass sie zueinanderfinden würden. Zwischen allem anderen erzählte er ihr Geschichten aus seiner Kindheit. Von seiner geliebten Großmutter, dieser starrköpfigen wunderbaren Api, von den glücklichen Tagen auf der Sommerweide. Ich werde dir mein ganzes Leben erzählen, dir mein Herz in die Hände legen, sagte er. Und sie glaubte ihm.

Sonja ließ ihr Busticket von Ladakh nach Delhi verfallen, verschob die Abreise, vertrödelte die Tage und wartete ungeduldig auf den Abend. Dakini nannte er sie, meine Himmelstänzerin, und schon der Klang dieses magischen Wortes Dakini brachte ihr Herz zum Klopfen.

»Ich zeige dir mein Dorf«, versprach Citta, »und stelle dich meiner Familie vor. Anschließend fahren wir nach Alchi. Wusstest du, dass es dort am Indus Sandbuchten gibt? Feiner heller Sand!«

Mit einem langen Kuss, voller sehnsüchtiger Erwartung, verabschiedeten sie sich an diesem Abend. Das Leben schien unbegrenzte Möglichkeiten zu bieten. Alle Zeit dieser Welt würden sie haben und herausfinden, was sich aus ihren Glücksgefühlen entwickelte. Die Zuversicht der Jugend!

Es war das letzte Mal, dass sie Citta sah.

Am folgenden Tag lief Sonja, wie verabredet, zum Busstand. Sie wollten sich dort treffen und den ersten Bus nehmen zu seinem Dorf. Stundenlang wartete sie, hielt zwischen den vielen Menschen zunehmend verzweifelt Ausschau nach ihm. Als nicht nur der erste, sondern auch der zweite und schließlich der dritte Bus abgefahren waren, kehrte sie zurück in die Stadt. Auch in seinem Guest House keine Spur von Citta, die Tür war abgesperrt.

Die nächsten beiden Tage verbrachte Sonja unglücklich und gedemütigt in ihrem Zimmer, außerdem fürchtete sie den Spott seiner Freunde.

War sie eine dieser Europäerinnen, die sich nach einer kurzen Affäre Hoffnungen machten, während er nur eine sorglose Zeit mit ihr verbracht hatte? Vielleicht war er, ohne ihr Bescheid zu geben, auf einen Trek gegangen, um einer anderen Touristin sein Leben und sein Herz zu versprechen. Oder es wartete im Dorf eine brave Verlobte auf ihn. Dabei hatte sie gemeint, etwas Besonderes für ihn zu sein. Was wusste sie schon über ihn?

Zugleich wartete sie, hoffte, er werde kommen und ihr berichten, was ihn an diesem Morgen gehindert hatte zu kommen, das ganze Missverständnis aufklären. Aber er kam nicht. Sonja fühlte ihre Gefühle verraten, die Zeit mit ihm kam ihr verlogen und vergiftet vor.

Sonja schaute auf ihre Uhr und erschrak. Es war höchste Zeit, ins Hotel zurückzugehen. Sie musste pünktlich zum Abendessen dort sein. Eilig verabschiedete sie sich von Tashi und hastete auf die Straße, wo sie prompt ein paar alte Bekannte entdeckte. Phuntsog aus dem Reisebüro, Tsering mit seinem Souvenirladen, Dorje, den Hotelier. Zu keinem hatte Sonja noch näheren Kontakt, daher nickte sie ihnen im Vorübergehen flüchtig zu. Im Moment fühlte sich das seltsam an, womöglich war Citta in der Nähe, saß bei einem dieser Freunde im Büro. Die Vorstellung löste ein überraschendes Glücksgefühl in ihr aus. Kurz überlegte sie, ob sie nach ihm schauen sollte, schob diese Idee allerdings schnell beiseite. Sie wollte ihn überhaupt nicht treffen! Noch weniger wollte sie über eine bittere Liebesgeschichte grübeln.

Acht Menschen erwarteten, dass sie ihre Rolle perfekt spielte – Menschen, die für diese teure Reise mit gutem Recht Engagement und Präsenz von ihr erwarten durften. Jawohl, ich werde mich mit voller Energie in meine Arbeit stürzen. Ich bin nicht so albern und lasse mich wie ein Teenager aus dem Konzept bringen!

Als die Gruppe am Abend im Aufenthaltsraum zusammensaß, hatte Sonja sich halbwegs im Griff und gab das Programm für den kommenden Tag bekannt: den Besuch im Kloster Thikse zur Morgenpuja.

»Thikse wird der erste Höhepunkt dieser Reise«, stellte Herr Volkers zufrieden fest.

»Was ist an Thikse so besonders?« Jule war sichtlich weniger vorbereitet.

»Es ist das einzige Kloster, in dem die Mönche morgens nach Sonnenaufgang gemeinsam im großen Tempelraum eine Puja abhalten«, erklärte Sonja bereitwillig.

»Ich weiß nicht einmal, was so eine Puja sein soll!« Jule schaute sie ratlos an und Sonja musste lachen.

»Eine Puja ist eine Art Andacht …«

»Diese Zeremonie ist wirklich beeindruckend«, schaltete sich Cornelia ein. »Die Mönche rezitieren Gebete und spielen auf Muschelhörnern, Trommeln und Gongs.«

»Da entsteht eine sehr intensive Atmosphäre«, bestätigte Heidrun, »ich habe das in Tibet erlebt.«

Sonja hätte Jule, die Heidrun skeptisch anschaute, gern zugezwinkert, aber derlei Vertraulichkeiten mit Kunden durfte sie sich freilich nicht erlauben.

Später in ihrem Zimmer holte Sonja das Päckchen aus dem Koffer und ließ es eine Weile in ihren Händen ruhen.

Cittas Aufzeichnungen wollte sie natürlich lesen, das alte Ladakh hatte sie immer interessiert. Mit dem Citta, der ihrem Herzen so nah gewesen war, musste das Leben dieses kleinen Norbu schließlich nichts zu tun haben. Diese beiden Ebenen sollten sich trennen lassen, beschloss sie. Sowohl gedanklich als auch emotional.

»For Sonja«. Alles kam ihr plötzlich unwirklich vor. Sie ging ins Bad, hätte gern eine Dusche genommen, musste aber feststellen, dass es kein warmes Wasser gab. Stattdessen inspizierte sie gründlich ihr Bild im Spiegel. Sie zog ein paarmal die Augenbrauen hoch, legte probehalber die Stirn in Falten, streckte die Mundpartie nach vorn: kaum ein Ansatz von Doppelkinn, die Haut war passabel glatt. Ihr Gesicht von der Sonne gebräunt, die wenigen Falten stufte sie großzügig als ein Zeichen von Lebenserfahrung ein. Ihre Haare waren von sattem Dunkelbraun und die wenigen grauen Strähnen fand sie persönlich ganz apart. Mit ihrem Äußeren konnte sie durchaus zufrieden sein. Und was die körperliche Verfassung anging, so hielt sie sich für mäßig sportlich.

Wie hatte sie vor fünfundzwanzig Jahren ausgesehen? Sonja konnte kein inneres Bild von ihrer damaligen Erscheinung abrufen. Und umgekehrt: Wie Citta heute wohl aussah? Auf welche Weise hatte das Leben an ihm, auf seinem Gesicht Spuren hinterlassen? Womöglich war aus dem attraktiven, charmanten Citta ein dicker selbstgefälliger Kerl geworden! Der Gedanke amüsierte sie.

Morgens am Bach

In unserem Haus lebten neben Api, meinen Eltern und uns fünf Kindern ein Rudel Katzen, die wir während des Winters zum Wärmen unter unsere Zudecken steckten, sowie ein Hofhund. Im Erdgeschoss waren im Stall die Ziegen, Schafe, Dzos und unsere drei Esel untergebracht.

Oft quartierten sich noch Tanten, Onkel oder entfernte Verwandte bei uns ein, wenn sie auf Durchreise waren. Eine meiner zahlreichen Cousinen ist nach dem Tod ihrer Mutter ganz bei uns eingezogen. Egal, niemand machte ein großes Aufheben um neue Familienmitglieder, schließlich war Platz und Arbeit für jeden da. Manche dieser Apis und Tanten, die abends ihre Decke auf dem Schlafplatz neben dem Küchenofen auslegten, kannte ich nicht einmal. Aber ich liebte es, neben meiner Api zwischen diesen anderen Menschen zu liegen und dem neuesten Klatsch zu lauschen, den sie aus ihren Dörfern mitgebracht hatten.

Ich habe keine Ahnung, in welchem Monat ich geboren wurde, und auch das Jahr meiner Geburt ist nicht sicher.

»Es war im Frühling«, meinte Mutter, »denn kurz vor deiner Geburt habe ich meine erste Suppe mit Löwenzahn gegessen.«

Die erste frische Löwenzahnsuppe im Frühling war immer ein besonderes Ereignis und damit erschien mir ihre Erinnerung glaubhaft.

Api widersprach jedoch: »Es war vor der zweiten Ernte, ganz bestimmt.«

Das würde eher für den August sprechen. Doch spielte das Geburtsdatum damals keine Rolle. Anders als viele Jahre später: Als ich für meine Schule in Südindien das Anmeldeformular ausfüllen sollte, war da dieses Kästchen für »Geburtstag«. Plötzlich verlangte man konkrete Zahlen. Nun war das Mindestalter für die Zulassung zur Schule zwölf Jahre. Ich rechnete: Da ich den Sommer liebte, wollte ich unbedingt ein Sommerkind sein. Also trug ich in das erste Kästchen die sieben ein, den Juli. Ins zweite Kästchen, für den Tag, schrieb ich eine zehn, da wir damals zehn Lämmchen im Stall stehen hatten. Somit blieb ich mit der Festlegung meines Geburtstags sogar im Rahmen von Mutter und Api, zwischen erstem Löwenzahn und zweiter Gerstenernte.

Das Ergebnis machte mich zu einem Kind, das zwölf Jahre, zwei Monate und drei Wochen alt war. Mit dieser Kombination von Zahlen wurde ich in der Schule aufgenommen.

Stolz war ich auf meinen Namen. Die Leute formten das Wort Norbu weich im Mund, wenn sie mit mir sprachen. Norbu, der Edelstein. Diesen Namen verdanke ich unserem Dorfmönch, dem Geshe Meme. Wie es sich gehörte, gab er jedem Neugeborenen den Namen. Geshe Meme war nicht nur ein guter Buddhist, sondern auch Astrologe, Streitschlichter und hatte mit Erfolg vielen Trunkenbolden im Dorf ins Gewissen geredet. Außerdem konnte er, sagte Api jedenfalls, ins Herz eines Menschen sehen. »Als der Geshe dich als kleines Bündel zum ersten Mal sah, blickte er dir tief in die Augen. Also weniger in die Augen, er schaute direkt in deine

Seele. So erkannte er den Edelstein in dir und nannte dich Norbu.«

Api wurde immer sentimental, wenn sie davon sprach. Außerdem sah der Geshe angeblich noch eine andere Qualität in mir, und so verlieh er mir als Zweitnamen denselben, den der große König von Ladakh trug: Namgyal, der Löwenkönig. So hieß ich schließlich Norbu Namgyal.

»Nunu, vor dir liegt ein kostbares und königliches Leben.«

Api schaute mich mit einer solchen Wärme und Liebe an, dass ich wehmütig werde, wenn ich an ihre Worte zurückdenke. In Wirklichkeit waren allerdings Api und Geshe Meme damals die einzigen Menschen, die an meine verborgenen Qualitäten glaubten.

Mein Benehmen ließ, offen gesagt, auch keinen anderen Schluss zu: Wie oft habe ich anderen Jungs die Nase blutig geschlagen, Nachbarn die Fensterscheiben zerbrochen oder ihnen mit meiner Schleuder einen Stein vor die Füße geschossen. Ich ließ mir von keinem etwas gefallen und konnte jähzornig werden, wenn mich jemand unfair behandelte. Obwohl ich schmal und klein war, hatte ich eine überraschende Kraft, die sich nährte aus einer Mischung von Sturheit, Übermut und Furchtlosigkeit.

Heute glaube ich, Vater nahm meine Wildheit als Vorwand, um mich dahin zu bringen, wo er mich haben wollte: als Ziegenhirte auf der Weide. »Du taugst zu nichts, höchstens zu einem Ziegenhirten«, sagte er oft. »In den Bergen kannst du keinen Unfug anstellen.«

Tatsache war, dass jede Familie einen Hirten brauchte, der sich um die Tiere kümmerte. Bei uns gab es eben keinen anderen als mich. Dabei sagte Vater auch, dass ich ein guter Hirte war und mit den Tieren Bescheid wusste. In diesem Punkt konnte er sich auf mich verlassen.

Zu Beginn des Winters schor Mutter mir die Haare, sobald die Plage mit den Kopfläusen anfing. Wenn sie mich beim Kratzen erwischte, holte sie aus dem Stall die große Schere, mit der im Frühling auch die Schafe geschoren wurden. Mit festem Griff schraubte Mutter mich zwischen ihre Oberschenkel, wo ich auf dem rauen Stoff ihres Wollmantels landete, und bearbeitete meinen Kopf mit routinierten Handgriffen. Wie ich diese Prozedur hasste! Und da ich schon wie ein Schaf behandelt wurde, benahm ich mich entsprechend, stellte mich steif, schrie und kickte mit den Beinen, aber Mutter blieb ungerührt und sagte nur: »Du verschmutzt das Haus nicht mit deinen Läusen!« Natürlich kamen meine Geschwister ebenso an die Reihe, sie benahmen sich allerdings anständiger.

Ich besaß zwei Kleidungsstücke: eine alte Goncha und eine neuere Goncha. Dem jeweiligen Anlass entsprechend wechselte ich, im Winter jedoch trug ich beide Gonchas übereinander. Dabei änderte sich die Passform: Eine neue Goncha bekam ich erst dann, wenn ich aus der alten herausgewachsen war, also wenn sie unter den Achseln zwickte und auf Höhe der Knie endete. Ebenso variierte die Farbe in unterschiedlichen Rottönen, je nachdem, welcher Farbton im Dorfladen bei Onkel Sonam gerade vorrätig war. Die Goncha meines Freundes Tundup war immer weiß. Weiß bedeutete, dass die Familie kein Geld für Farbe hatte. In Wirklichkeit war Tundups Goncha natürlich nicht weiß – der Stoff glich einem Farbkasten, in dem sich seine Aktivitäten widerspiegelten. Graue Asche, rote, grüne und gelbe Flecken, braune und dunkelgrüne Verfärbungen.

Im Winter trug ich unter den Gonchas eine Hose. Meine Hosen hatten immer drei Schlitze gehabt. Da war einmal der lange Schlitz im Schritt. Dieser war sehr praktisch, weil ich mich ohne Umstände hinhocken konnte, wenn ich musste. Die beiden anderen Schlitze verliefen seitlich entlang der Naht. Sie waren gerade breit genug, um durchzugreifen und meine Haut zu kratzen, weil der Stoff aus Schafwolle wirklich rau war oder weil im Winter unsere Körperpflege dürftig ausfiel oder eben wegen der Läuse.

Schließlich will ich dir, Sonja, meine Geschwister vorstellen: Der Älteste von uns war mein Bruder Tenzin, nach ihm kamen Yangchen und Dolma auf die Welt. Als viertes Kind wurde ich geboren. Einige Jahre später kam als Nachzüglerin meine Schwester Dolkar. Zu ihr hatte ich eine besonders innige Verbindung; ich trug sie auf meinem Rücken, wenn Mutter auf dem Feld arbeitete, und kochte ihr Gerstenbrei, sobald sie nach dem Mittagsschlaf ihr Köpfchen aus dem Küchenfenster steckte und nach mir rief.

Da mein Bruder Tenzin der erstgeborene Sohn war, würde er später den Großteil des Erbes bekommen, also den Bauernhof mitsamt Haus und Tieren. Deshalb war Vater besonders an Tenzin als dem künftigen Familienoberhaupt gelegen. Er tat alles, damit er ein würdiger Nachfolger unseres Hausstands wurde, und so war Tenzin nicht nur in der Schule angemeldet, er sollte sogar eine Mittelschule besuchen. Allerdings zeigte mein Bruder kein Interesse an Vaters Plänen. Er schwänzte den Unterricht, mochte aber ebenso wenig die Arbeit auf dem Feld. Mit einem Wort: Mein Bruder war ein Faulenzer.

»Tenzin, du Nichtsnutz. Steh endlich auf und sieh zu, dass du etwas lernst.« Wie oft hat Api zu der Wolldecke hinüber geschimpft, unter der Tenzin zusammengerollt in den hellen Tag hinein schlief. In letzter Sekunde hängte er sich mürrisch seine Schreibtafel über die Schulter und trödelte den Weg zum Schulhaus entlang. Damals beneidete ich meinen Bruder nicht. Ich genoss die Freiheit auf der Weide mit meinen Freunden.

Auch Yangchens Zukunft war absehbar. Als älteste Tochter konnte sie mit einer großen Hochzeit rechnen und in eine angesehene Familie einheiraten. Da Vater fand, dass auch seinen Mädchen Yangchen und Dolma vor ihrer Heirat ein wenig Bildung nicht schaden könne, durften sie ebenfalls die Schulbank drücken. Mir dagegen sollte als zweitgeborenem Sohn die Hirtenarbeit bleiben, und später sollte ich ins indische Militär eintreten. Api gefielen Vaters Pläne für mich nicht.

»Wir sind friedliche Menschen und leben nach Buddhas Lehre«, wetterte sie, »in unsere Familie kommt kein Gewehr.«

Meine Mutter hielt sich aus diesen Diskussionen heraus. Sie war der ruhende Pol in unserem Haus und zu jedem freundlich, solange er keine Gefahr für ihre Familie darstellte. In meiner Erinnerung sehe ich Mutter vor dem Herd sitzen, das Kopftuch nach hinten geschoben, wie sie in das kleine Loch pustet und die Glut anfacht. Da der getrocknete Dung und das Gestrüpp die Küche mit beißendem Qualm durchsetzten, litt Mutter häufig an entzündeten Augen. Wenigstens hatte unser Haus über dem Ofen ein Loch in der Decke, durch das der Qualm abzog. Viele Nachbarn wie Tante Palmo fürchteten, durch ein solches Loch könnten böse Geister ins Haus dringen, und hatten keinen Rauchabzug. Tante Palmos Augenentzündungen waren deshalb noch schlimmer als die meiner Mutter.

Das Kücheninventar hatte Mutter bei ihrer Hochzeit in unser Haus mitgebracht. Ihre Krüge, Teller und Teekannen standen ordentlich auf den schmalen Holzregalen an der Küchenwand, doch ihr ganzer Stolz waren zwei Kochtöpfe aus gebranntem Ton. Das Essen aus diesen Töpfen hatte einen speziellen süßlich-würzigen Geschmack nach fruchtbarer schwerer Erde. Eine Rarität war ein Kochtopf aus schwarzem Stein. Der Stein stammte aus einer Gegend nahe der Grenze zu Pakistan. Dolatik, so hieß diese Region, lag direkt an der alten Seidenstraße, und es hieß, es sei eine trockene Steinwüste, übersät mit Skeletten von Menschen und Tieren. Mutter stammte aus einer ordentlichen Familie vom Nachbarort und als ältester Tochter war ihr das Erbe ihrer Mutter zugefallen: Der große Perak mit den schweren Türkisen, massive Ohrringe aus Gold und mehrere Ketten mit Türkisen und Korallen lagen nun im Nachbarzimmer in ihrer Truhe.

Der Garten lag in trübem Grau im ersten Morgenlicht, als sich Api mit ihren beiden Eseln auf den Weg machte. Die Tiere trugen schwer an den mit Aprikosen und Äpfeln gefüllten Säcken. In der Seitentasche steckten ein Beutel Tsampa, Brotfladen vom Vortag, ein paar Flaschen Chang und Buttermilch als Proviant. Ich begleitete Api bis zu den letzten Häusern des Dorfs, und erst nachdem sie mir ein Geschenk aus der Stadt versprochen hatte, kehrte ich um. Dabei ging mir seit dem vergangenen Abend Mutters Satz im Kopf herum: Tundup soll zur Schule gehen! Es war für mich unvorstellbar. Mein bester

Freund würde dann nicht mehr mit uns auf der Weide sein. Wie sollte das gehen, ein Sommer ohne Tundup?

Als ich zu Hause ankam, machte sich Vater für sein allmorgendliches Bad am Bach fertig. Er hatte Kamm und Zahnbürste von dem Holzregal geholt, ein Handtuch über die Schulter geworfen. »Nunu Norbu, komm mit, eine ordentliche Wäsche wird dir nicht schaden.«

Natürlich würde ich Vater begleiten, am Bach konnte ich bestimmt mehr über Tundups Pläne erfahren. Er drückte mir ein Stück hellrote, beißend süßlich riechende Seife in die Hand. Auf beiden Seiten war der Schriftzug »Lifeboy« eingeprägt.

»Ach, es gibt frische Seife«, stellte ich zufrieden fest.

Vater zwinkerte mir zu, wobei sich sein schmales Schnurrbärtchen nach oben verschob. »Wir haben eine neue Lieferung bekommen.«

Er hatte eine Anstellung bei der Regierung als Kontrolleur im Straßenbau und dadurch kam unsere Familie zu einigen Privilegien, die nur wenige Leute im Dorf genossen: Wir erhielten Reis, Zucker und gesüßte Milch in Konservendosen, außerdem Zahnpasta, Seife und Rasierklingen. Mit solchen Kostbarkeiten war Vater der Mittelpunkt am Waschplatz, zumal er von Natur aus großherzig war – allerdings mit einem Kalkül im Hinterkopf, das er uns Kindern oft einbläute: »Wer etwas bekommen will, muss auch geben können.« Das eine gab es nicht ohne das andere. An diesem Punkt war Vater mit Api einig. Api formulierte ihren Lieblingssatz wie immer drastischer: »Wer bloß immer haben und nichts geben will, wird als Hungergeist wiedergeboren.«

Hungergeist! Schon dieses Wort jagte mir Angst ein. Im Reich der Hungergeister, erklärte Api, besitzt ein Mensch

zwar alle Reichtümer. Doch ist der Hals so eng zuge-
schnürt, dass kein Essen durchrutschen kann. Deshalb
muss dieser Mensch, obwohl er alles haben könnte, elend
Hunger leiden. Irgendwann hatte ich verstanden: Die Habgier verschloss nicht nur das Herz, sondern auch den Hals.

»Bist du so weit?« Vater riss mich aus meinen Gedanken.

»Ja, Vater, natürlich«, antwortete ich eilig, dann liefen
wir über die Wiese zum Bach hinüber, in dem frisches
Wasser vom Gletscher uns erwartete. Der Gletscher, wir
nannten ihn den »Hausgletscher«, lag zwei Gehstunden
oberhalb des Dorfs in einem Hochtal. Wir verdankten
diesem Wasser das Gedeihen der Felder, Gemüse und
Obst und überhaupt das Leben im Dorf. Seit vielen Generationen wurde das Schmelzwasser über Kanäle ins Dorf
heruntergeleitet. Ein großer Kanal führte zu den Was-
serreservoirs, andere Kanäle verzweigten sich in immer
schmaleren Adern zu den einzelnen Feldern, Gärten und
Häusern hin.

Der Grasstreifen neben dem Bach war noch taufeucht
und kühl, während die Sonne den gegenüberliegenden
Hang mit sommerwarmem Licht überflutete.

Einige Nachbarn waren bereits da. Die Frauen hatten
sich bei den Weidenbäumen eingerichtet und säuberten
sich mit frischen Zweigen die Zähne. Vater und ich stellten uns zu den Männern.

»Julley, Dorje Phuntsog, wie geht es dir? Geht es
gut?«, begrüßten sie meinen Vater, rückten zur Seite und
nahmen uns in ihrer Mitte auf. »Dorje Phuntsog, hast du
eine Zahnbürste dabei?«

Mein Vater antwortete launig: »Nehmt euch ein Vor-
bild an euren Frauen, so putzt man Zähne.«

»Aber, Dorje Phuntsog, du hast eine Zahnbüste, nicht wahr?«

Die Frauen lachten und eine rief zu uns herüber: »Wenn du eine Zahnbürste hast, gib sie mir.«

»Nein, ich will die Zahnbürste«, unterbrach eine andere Frau. »Du würdest sie mir doch geben, oder?«

Während die Zahnbüste also rundum ging, Vater nun auch unsere Lifeboy-Seife herumreichte, hockte ich auf einem flachen Steinvorsprung auf meinen Fersen, streckte die Hände in das eiskalte Wasser und wartete, bis die interessanten Themen kämen.

»Dorje Phuntsog, hast du auch deinen Kamm dabei?«, rief eine Nachbarin von der Frauenseite herunter.

Normalerweise wurden Kämme aus dem gesägten und gefeilten Horn der Schafböcke verwendet. Allerdings meinten die Frauen, dass solche Hornkämme empfindlich rupften.

»Komm nur, Tante.« Mein Vater holte jetzt auch seinen Kamm heraus, einen Kamm aus hellbraunem glattem Plastik. Nun kamen die Frauen herbei und öffneten ihre langen Zöpfe.

»He, Mutter, ich komme zuerst dran.«

»Nein, Dorje Phuntsog hat mir den Kamm gereicht!«

Nun waren die Zinken von Vaters Plastikkämmen so schmal und fein, dass auch die Kopfläuse hängen blieben – eigentlich ein Vorteil. Jedoch nicht, wenn es sich um die Läuse der Nachbarn handelte. Wegen dieser Kämme hatten wir zu Hause oft Streit, wenn Nachbarn unter einem Vorwand kamen, es aber letztlich bloß auf Vaters Plastikkamm abgesehen hatten.

»Brauche ich noch mehr Läuse im Haus, als hätten wir nicht genug!«, schimpfte Mutter.

»Obendrein soll ich den Besuchern noch Buttertee und Tsampa anbieten.«

Eines Morgens riss meiner Mutter der Geduldsfaden. Der zweite Besucher hatte gerade frisch gekämmt unser Haus verlassen, als sie den Kamm mit festem Griff an sich nahm. Es folgte ein lautstarkes Knackgeräusch. Vorsichtig schaute ich zu Mutter hinüber. Zufrieden betrachtete sie die beiden Teile des auseinandergebrochenen Kamms, dann legte sie die größere Hälfte auf die Ablage in unserer Küche zurück. Die kleinere Hälfte knotete sie an ein dickes Schwanzhaar, das von unserem Yakbullen stammte, und hängte es an einem Nagel vor der Haustür auf. »So, jetzt kann sich kämmen, wer will«, meinte sie zufrieden und schloss die Haustür hinter sich.

Jetzt, endlich, kam das Thema auf meinen Freund Tundup. Ich horchte aufmerksam.

»Habt ihr schon gehört? Der kleine Tundup aus der Trommlerfamilie wird zur Schule gehen.« Es war Onkel Sonam vom Dorfladen, der wie immer als Erster die Neuigkeit wusste. »Stellt euch das mal vor.«

»Nicht zu glauben. Ein Mon-Junge in der Schule! Hat man schon solchen Unsinn gehört?«, erwiderte ein Nachbar und lachte.

Auch mein Vater nickte: »Wozu sollte ein Mon zur Schule gehen? Zum Trommeln brauchst du weder Lesen noch Rechnen.«

»Bald kommen dann selbst die Kinder der Garba zur Schule«, spottete Onkel Sonam, »das wäre noch schlimmer.«

»Wo kämen wir da hin? Keine Musikanten und keine Schmiede mehr im Dorf, wenn alle nur noch Bildung wollen.«

»Onkel Angchuk wird nicht begeistert sein. Einen besseren Hirten als den kleinen Mon-Tundup wird er nicht bekommen.«

»Ja, er hat das richtige Händchen für die Tiere.«

Alle redeten aufgeregt durcheinander und so bemerkte niemand, dass Onkel Angchuk gekommen war.

»Nun macht einmal Pause.« Wegen Onkel Angchuks tiefer, voller Stimme und auch, weil er zu den größten Bauern zählte, wurde es augenblicklich still. Man scharte sich um ihn, und weil Onkel Angchuk unsere nächste Verwandtschaft war, drängelte ich mich nach vorn, um nichts zu verpassen.

»Der Vater des kleinen Mon-Tundup kam vor zwei Tagen zu mir und bat mich um die Entlassung seines Sohnes.« Onkel Angchuk holte tief Luft, während wir mit angehaltenem Atem lauschten: »Er hat eine gute Entscheidung getroffen. Auch ich meine, dass der Sohn eines Trommlers zur Schule gehen sollte.«

Damit war für Onkel Angchuk die Sache erledigt. Er holte seine Seife heraus und setzte sich seelenruhig an den Bach.

Meine Wangen brannten, benommen ging ich zwischen den Menschen hindurch, hörte sie reden über diese unerhörte Neuigkeit. Sobald ich außer Sichtweite war, rannte ich los. Ich rannte über die Felder, die Straße hinab, ich rannte, bis ich keine Luft mehr bekam und die Landschaft vor meinen Augen verschwamm. Wie konnte Tundup nur zu den anderen wechseln? Einfach so? Die anderen, das waren immer die Schulkinder gewesen. Wenn wir frühmorgens mit unserer Tierherde zur Sommerweide liefen, begegneten sie uns in ihrer adretten Uniform: blauer Pullover, braune Hosen, Turnschuhe

mit Schnürsenkeln. Bald sollte Tundup zu denen gehören. Das hieße, ich würde ihm morgens begegnen, aber
wir würden getrennte Wege gehen. Einfach unvorstellbar.

Ich beschloss, mit ihm zu reden. Gewiss klärte sich
alles auf.

Vater sah es nicht gern, wenn ich ohne wichtigen Grund
zu einer unserer beiden Mon-Familien im Dorf ging. Mir
aber war es egal, dass die Mon zu der niederen Schicht
gehörten, ich hatte nie über soziale Grenzen nachgedacht.

Tundup lebte mit seiner älteren Schwester Angmo
und den Eltern in einem Häuschen. Ein paar Sonnenblumen standen im Garten, ein Beet mit Blumenkohl, Spinat und Kartoffeln, ein paar Weidenbäume. Kein einziger
Obstbaum.

Als ich den Türriegel aufschob, begann der Hofhund
zu kläffen und zerrte an seiner Kette. Angmo kehrte
gerade den Hof. Sie war für mich das hübscheste und
fröhlichste Mädchen der Welt. Angmo hatte das runde
helle Gesicht eines Vollmondes, große schwarze mandel-
förmige Augen, sie bewegte sich weich und biegsam wie
eine Silberpappel. Mein Herz machte einen Sprung, als
ich sie sah. Angmo war einige Jahre älter als ich und ich
war immer verlegen und schüchtern in ihrer Gegenwart,
dabei behandelte sie mich so freundlich. Alles fühlte sich
bei ihr leicht und selbstverständlich an.

»Julley, Nunu, du warst lange nicht hier.«

»Julley, Angmo. Ich suche Tundup. Ist er zu Hause?«,
murmelte ich.

»Nein, keine Ahnung, wo er steckt. Eigentlich sollte
er zu Hause sein, wir müssen noch einiges für die Schule

vorbereiten. Bei Onkel Sonam haben wir schon Stifte und zwei Hefte eingekauft.« Angmos Augen funkelten vor Stolz. »Du hast es gehört, nicht wahr?« Beiläufig stellte sie den Besen an die Hauswand und beugte sich zu dem Hund vor, der nun mit dem Schwanz wedelte und versuchte, ihr Gesicht abzulecken. »Vater meint, es ist wichtig, lesen und schreiben zu können.«

»Ja, natürlich, das sagte Onkel Angchuk auch. Dann gehe ich Tundup mal suchen.«

Ich verabschiedete mich eilig von Angmo und lief zur Hauptstraße hinunter. Zunächst zum Kooperative-Laden, in dem staatlich subventionierte Butter, Öl, Salz und Teepulver verkauft wurden. Allerdings stand ich, wenn ich den Auftrag hatte, etwas einzukaufen, oft vor leeren Regalen, und immer schimpfte Api, wenn ich mit leeren Händen zurückkam. »Wer vom Personal hat wieder die Sachen auf dem Schwarzmarkt verkauft!«

Dieses Mal kümmerte ich mich jedoch nicht um Lebensmittel, sondern lief weiter über den staubigen Platz vor unserem kleinen Tempel, wo die öffentlichen Dorfversammlungen stattfanden, und schaute bei Dolma Tsering vorbei. Ihr Teashop bestand aus einem einzigen Raum mit spärlicher Einrichtung: ein zweiflammiger Kerosinkocher, zwei Holzbänke und ein wackliger fleckiger Tisch. Auf einem Regal lagen ein paar vergessene Kekspackungen. Nachdem Tante Dolma Tserings Teashop der einzige im Dorf war, legten die Lkw-Fahrer hier ihre Pausen ein, und auch jetzt stand ein grüner Lastwagen an der Straßenseite. Tundup drückte sich oft hier herum. Heute allerdings nicht.

Viel später fand ich ihn, und zwar auf der Sommerweide. Er saß auf unserem Stein, die langen dünnen Beine ans Kinn gezogen, und starrte ins Wasser. Ich setzte mich neben ihn und wir schwiegen beide ziemlich lange. Ich schaute ihn von der Seite an. Tundup war schlaksig und sehnig, sein Blick intensiv, und das schmale Gesicht umrahmten widerspenstige Locken.

»Denk bloß nicht, ich hätte Lust auf Schule«, begann Tundup das Gespräch. »In einem Zimmer sitzen und schreiben, bis einem die Finger krumm werden.«

»Dann geh einfach nicht hin!« Mein Vorschlag war kühn, doch ich musste Tundup auf meine Seite ziehen. »Mit mir würde das keiner machen.«

Tundup zuckte die Schultern. »Ich muss. Vater will das. Er will mir damit ein Geschenk machen.« Ein schiefes Lächeln huschte über sein schmales Gesicht. Er überlegte kurz, bevor er langsam fortfuhr. »Überleg doch mal. Ein Mon-Junge, der nicht nur trommeln, sondern auch lesen, schreiben und rechnen kann! Das ist auch nicht übel.«

Dann versicherte er mir, dass er möglichst oft auf unsere Weide kommen wolle. Doch es war ein schwacher Trost. Ich glaubte ihm nicht, schließlich war er ja einverstanden mit den Plänen seines Vaters. Damit hatte ich kein Argument mehr. Wir machten uns noch eine Zeit lang gegenseitig Mut, versprachen einander, uns oft zu treffen. Doch im Herzen hatte ich verstanden: Mein bester Freund würde bald andere Wege gehen.

Mit fiel ein, dass Vater mir aufgetragen hatte, einen Korb Äpfel an der Straße zu verkaufen. Zusammen mit Tundup war das Verkaufen immer ein Spaß gewesen, zumal wir als Belohnung von unserem Verdienst Süßigkeiten bei Onkel Sonam kaufen durften. Tundup war sofort bereit mitzukommen und für eine Weile vergaßen wir unseren Zwist.

Am Straßenrand saßen schon ein paar Nachbarn mit Äpfeln, Aprikosen und Kartoffeln im Schatten der Pappeln und warteten auf die Lastwagen. Da wir am Ortseingang positioniert waren, hatten wir gute Kundschaft, sodass unser Korb bald leer war.

»Was wirst du nehmen?«, fragte Tundup, während wir über den aufgeheizten Asphalt trabten.

Vater hatte mir eine Rupie vom Verdienst erlaubt, das machte fünfzig Paisa für jeden. Ich überlegte. Eine Handvoll Bonbons. Oder wir würden eine Packung Kekse nehmen. In Vorfreude ließ ich die Münzen in meiner Hand klimpern.

Onkel Sonams Laden war ein Holzverschlag, in dem er zwischen seinen Waren hockte, während er auf Kundschaft und Unterhaltung wartete. Auf den Regalen türmten sich Tee, Salz, Öl für die Butterlampen, weiße Glücksschals, Seife, Streichhölzer, Bleistifte, Gummischuhe, bunte Gebetsfähnchen, Bonbons, Schuluniformen, Kleiderseife und glitzernde Armreifen aus Plastik. Tundup und mich interessierte besonders das linke vordere Regal, auf das Onkel Sonam leider ein wachsames Auge hatte. Hier standen nämlich die Salzkräcker und die süßen »glucose biscuits«, außerdem staubgetrübte Gläser, gefüllt mit herrlichen Kaubonbons. Wir entschieden uns für biscuits und Onkel Sonam schenkte uns noch zwei Bonbons und ein Päckchen Streichhölzer dazu.

»Dein Vater hat Stifte und Hefte gekauft. Dann kann es ja losgehen«, wandte sich Onkel Sonam zu Tundup und lächelte ihn leutselig an.

Ich ärgerte mich über seine netten Worte, immerhin hatte er in der Frühe am Bach Tundup mitsamt seiner Familie noch lächerlich gemacht. Offen ins Gesicht wollte es ihnen also niemand sagen, was die meisten Nachbarn dachten: Ein Skandal, dass der Mon-Junge Tundup die Schule besuchen würde.

Oft heißt es, in der ladakhischen Gesellschaft habe es keine Klassenunterschiede gegeben, aber das stimmt nicht. Auch bei uns waren manche Menschen von Geburt an niedriger gestellt. Dabei waren die sogenannten unteren Stände aus dem Dorfleben nicht wegzudenken.

In Ladakh gab und gibt es bis heute drei Gruppen der unteren Gesellschaftsschichten, der Rigsnan: die Garba (Schmiede), die Beda und die Mon. Wir hatten drei Garba-Familien im Dorf. Sie bauten Lehmöfen für die Küchen, schmiedeten Bukhari, metallene Schüsseln zum Heizen, schärften Äxte und Pflüge. Außerdem stellten die Garba Ohrringe und Amulette her und beschlugen Pferdehufe.

Die beiden anderen Gruppen, die Beda und die Mon, waren Musikanten. Kein Fest war ohne Musikanten vorstellbar. Eine Hochzeit, ein Geburtsfest, ein Tempelfest konnte erst beginnen, wenn die Trommler und Flötisten eingetroffen waren. Die Beda, ursprünglich Bettelmusikanten, spielten Flöte, die Mon waren die Trommler. Zum Musizieren waren Spieler für eine große sowie für eine kleine Trommel nötig, die beiden mussten stets zusammen sein.

Tundups Vater spielte die große Trommel. Die zweite Mon-Familie hatte die kleine Trommel, und eine dritte Familie war für die Flöte zuständig. Als Gegenleistung für ihre Dienste versorgten die Dorfleute die Rigsnan mit allem Nötigen. Zur Erntezeit etwa rief man ein Mitglied aus jeder Familie ins Haus, das in seinen Korb so viel Getreide packen durfte, wie es tragen konnte. Da Rigsnan nur wenige oder gar keine Felder besaßen, wurden sie mit ausreichend Chang und Tsampa entlohnt und verkauften, was sie nicht selbst verbrauchten, in Leh auf dem Markt. Materiell ging es den Angehörigen der niederen Kasten also nicht schlecht, allerdings mussten wir anderen im Umgang mit ihnen einige Regeln einhalten:

War ein Rigsnan in einem Haus eingeladen, musste er nahe der Tür sitzen und durfte nicht zu den besseren Sitzplätzen vorn am Ofen aufrücken. Man trank nicht aus demselben Glas und teilte keinen Teller mit ihm, weshalb er sein Essen und Trinken in einem speziellen, dafür reservierten Geschirr erhielt. Auch sollte niemand etwas essen, das ein Rigsnan zubereitet hatte. So weit zu den gesellschaftlichen Vorschriften. Allerdings gab es zum Glück einige Leute im Dorf, zu denen etwa Onkel Angchuk und meine Api gehörten, die sich darum überhaupt nicht kümmerten.

Ich erinnere mich, wie der kleine Trommler eines Tages mit einer Flasche Chang und einem Katak in unserem Garten stand. Ob er wohl einmal mit Api sprechen könne, fragte der Trommler zaghaft meine Mutter, die ihn zufällig hatte kommen sehen.

»Was willst du?«, fragte Mutter argwöhnisch, Apis großzügige Art war weithin bekannt.

»Ein Dzo möchte ich kaufen«, erklärte der Trommler kurz darauf, als er mit Api in der Küche saß. »Meine kleinen Felder können meine Familie nicht ernähren. Mit einem Dzo als Lastenträger dagegen kann ich einen Handel mit den Nomaden im Changtang aufbauen.«

Api hörte interessiert zu.

»Tausend Rupien für ein Dzo, Api, nur ausleihen. Du bekommst dein Geld bald zurück.«

»Gib dem Mon-Ashang das Geld«, befahl sie Mutter, die dem Gespräch aus sicherer Entfernung zugehört hatte.

Mutter wand sich. »Dem Mon willst du Geld leihen?«

»Genau!«, antwortete Api harsch. »Er will rechtschaffen Handel treiben und er hat das Recht auf eine Chance. Und du, Mutter, sammelst Verdienste für deine gute Wiedergeburt, wenn du ihm dabei hilfst«, fügte sie spöttisch hinzu. Api schaute Mutter scharf an.

So musste Mutter notgedrungen ihre schwarze Metallbox öffnen, in der sie ihren ganzen Reichtum verwahrte: den Perak, ihre Halsketten und ein wenig Bargeld. Zögerlich holte sie den Schlüssel aus ihrer Goncha, sperrte das Schloss auf und zählte widerstrebend das Päckchen abgenutzter Scheine ab. An diesem Abend war die Stimmung in unserer Küche nicht entspannt.

Schon wenige Tage später brachte der Mon ein wuscheliges schwarzes Dzo ins Dorf und führte es stolz meiner Api vor. Und Mutter erhielt tatsächlich ihr Geld ratenweise zurück, wobei der Mon ihr immer ein Stück fette Yakbutter oder Käse von den Nomaden mitbrachte.

»So funktioniert Karma«, sagte Api zufrieden, während sie sich an den Geschenken erfreute. »Wenn du Gutes tust, kommt Gutes zurück. Jede Handlung sollte auf Mitgefühl beruhen«, lehrte Api.

»Nur mit Mitgefühl ist meine Truhe schnell leer«, wandte Mutter ein. »Vernunft muss schon auch dabei sein.«

Vater fasste das Thema schließlich in einen Satz: »Weisheit ohne Mitgefühl ist herzlos. Mitgefühl ohne Weisheit ist kopflos. Deshalb sagte der Buddha, Weisheit und Mitgefühl gehören unauflöslich zusammen.«

Buddha Maitreya

Das schrille Klingeln des Weckers riss Sonja aus einem tiefen traumlosen Schlaf und es dauerte einen Moment, bis sie begriff, wo sie sich befand. Trotzig zog sie die schwere Zudecke noch einmal bis zum Kinn hoch, dehnte kostbare Minuten aus, bis sie endlich widerstrebend aus ihrem Bett kroch. Eine Katzenwäsche unter kaltem Wasser im Bad, dann kleidete sie sich an, zog eine dicke Fleecejacke über das T-Shirt und verstaute Cittas Briefe in ihrem Koffer. Auf ihrem Weg die Treppen hinunter zur Lobby lag das Hotel still da, auch in der spärlich auf Nachtbetrieb beleuchteten Eingangshalle meinte Sonja allein zu sein, täuschte sich allerdings, wie sie im selben Moment feststellte.

»Hallo, Sonja, sind Sie auch schon fit? Es ist herrlich am frühen Morgen, nicht wahr?«

Im Dunkeln erkannte Sonja Heidrun, die zu ihr herüberwinkte. »Wenn ich nur wüsste, wo mein Fernglas steckt«, fuhr Heidrun munter fort. »Ein Fernglas kann man doch immer brauchen, nicht wahr?« Sie stöberte in ihrem grünen Tagesrucksack, während Sonja so knapp, wie es ihre Berufspflicht vorschrieb, doch betont heiter zurückgrüßte, bevor sie in die Küche flüchtete. Für Smalltalk war es eindeutig zu früh.

Ramu hatte noch am Abend versprochen, dass die Lunchpakete pünktlich um sechs Uhr gepackt seien. Sonjas Blick glitt über die blanken Tischreihen in dem dunklen Speisesaal. Kein einziges Lunchpaket. Ein Anflug von Missmut zog auf, verflüchtigte sich aber umgehend, als sie die Küche betrat, wo drei Küchenboys den Arbeitstag vorbereiteten. Ramu war trotz seines jungen Alters der Chef der Küche, seit vielen Jahren im Dienst des Hotels und die gute Seele des Personals.

»Ramu, es ist schon spät, ich hoffe, du hast die Lunchpakete nicht vergessen.«

»Guten Morgen, Madam Sonja, no problem. Alles ist fertig.« Ramu stand am Herd und rührte in einer riesigen Eisenpfanne. Er strahlte sie an und deutete hinaus zur Lobby, wo sorgfältig aufeinandergestapelt die Lunchboxen auf dem Tresen standen. Sonja hatte sie auf ihrer Flucht vor Heidrun einfach übersehen.

»Magst du ein Omelette?« Er wusste, dass Sonja gern gemeinsam mit dem Personal in der Küche saß und Omelette mit Tomatenstücken und roten Chilischoten aß.

Dankbar nickte Sonja und balancierte ihren Teller in den Speiseraum hinaus. Während sie ihren Toast in das Omelette tunkte und mit dem scharfen Essen ihre Lebensgeister erwachten, fiel ihr ein: Bis vor Kurzem wäre ihr Zorn vermutlich über den armen Ramu niedergegangen, noch bevor er die Situation hätte aufklären können.

Es war kein Zufall, dass es Sonja in ihren Abenteuerjahren immer nach Asien gezogen hatte. Aufenthalte in tibetischen Klöstern, Yoga in Südindien, Meditationen an den Ufern des Ganges. Gleichmut üben, Gelassenheit entwickeln. Große Ziele hatte sie gehabt, um ihre Rastlosigkeit und Ungeduld in den Griff zu bekommen. Im Laufe langjähriger Meditationspraxis war ihr das mit eher mäßigem Erfolg gelungen. Nun aber stellte sie fest, dass eine neu gefühlte Friedfertigkeit in ihr aufkeimte, ohne dass sie begriff, welcher Impuls diesen Erkenntnisprozess in Gang gesetzt haben mochte. War sie bereits auf die Zielgerade zu tiefgründiger Weisheit eingebogen, oder hatte die lange Zeit in Asien sie schließlich zu der Einsicht geführt, dass es ihrem Wohlbefinden diente, eine unabänderliche Situation anzunehmen? Jedenfalls empfand sie diesen Zustand durchaus als angenehm. Sonja lächelte Ramu an, während sie einen dritten Toast aus dem Brotkorb nahm.

»Wie geht es deiner Familie?«

Sie kannte Ramus Familie seit vielen Jahren aus Erzählungen. Seine ältere Schwester war verheiratet, die beiden Brüder gingen noch zur Schule. Um deren Ausbildung und einen passablen Lebensstandard für die Eltern zu finanzieren, kam Ramu über den Sommer als Küchenboy in dieses Hotel.

»Alles bestens, Madam Sonja. Mein Bruder hat die Aufnahmeprüfung für die High School in Kathmandu geschafft. Er will Ingenieur werden«, setzte er stolz hinzu, bevor er die Lunchpakete nahm und zu den beiden cremeweißen Geländewägen brachte, die vor dem Gartentor warteten.

Die Gruppe nahm ein kurzes Frühstück ein, schließlich wollten alle pünktlich zu dieser Puja im Kloster ankommen. Erst auf dem Weg zu den Autos bemerkte Sonja, dass Günter fehlte. Sie hastete die Treppen hinauf zu seinem Zimmer. Nach einigem Klopfen öffnete er die Tür, zwar angekleidet, murmelte aber, dass er verschlafen habe. Man möge bitte warten, bis er gefrühstückt habe, was Sonja kategorisch ablehnte. So musste er im letzten

Moment mürrisch und mit vorwurfsvollem Blick ins Auto springen.

Sie verließen die Stadt und bogen ins Tal des Indus ein, begleiteten diesen hellbraunen Fluss, während die ersten Sonnenstrahlen ins Tal fluteten. Endlich kam jene Stelle, die Sonja liebte: Auf einer weiten Ebene standen Dutzende Chörten, übermannsgroße Pyramiden. Im hellen Tageslicht schneeweiß, jetzt aber im Übergang von der vergangenen Nacht zum Versprechen eines kommenden Tages erschienen sie als farblose Silhouetten. Mystisch, unerreichbar, voller Rätsel. Faszinierend im Zwielicht zwischen Morgen und Tag. Schließlich ist auch unsere sogenannte Wirklichkeit niemals nur dreidimensional, sinnierte Sonja, während die Wagen einen massiven Felsen aus hellgrauem Granit umrundeten. Nun präsentierte sich, erhaben auf einem Felsenhügel, eine Komposition von massigen Gebäuden und im selben Moment die Schönheit dieser Klosteranlage. Willkommen im Kloster von Thikse! Die Mönchsklausen, ineinander verschachtelte weiße Würfel, gruppierten sich unterhalb der wuchtigen Klosterräume am Hang. Nach dem obligatorischen Fotostopp stiegen sie am Parkplatz aus, dehnten und streckten sich und liefen die Stufen zum Innenhof hinauf.

Der Weg führte entlang einer Mauer, in deren Nische goldglänzende Zylinder wie Perlen auf einer Kette aufgehängt waren.

»Gebetsmühlen sind das«, erklärte Sonja. »In ihrem Inneren steckt ein langer gerollter Steifen Papier, auf dem Segensgebete gedruckt sind. Indem du diesen Zylinder zum Rotieren bringst, aktivierst du die positiven Energien der Gebete.«

Sonja schob einen Zylinder mit Schwung an. Er quietschte laut.

»Hier haben wir einen besonders heiligen Zylinder. Eine alte Konservenbüchse von Nestlé!«, stellte Jule amüsiert fest. »Ladakhis sind offenbar praktisch veranlagt.«

»Klar. Was geht, wird recycelt.«

»Upcycling heißt das heutzutage. Jedenfalls finde ich die Idee, Segenssprüche durch Rotation zu multiplizieren, großartig.«

»Du wirst solche Gebetsmühlen noch häufiger entdecken. Manche sind größer als du selbst und du musst dich anstrengen, bis du sie in Bewegung bringst. Besonders hübsch finde ich übrigens die kleinen an Bächen, sie werden mithilfe eines Holzrädchens angetrieben.«

Am oberen Ende der Treppe angekommen, betraten sie durch ein rot lackiertes Tor den Klosterhof. Für allgemeines Rätseln sorgte der buschige schwarz-weiße Schwanz eines Yak, der mitten im Hof hoch oben auf der Spitze eines Holzmastes hing. Man diskutierte eine Weile, aber niemandem fiel eine vernünftige Erklärung ein, bis Samten meinte, es handle sich um etwas »Schamanisches« aus der vorbuddhistischen Zeit.

Inzwischen erwachte der Klosterhof. Die Mönche strömten über eine schmale Seitentreppe herein, ein paar Novizen spielten Fangen, zwei Jungen wirbelten mit Reisigbesen Staubwolken auf. Andere verschwanden in einem dunklen Seiteneingang, der zur Küche führte. Es war eine faszinierende Choreografie von konzentrierten, präzisen Bewegungen.

Als Sonja die große dunkle Versammlungshalle betrat, brauchte sie einen Moment, bis sie erste Umrisse in dem Raum erkannte. Auf dem Boden lagen ausgeblichene rote Sitzkissen in Reihen angeordnet, davor akkurat aufgereiht kniehohe längliche Tischchen mit den Instrumenten: Trompeten, Muschelhörner, mehrere kleine und zwei große Trommeln. Die Stirnseite des Raums schmückte ein großer, in warmem Gold erscheinender Buddha. Daneben stand der ausladende Hochsitz aus weinrotem Samt für den Dalai Lama, der zwar nur höchst selten dieses Kloster besuchte, doch würde sich niemand erlauben, darauf Platz zu nehmen.

Für zwei, drei Momente glitt Sonja in einen Zustand von Zeitlosigkeit, sie spürte die klare Kälte dieses Raums, atmete den scharfen Geruch von altem Holz und Räucherstäbchen. Ein kostbarer Augenblick, der all ihre Gedanken auflöste, aus dem sie jedoch aufschreckte, als Stimmen sich näherten. Widerstrebend öffnete Sonja die Augen. Sofort war sie wieder gegenwärtig, kontrollierte, ob jeder Teilnehmer ihrer Gruppe ein Sitzkissen bekommen hatte, und erinnerte daran, dass Fotografieren während der Zeremonie unerwünscht war.

Auch die Mönche ließen sich auf den Sitzkissen nieder, sie ordneten ihre Roben, breiteten die Texte vor sich aus. Vielstimmiges Gemurmel hob an, die Trompeten wurden geblasen, Trommeln geschlagen. Routiniert registrierte Sonja, wer schnell unruhig wurde (Heidrun, Günter), wer zu viel redete (Herr Schneider mit seiner Frau) und wer sich offensichtlich wohlfühlte (Jule, Cornelia und das Ehepaar Volkers).

Die Sprechgesänge erfüllten den Raum und lösten bald abermals Sonjas Denken auf. Allerdings war diese Entspanntheit im Moment auch nicht das Richtige, denn sobald sie ihrem eigenen Atem lauschte, war da wieder Citta. Sonja war froh, dass Jule sie sanft anstieß.

»Das hier ist ja weniger spirituell.« Jule kicherte und deutete auf ein paar Novizen, die hinter dem Rücken der älteren Mönche Grimassen schnitten und alberten.

»Kinder eben«, flüsterte Sonja zurück. Dazwischen kamen und gingen Touristen, liefen herum, fotografierten. Bemühten sich halbherzig, leise zu sprechen, und störten dennoch, bevor sie wieder verschwanden.

Als der letzte Gongschlag erklang, drängten alle nach draußen, die Mönche gingen ihrer Wege, die Novizen durften endlich mit lautem Geschrei Fangen spielen.

Samten führte die Gruppe im Kloster herum, zunächst zum Gonkhang, dem Raum der Schutzgottheiten. Finster war es drinnen, die Wände eingeschwärzt vom Ruß ewig brennender Butterlampen, einige schwer erkennbare, von bunten Tüchern verhüllte Figuren. Ein Schauer lief den Besuchern über den Rücken, als sie die übergroße Figur der zornvollen Gottheit Yamantaka entdeckten. Eine schwarze mehrköpfige und vielarmige Gestalt.

»Buddhisten haben tiefen Respekt vor Yamantaka. Seht ihr diese unglücklichen Kreaturen mit den aufgerissenen Mäulern, die Yamantaka hier unter seinen Füßen zermalmt? Es sind Dämonen, die der Lehre Buddhas Schaden bringen wollten.«

»Diese zwei Gestalten schauen auch nicht gerade freundlich drein«, stellte Frau Volkers fest.

»Die linke mit dem Stierkopf ist der Herr des Todes. Und hier, die Frau auf dem wilden Pferd, das ist Palden Lhamo«, antwortete Samten.

»Palden Lhamo ist eine besonders kraftvolle Göttin. Sie beschützt die Erkenntnis und die Weisheit. Und sie kann helfen, dass wir unsere Ich-Bezogenheit kontrollieren«, ergänzte Sonja.

Dann standen sie vor der Figur des Buddha Maitreya. Über zwei Stockwerke erhob sich dieses Kunstwerk aus glänzendem Gold, geschmückt wie ein König mit seinem Ohrgeschmeide, den üppigen Halsketten, breiten Armreifen und einer Krone.

»So etwas Prachtvolles sieht man selten!«, stellte Herr Schneider zufrieden fest, und an diesem Punkt stimmten ihm alle zu.

Samten nickte. »Maitreya gilt als der künftige Buddha. Eines Tages wird er in die Welt zurückkommen, um uns den Weg zur Erleuchtung zu zeigen.« Er wartete geduldig, bis alle diese prachtvolle Figur fotografiert hatten, dann erzählte er: »Interessant ist, dass Maitreya oftmals stehend oder auf einem Stuhl sitzend dargestellt wird. Diese Haltung lässt vermuten, dass der künftige Buddha vielleicht im Westen erscheinen wird.«

Nachdenklich betrachtete Frau Volkers die Darstellung. »Interessant. Alle großen Religionen haben die Vorstellung von der Wiederkehr eines Heilsbringers. Christen erwarten, dass Jesus wiedererscheint, die Hindus erhoffen eine Reinkarnation von Krishna. Und die Buddhisten also Maitreya.«

Auf dem anschließenden Spaziergang von Thikse zum alten Königspalast von Shey holte Jule Sonja ein. »Die Puja war wirklich sehr beeindruckend. Irgendwie meinte ich zu schweben.« Jule zog ihren breitkrempigen Hut tiefer ins Gesicht, da die Sonne schon stark war. »Das klingt jetzt vielleicht blöd. Genau kann ich das nicht erklären. Jedenfalls wirklich fantastisch! Wie bei meinem letzten Joint.« Sie lachte. »Aber das ist eine Weile her.«

»Bei mir auch.« Sonja musste grinsen, sie mochte Jules Unbekümmertheit.

»Also, ehrlich gesagt, diese vielen Figuren verwirren mich.« Frau Volkers hatte sich zu ihnen gesellt. »Es gibt doch nur einen Buddha.« Offenbar hatte sie das letzte Thema überhört.

»Natürlich», entgegnete Sonja eilig. »Ich erkläre es mal so: Jede Gottheit verkörpert eine bestimmte Eigenschaft von Buddha. Indem du dich in deiner Vorstellung mit dieser Gottheit verbindest, kannst du ihre erleuchtete Qualität erlangen.«

»Jeder Mensch trägt die Buddhanatur in sich. Das volle Potenzial menschlichen Erwachens«, ergänzte Heidrun sachkundig.

Jule grinste. »Klingt prima. Aber bei mir dauert das wohl noch eine Weile.«

»Nach Buddhas Lehre sind es drei negative Geisteshaltungen, die uns Menschen im Kreislauf der Wiedergeburten festhalten«, erklärte Sonja. »Diese Geistesgifte, wie er sie nannte, sind erstens die Gier, zweitens der Hass und drittens die Verblendung.«

»Probleme, mit denen wir uns doch alle irgendwie herumschlagen«, überlegte Frau Volkers.

Sonja nickte. »Erstens: die Gier nach Besitz, Macht und Glück. Zweitens: Ablehnung, sogar Hass auf alles, was uns unangenehm erscheint. Drittens: das Nichtwahrhaben-Wollen der Vergänglichkeit aller Dinge.«

»Jetzt bin ich wieder dabei. Da fallen mir gleich Situationen ein, die mich verzweifeln lassen. Wenn ich nur an bestimmte Leute denke ...« Jule verdrehte die Augen, wurde aber gleich wieder ernst und wandte sich Sonja zu, als diese fortfuhr:

»Buddha sagte auch: Wer es schafft, diese negativen Gefühle loszulassen, beendet damit sein Leiden. Im

Grunde bietet der Buddhismus praktische Methoden, mit deren Hilfe wir unseren Geist sammeln und reflektieren. Das letztliche Ziel ist dann die Erleuchtung.«

»Die Befreiung von Leiden, Unzufriedenheit, Ruhelosigkeit und Besorgtheit«, ergänzte Frau Volkers.

»Genau. Es geht in Buddhas Lehre aber auch darum, dass wir positive Geisteshaltungen entwickeln: Freude und Freundlichkeit, Glück und Geistesruhe, Selbstvertrauen und innere Zufriedenheit, geistige Klarheit und Energie, Gleichmut und heitere Gelassenheit.«

»Das hast du schön gesagt. Ich arbeite gerade an einem neuen Lebensplan. Mein Job gefällt mir schon lange nicht mehr, und einige private Themen habe ich auch im Feuer. Gibst du mir bitte noch eine kleine Lektion?« Jule band ihren Pullover enger um die Hüften, straffte ihren Rücken und strahlte Sonja an.

»Alle Dinge verändern sich ständig und in jedem Moment. Nichts ist von Dauer, alles ist im Fluss und das scheinbar Feste ist eine Illusion«, fuhr Sonja bereitwillig fort.

»Dabei glaubt man immer, dass alles genau so bleibt, wie es gerade ist. Wenn du glücklich bist, denkst du, es gehe so weiter. Bist du unglücklich, meinst du auch, das höre nie auf. Dabei geht alles vorbei.«

»Das einzig Sichere ist die Veränderung«, lächelte Sonja.

Sonja hörte sich sprechen, wie sie oft gesprochen hatte. Es waren glatt formulierte Sätze, sinnweisende Gedanken über das Leben. Sie hatten sich durch häufige Wiederholungen verselbstständigt, waren jetzt bloß noch Hüllen. Kopfgeburten, die schon lange nicht mehr den Weg in ihr Herz gefunden hatten.

Familienleben

Eine Woche später kehrte Api von ihrer Reise zurück. Sie war zufrieden mit ihren Geschäften, zumal beim Transport nur wenige Aprikosen zerdrückt worden waren. Ihr Versprechen löste Api ein und drückte mir eine Tüte Karamellbonbons und drei Dosen süße Kondensmilch in die Hand. Während ich auf der Stelle die erste Dose mit der Spitze meines Messers aufbohrte, hatte sich Api schon auf ihrem Stammplatz niedergelassen, zwei, drei Gläser Chang geleert und berichtete nun von den vielen Menschen in der Stadt, vom neuen Taxistand, der sich wegen der paar Autos ihrer Ansicht nach allerdings kaum lohne.

»Was macht denn deine Hundeesserin?«, unterbrach Vater spöttisch ihren Erzählfluss. »Hast du sie wieder besucht?«

»Sprich nicht so über sie«, zischte Api, »die Apikyi-Sha-Sakan ist meine Freundin.«

Die alte Frau lebte in einem windschiefen Häuschen oberhalb der Stadt, und die Leute hielten sie für verrückt, zumal sie das Fleisch wilder Hunde in ihrem Kochtopf schätzte. Deshalb nannte man sie Apikyi-Sha-Sakan, die Oma, die Hundefleisch isst. Api besuchte die Apikyi-Sha-Sakan, wann immer sie in Leh war, und brachte ihr Aprikosen und Äpfel. Als Dankeschön habe sie ihr einmal einen gebratenen Hund zum Abendessen angeboten.

»Das Fleisch ist saftig und sehr lecker, ich habe den Köter erst gestern gefangen«, soll sie gesagt haben, und seitdem wurde unsere Api wegen dieser Freundschaft geneckt, obwohl sie stets beteuerte: »Ich habe natürlich abgelehnt, niemals im Leben würde ich einen Hund essen. Wir haben immer nur Tee getrunken.«

Viele Jahre später stellte sich heraus, dass die alte Api-kyi-Sha-Sakan aus Tibet stammte und für den chinesischen Geheimdienst die in Ladakh ansässigen Exiltibeter bespitzelt hatte. Sie war keineswegs verrückt, sondern sie spielte einfach ihre Rolle perfekt. Bevor die Polizei nämlich die Hundeesserin festnehmen konnte, war sie längst über alle Berge verschwunden. Es hieß, sie sei zurück nach Tibet gegangen.

Am Abend kam Vater nochmals auf Apis Reisen in die Stadt zu sprechen. »Nimm doch nächstes Mal den Bus«, schlug er vor, »oder fahr auf einem Lastwagen mit. Andere machen das auch, besonders die Frauen.«

»Die anderen!«, blaffte meine Großmutter ihren Sohn an. »Haben andere etwa allein, ohne einen Mann, ihren Bauernhof bewirtschaftet und drei Kinder großgezogen? Haben die anderen Frauen ihre Familie auf den Dorfversammlungen vertreten?« Sie fixierte ihn mit schmalen Augen und fuhr fort: »Ich habe das geschafft und ich lasse mir von niemandem vorschreiben, was ich zu tun habe. Deshalb werde ich mit meinen Eseln in die Stadt laufen, solange ich das will.«

»Der Bus fährt zweimal in der Woche«, wandte Mutter vorsichtig ein, aber Api schnitt ihr das Wort ab.

»Ja ja, manchmal aber kommt er überhaupt nicht. Und was ich von den Fahrern der Lastwagen aus Kaschmir halte, das weißt du genau.« Api verzog die Lippen.

»Fiese Kerle sind das. Die behandeln uns schlecht und lachen über uns. Am Schluss lädt so ein Schuft meine Säcke auf und fährt ohne mich weg. Das ist dem Nachbar-Meme erst kürzlich passiert. Mich jedenfalls tricksen die nicht aus. Und jetzt will ich von diesem Quatsch nichts mehr hören. Yangchen, bring mir meinen Chang!«

Api entstammte einer respektablen Familie mit fruchtbaren Feldern und großen Tierherden. Die Leute erinnern sich, dass sie in ihren jungen Jahren eine schöne kräftige Frau war mit zwei dicken, auf Taillenhöhe zusammengebundenen Zöpfen. Ihre Hochzeit sah nach der perfekten Verbindung aus, es hieß sogar, sie und ihr Mann seien bereits ein Liebespaar gewesen, noch bevor ihre Familien die Ehe abgesprochen hatten. Das Besondere an ihm war, dass er einer Amchi-Familie entstammte, einer Dynastie von Ärzten also, und entsprechend war er schon in seinen jungen Jahren ein respektierter Amchi. Die beiden bekamen drei Kinder und Api behauptete immer, es sei eine glückliche Verbindung gewesen. Bis Großvater diese Liebesbeziehung mit einer Witwe aus dem Nachbardorf anfing. Einer Affäre maß damals kein Mensch großes Gewicht bei, so etwas kam häufiger vor, und allein deshalb würde niemand sein Gesicht verlieren. Diese Geschichte aber war offenbar etwas Ernstes. Eines Nachts verließ Großvater dann seine Familie. Man tuschelte, diese Frau habe ihn mithilfe einer Gongmo, einer Hexe, verführt und seines gesunden Verstandes beraubt. Api war allerdings anderer Meinung. »Ach was, dein Großvater war einfach ein Tölpel. Einer Kuh scheint das Gras auf der anderen Seite des Flusses immer das saftigere zu sein.« Großvater hat sich mit der neuen Frau in einem entfernten Dorf niedergelassen. Nun bekam ein

Amchi als Entlohnung kein Geld, sondern Getreide und Gemüse – ein Glück für ihn, denn ohne Felder in seiner neuen Heimat musste er von der Hand in den Mund leben. In sein eigenes Haus wagte Großvater sich übrigens nie zurück. Api hätte ihn garantiert von der Türschwelle gejagt.

Nach Großvaters unrühmlichem Fortgang übernahm Api das Regiment im Haus. Manche Nachbarn dachten wohl, sie werde diese große Aufgabe allein nicht bewältigen, und hofften auf eine günstige Pacht ihrer Felder. Doch sie hatten nicht mit dem Stolz und der Willensstärke meiner störrischen Großmutter gerechnet. Sie arbeitete wie ein Yak, sie vertrat ihr Haus bei Festlichkeiten und öffentlichen Versammlungen, und eines Tages wählte die Dorfgemeinschaft sie zur Goba, zur Bürgermeisterin. Damit war Api die erste weibliche Goba, die unsere Gegend gesehen hatte. Kein Wunder, dass sie, obwohl Handel Männersache war, selbst ihre Aprikosen und Äpfel nach Leh brachte. Gerade weil sie so temperamentvoll und stur war, wurde sie hoch respektiert, außerdem fürchtete man ihre scharfe Zunge. Weithin bekannt war auch Apis Trinkfestigkeit und entsprechend gern nahm sie an gesellschaftlichen Ereignissen teil. So saß sie munter, in ihrer besten Goncha und mit dem schwarzen Samthut auf dem Kopf, mit den anderen Frauen zusammen und beschwerte sich lautstark über die Reihenfolge der gereichten Getränke. Üblicherweise wurde Gästen nämlich zur Begrüßung eine Tasse süßen Milchtees gereicht, gefolgt von zahllosen Tassen Buttertee. Erst viel später, wenn das Fest in vollem Gange war, bekamen die Frauen Chang, während die Männer längst bei diesem Getränk angekommen waren. »Warum soll ich mir den

Bauch mit Zucker und Salz aufblähen und ständig pinkeln müssen. Bring mir gleich eine Kanne kühlen Chang, Mädchen, dann wird es lustiger«, befahl Großmutter den Serviermädchen in einem Ton, der keine Widerrede duldete.

Sorgen machte indes Bumbu, unser Esel. Seit Api aus der Stadt zurück war, lag er vor seinem Stall, mochte nicht fressen, und seine festen langen Ohren hingen traurig zur Seite. Bumbu war ein besonders hübscher Esel mit einem schmalen dunkelgrauen Fellstreifen, der von seiner Mähne entlang der Wirbelsäule bis zum Schweifansatz verlief, und er war Apis Lieblingsesel. Ich glaube, die beiden hatten eine ganz besondere Verbindung. Immer trabte er ihr, wenn sie in den Stall kam, entgegen und suchte mit seinen weichen Nüstern im Ausschnitt ihrer Goncha nach einer Leckerei, die Api auch zuverlässig für ihn bereithielt.

An diesem Morgen erwachte ich von einem jammervollen Geräusch. Es drang aus dem Stall herauf. Schnell sprang ich von meinem Lager und rannte die Treppen hinab, und da lag unser Bumbu steif auf dem Rücken. Sein Bauch war aufgebläht, die Hufe stakten senkrecht in die Höhe. Api rannen dicke Tränen übers Gesicht. Es war das erste und, wenn ich mich recht erinnere, auch das letzte Mal, dass ich sie weinen sah. In diesem Moment überwältigte mich Apis Trauer sogar mehr als der Tod von Bumbu. Ich klammerte mich an ihre Goncha, und so standen wir eine Weile, bis sie mich mit einer unwirschen Bewegung von sich schob, ihre Tränen abwischte und dreimal das Mantra *Om Mani Padme Hung* murmelte – möge der Esel eine gute Wiedergeburt erlangen.

Dann ordnete sie meinem Vater, der neben ihr stand, an: »Bring ihn zu den Geiern!«

Vater nickte und schickte die Frauen zurück ins Haus. Zu mir aber sagte er: »Du, Norbu, kommst mit uns.« Ich war überrascht, dass Vater mir erlaubte, zum Geierplatz zu kommen. Es war das erste Mal, dass ich bei diesem Ritual dabei sein durfte.

Ein paar Männer aus der Nachbarschaft banden inzwischen Bumbu Stöcke und Seile an seine schmalen Beine. Mit vereinten Kräften hievten sie ihn auf ihre Schultern und trugen ihn durch den Aprikosengarten den Hügel hinauf, wo sie den Körper auf einer offenen Steinebene ablegten. Wir standen ein Stück abseits und mussten nicht lange warten, bis die Geier herangeflogen kamen. Riesige grauweiße Vögel mit breiten Schwingen. Sie kannten diesen Ort, wussten, dass sie hier Speise finden würden, wie schon ihre Vorfahren. Bald waren ein Dutzend Geier über uns versammelt, routiniert zogen sie ihre Kreise, kreischten heiser, stürzten wie auf ein geheimes Zeichen zur Erde und schlugen die Klauen in den Körper unseres armen Bumbu, rissen mit starken Schnäbeln sein Fleisch in Stücke. Ein kalter Schauer rann meinen Rücken hinab, obwohl die Hitze des Tages sich bereits drückend über der Hochebene ausbreitete. Gern hätte ich mich, Schutz suchend, an Vater gelehnt. Doch ich nahm mich zusammen und schaute mit festem Blick diesem gruseligen Schauspiel zu. Bald wehte ein süßlicher Geruch vom Bestattungsplatz zu uns herüber. Wo eben noch unser Bumbu gelegen hatte, blieben nur ein Haufen Knochen und ein Knäuel blutdurchtränktes Fell zurück. Ich war schockiert. Wie schnell löste sich ein Lebewesen in Nichts auf. Verschwunden und unsichtbar für diese Welt.

Bei Tundup gab es Probleme wegen der Schuluniform. Offiziell durften Schüler nur in der vorgeschriebenen Uniform das Klassenzimmer betreten. Weil diese Vorschrift meist an der Praxis scheiterte, tolerierten die Lehrer es, wenn die Kinder in ihrer Alltagsgoncha kamen, genauer gesagt, sie kümmerten sich überhaupt nicht um solche Vorschriften. Als jedoch Tundups Vater, der Mon-Trommler, seinen Sohn beim Dorflehrer anmeldete, erinnerte sich dieser überraschend: »Ohne Uniform darf das Kind nicht in die Schule kommen.«

Worauf Tundups Vater entgegnete: »Wir haben keine neunzig Rupien für den Schneider.«

»Dann wird das Kind mein Klassenzimmer nicht betreten können.«

Tundup ließ seine langen dünnen Beine im Bach baumeln, als er von diesem Gespräch zwischen seinem Vater und dem Lehrer erzählte.

»Prima«, meinte Rigzin, »damit hat sich die Schule erledigt.«

Ich wunderte mich wieder einmal über Rigzins Naivität, hoffte insgeheim aber, dass Tundups Schulpläne sich damit zerschlagen würden.

»Wir müssen das Geld auftreiben. Vater liegt viel daran«, fuhr Tundup fort.

»Vielleicht leiht Onkel Angchuk euch Geld«, heuchelte ich, »schließlich hat er deine Pläne immer unterstützt.«

»Mal sehen.« Tundup nickte. Der Gedanke schien ihm zu gefallen. Jedenfalls wollte er mit seinem Vater reden.

Während unser gemeinsamer Alltag vorläufig weiterging, gab ich mir alle Mühe, Tundup als meinen Freund zu behalten. Ich arrangierte Picknicks in unserem Garten zwischen schattigen Bäumen und dem großen, in dunklem Gelb blühenden Rosenbusch neben der Haustür. Manchmal spielte Api uns einen Vorwand für ein solches Picknick zu, indem sie beiläufig anmerkte: »Beim Nachbarn Rilapa sind zwei Ziegen ausgebrochen. Ihr müsst das Gemüse bewachen.« Oder: »Drei Dzo sind gestern von der Sommerweide heruntergekommen, passt auf, dass sie nichts wegfressen.« Ein Dzo hat tatsächlich eine unglaublich gute Orientierung. Manchmal läuft ein Tier von der Hochweide ins Dorf hinunter zu seinem eigenen Stall zurück, wobei es unterwegs alles Grün frisst, das ihm vor die Nase kommt. Apis Aufträge entsprachen nicht immer der Wahrheit, wenn sie mir aber zuzwinkerte, wusste ich, dass sie mir einen Gefallen tat, um mich von den täglichen Pflichten zu befreien.

In diesen Tagen traf ich wieder einmal meinen Cousin Gonbo, den ältesten Sohn von Onkel Angchuk. Gonbo platzte schier vor Überheblichkeit, nicht nur weil er groß war und von kräftiger Statur. Als der Erstgeborene eines wohlhabenden Bauern genoss er einige Anerkennung im Dorf. Heute würde ich sagen: Er war ein Angeber und nicht sonderlich schlau. Damals jedoch empfand ich eine Mischung aus Bewunderung und Angst, vor allem wegen seiner spöttischen Art, die er mir gegenüber an den Tag legte. Er verheimlichte nie, dass er mich nicht mochte.

An jenem Morgen schickte Vater meinen Bruder und mich zu Onkel Angchuk. Wir sollten ihm eine Nachricht wegen eines blockierten Wasserzulaufs überbringen. Mit einem Stück frischer Butter liefen wir den Hohlweg hinter dem Dorf hinauf, an dessen Ende wie eine Festung Onkel Angchuks Haus stand. Schon lange bevor das Haus in Sicht kam, hörten wir laute fröhliche Musik. Du musst wissen, Sonja, es gab nur ein einziges

Radio auf dieser Seite unseres Dorfs, und das gehörte unserem Onkel Angchuk. Dieses Radio war sein ganzer Stolz; ein sperriger Kasten, in einer Lederhülle verpackt, hing es in der Küche an einem krummen Nagel an der dicken Holzsäule. Hoch genug, damit wir Kinder es nicht erreichen konnten. Manchmal drehte Onkel so lange an seinen Knöpfen, bis wir über Kurzwelle die Programme All India Radio und Radio Pakistan hören konnten. Hatte Onkel Angchuk besonders gute Laune, wie offensichtlich an jenem Tag, hängte er das Radio ans Fenster, damit auch die Nachbarn in den Genuss von Musik und Nachrichten aus dem fernen Indien kamen.

»Ah, Tenzin und Nunu Norbu! Geht ins Haus, Onkel Chigmed ist gerade da.« Tante Palmo trällerte ein Lied mit, als wir in den Hof traten und ihr gleich die Butter überreichten, bevor sie schmelzen würde. »Er wird sich freuen, euch zu sehen«, begrüßte sie uns. In dem Haus lebten außer Onkel Angchuk auch seine beiden Brüder und alle drei waren sie Ehemänner von Tante Palmo. Als der Älteste war Onkel Angchuk allerdings der Hauptehemann, er kümmerte sich um Haus und Hof, während die beiden anderen meistens unterwegs waren. Der jüngste Bruder war wie ich Ziegenhirte, und Onkel Chigmed hatte, wie neuerdings etliche Männer im Dorf, eine Anstellung bei der indischen Armee.

Sechs Kinder hatte Tante Palmo von ihren drei Männern, und sie führte nicht nur Haushalt und Familie, sondern auch ihre Ehegatten mit resoluter Hand, wie meine Mutter sagte. So kräftig und laut wie Tante Palmo war, glaubte ich das sofort.

Ihre direkte Art machte sie mir besonders sympathisch und auch, dass sie fast immer gute Laune verbreitete. Onkel Chigmed kam nicht oft nach Hause, immer hieß es, er müsse an der Grenze zu Pakistan im fernen Gletschereis unser Heimatland gegen den Feind verteidigen. Eigentlich konnte ich mir nie vorstellen, dass er bei der Armee sein sollte, so schmächtig und klein war er, aber er hatte etwas von einem Fuchs mit seinem schmalen Gesicht und dem dünnen Schnurrbart. Wie Tante Palmo war er immer fröhlich und lustig. Damals hatte ich keine Vorstellung, was Eifersucht war. Dieses Wort lernte ich erst viel später kennen. Für mich war es normal, dass Tante Palmo mit drei Brüdern verheiratet war und alle eine große Familie waren.

Mein Bruder interessierte sich brennend für militärische Angelegenheiten und bestürmte Onkel Chigmed mit seiner Neugierde, sobald wir die Küche betreten hatten, wo er und Onkel Angchuk in ein Gespräch vertieft waren.

»Wie ist die Lage auf dem Gletscherposten oben?«, wollte er gleich wissen, während er sich im Schneidersitz auf dem Boden niederließ.

Onkel Angchuk übernahm, noch bevor sein Bruder antwortete, das Wort. »Wie soll die Lage schon sein? Sie spielen den lieben langen Tag Karten und hin und wieder blinzeln sie mit dem Fernglas nach Pakistan hinüber.«

»Du untertreibst!« Onkel Chigmed tat entrüstet. »Manchmal feuern wir zwei, sogar drei laute Schüsse ab ...«

»... woraufhin die Pakistani zwei, manchmal sogar drei laute Schüsse zurückfeuern«, fuhr Onkel Angchuk ungerührt fort und lachte.

»Na wenn schon. So weiß jeder, dass der Feind auf Posten ist.«

Onkel Chigmed lehnte sich behaglich gegen die Wand und nahm einen Schluck aus seiner Teetasse. »Jedenfalls tun mir die Inder unserer Truppe aus dem Flachland leid! Vor Kälte klappern sie mit den Zähnen und ständig sind sie krank. Kein Wunder: Wer aus der Hitze kommt, kann weder Gletschereis noch dünne Luft vertragen.«

»Darum bevorzugt die Armee uns auf den Grenzposten dort oben und …«, ergänzte Onkel Angchuk.

»Erzähl dem Jungen auch, dass ihr zu viel Rum trinkt«, fiel Tante Palmo ihm ins Wort.

Onkel Chigmed lachte: »Na und? Irgendwie muss ich mich schließlich wärmen, wenn meine Frau nicht bei mir ist.«

»Dafür bist du jetzt hier.« Mir entging nicht, dass meine Tante ihm zuzwinkerte.

»Geld habe ich auch gebracht«, fuhr Onkel Chigmed fort.

»Und feste Hosen, ordentliche Schuhe und die Wolldecke«, ergänzte Tante Palmo zufrieden.

Was Onkel Chigmed nun mitteilte, ließ mich aufhorchen. »Außerdem hat Gonbo einen Posten bei der Armee bekommen.«

Gonbo, der bis dahin in einer Ecke gelümmelt und dem Gespräch gelangweilt zugehört hatte, schaltete sich nun ein: »Allerdings werde ich nicht auf dem Gletscher sitzen und frieren wie du, Vater. Schließlich habe ich acht Jahre Schule gemacht. Ich bekomme einen Posten im Basislager und zusätzlich jeden Monat fünf Tage Urlaub.«

Zufrieden strich er seine dicken ölglänzenden Haare zurück, setzte sich gerade hin und nahm mich in Augenschein. »Was ist eigentlich mit dir, Nunu Norbu?« Wie immer lag in seiner lauten tiefen Stimme Spott. »Nun geht sogar dein Freund, der Mon-Junge, in die Schule.«

»Er geht nicht zur Schule, jedenfalls vorerst nicht«, wich ich vorsichtig aus. Tatsache war ja: Tundup ging nicht zur Schule, weil seine Eltern nicht genug Geld hatten. Und da waren noch zwei Dinge, die ich Gonbo aber nie anvertrauen würde: Dass Tundup mir verraten hatte, er wolle aus tiefstem Herzen ein Hirte sein. Ebenso wenig berichtete ich ihm von meiner Angst, Tundup durch diese furchtbare Schule zu verlieren. Unsere Sommerweide ohne meinen besten Freund konnte ich mir einfach nicht vorstellen.

»Das Problem mit der Uniform hat sich erledigt.« Onkel Angchuk lächelte mich an. »Heute Morgen habe ich seinem Vater das Geld gegeben.«

»Wie großzügig von dir, Vater«, erwiderte Gonbo spöttisch. »Aber warum meinst du eigentlich, dass jedes Kind zur Schule gehen sollte? Selbst dein eigener Neffe, unser Nunu Norbu hier, geht nicht. Wenn du den Mon-Jungen schickst, musst du einen anderen Hirten suchen.« Ein Moment verstrich, bis er seinen nächsten Pfeil abschoss: »Oder frag doch Nunu Norbu. Der kann unsere Tiere hüten!«

Mir schoss das Blut in den Kopf, mein Herz raste, und am liebsten wäre ich davongerannt. Gegen Gonbo konnte ich mich einfach nicht wehren. Doch ich saß bloß steif da und brachte keinen Ton heraus.

Onkel Angchuk ignorierte seinen Sohn und erwiderte ruhig: »Denkt nur an unsere Nachbarn, die im Straßenbau arbeiten, Steine klopfen und den Asphalt aufschütten. Jeden Samstag kommt der Kontrolleur mit der Anwesenheitsliste, und stellt euch vor: Diese Leute können nicht prüfen, ob der Vorarbeiter ihre Stunden korrekt notiert hat. Sie drücken ihren Daumen in die blaue Farbe und bestätigen damit, was auch immer auf dieser Liste stehen mag. Deshalb muss jeder lesen können. Andernfalls wird er doch betrogen.«

Nach einem Moment fuhr er fort: »Tundup hat einen hellen Verstand und ein sanftes Herz, das sind zwei wertvolle Qualitäten. Er soll seine Chance bekommen.« Gonbo wollte ihm widersprechen, aber Onkel Angchuk brachte seinen Sohn mit einer Handbewegung zum Schweigen.

Auf dem Heimweg war mir merkwürdig unwohl. Eine Frage hatte sich in meine Gedanken geschlichen: War es wirklich wichtig, dass man eine Schule besuchte? Onkel Angchuk hatte gesagt, falls nicht, würde man in seinem Leben betrogen. Was sollte dann aus mir werden? Ich dürfte nicht einmal eine Schule besuchen, selbst wenn ich das wollte. Ohnehin würde ich, wie der jüngste Bruder von Onkel Angchuk, mein Leben lang Ziegen hüten.

Ziegenhirte – als sei das eine Beleidigung. Bis jetzt war das Hüten mir immer eine Freude gewesen, plötzlich sollte es nicht mehr gut genug sein? Das ging mir nicht in den Kopf. Schließlich hatte jedes Mitglied der Familie seine Aufgabe, und ich war glücklich gewesen. Nun aber schien jeder nur von Geld und Bildung zu sprechen.

In jener Nacht lag ich auf dem Hausdach unter meiner Ziegenhaardecke. Vertraute Gerüche von würzigem Gras, den reifen Aprikosen, die Api am Nachmittag zum Trocknen ausgebreitet hatte, der kalte Geruch abgebrannter Wacholderzweige, der aus unserem Haustempel strömte. Ich schaute in den glitzernden Sternenstaub über meinem Kopf, wartete, bis die dritte Sternschnuppe quer durch die Milchstraße schoss. Dann kratzte ich Apis Rücken, bis sie im Halbschlaf grunzte: »Hör auf, Nunu.«

»Api, bin ich wirklich ein Taugenichts?«, flüsterte ich vorsichtig.

»Gib Ruhe, ich will schlafen.«

Ich bohrte weiter.«Api, sag schon, bin ich wirklich ein Nichtsnutz?«

Jetzt drehte Api sich zu mir herüber, stützte sich auf ihren Ellbogen. In der Dunkelheit konnte ich ihre Gesichtszüge erahnen.

»Rede keinen Unsinn, Nunu! Ich sag dir, was du bist: Ein Hitzkopf bist du! Ein Trotzkopf! Aber ich sage dir: Ebenso bist du ein Juwel, der Löwenkönig. Eines Tages verwandelt sich dein Feuer in Tatkraft, dein Trotz wird zur Stärke. Glaube immer an dich und habe Vertrauen in Buddha, der sagte: Folge immer dem Mittleren Weg, dann wird es gut.«

Mit einem langen *Om Mani Padme Hung* glitt Api zurück in ihren Schlaf.

Glückselige Erinnerungen

Der Himmel war von dicken Wolken verhangen, die Bergkette des Stok-Kangri-Massivs dahinter verborgen, als Sonja einen abendlichen Rundgang durch den Garten unternahm. Umso intensiver nahm sie den süßlichen Duft des Rosenstrauchs wahr, der neben dem Hotelgebäude in voller Blüte stand. Wohl deshalb kam ihr in den Sinn, dass auch in jenem Sommer vor fünfundzwanzig Jahren ein Rosenstrauch sie zu einem Haus geführt und ihr eine wunderbare Freundschaft geschenkt hatte. An diesem Abend war sie durch ein Dorf spaziert und zu einem Bauernhaus gekommen, das einen besonders üppigen Garten mit prächtigen Rosen hatte. Sonja blieb stehen, schnupperte an diesen üppigen hellgelben Blüten, und gerade als sie davon ein Foto machen wollte, ging ein Fenster auf und eine Frau streckte ihren Kopf heraus. Sie lachte dieses glockenhelle leichte Julley und winkte Sonja ins Haus.

Sonja erinnerte sich jetzt, wie sie gezögert hatte, schließlich war eine solche spontane Einladung eines ihr fremden Menschen ungewöhnlich. In den folgenden Tagen half sie ihrer neuen Freundin Dolma bei der Arbeit auf dem Feld, lud schwere Bündel Gerste auf ihren Rücken und trug sie zum Dreschplatz. Sie tanzte, die klobigen Wanderstiefel an den Füßen, mit Dolmas Kindern auf dem Hof und sang ihnen den Schneewalzer auf

Deutsch vor, während sie sich gemeinsam im Kreis drehten, bis ihnen allen schwindlig war. Im Laufe der Tage schloss Sonja die wunderbare Dolma immer mehr ins Herz, tief berührt von ihrer Fröhlichkeit und der Gelassenheit, mit der sie durchs Leben ging.

Dolma! Wie es ihr gehen mochte?, überlegte Sonja, als eine andere Begebenheit derselben Reise ihr in den Sinn kam, die sie jetzt schmunzeln ließ. In jener Nacht während einer Trekkingtour im Markhatal hatte Sonja ihr Zelt an einem abschüssigen Hang aufgeschlagen. Sie hatte eine anstrengende Passüberquerung hinter sich gebracht, Vollkornbrot und ihre beiden letzten Müsliriegel gegessen und war sekundenschnell in einen bleiernen Schlaf gefallen. Bis mitten in der Nacht etwas Großes, Schweres gegen sie drückte. Das Wesen befand sich auf der Außenseite des Zelts und presste seinen Körper ruhig und bestimmt an sie, wobei es seltsame Laute von sich gab, gefolgt von einem ausgiebigen Rülpsen. Ihr Herz klopfte bis zum Hals. Sie rutschte zur Seite und versuchte, dieses Etwas von sich zu schieben, aber vergebens. Als schließlich Kaugeräusche einsetzten, nahm sie ihren ganzen Mut zusammen, öffnete vorsichtig den Reißverschluss des Zelts und schaute hinaus.

Die Kuh lag in ihrer vollen Körperlänge gegen die Plane gedrückt und suchte in dieser kalten Nacht ganz offenbar Wärme. Sonja beschloss, den stillen Zweikampf aufzunehmen. Sie legte sich zurück auf die Isomatte, stemmte ihr ganzes Körpergewicht gegen die Kuh, die keineswegs daran dachte, ihren komfortablen Platz aufzugeben. Sobald Sonja nur minimal zur Seite rückte, schob die Kuh nach. So lag sie bis zur Morgendämmerung hellwach in ihrem Schlafsack und lauschte, wie das

Tier, ohne müde zu werden, das Futter durch ihre vier Mägen beförderte.

Tränen stiegen Sonja in die Augen. Wo war heute diese Lebendigkeit und Neugierde geblieben, dieses Gefühl von unendlicher Freiheit? Lichtjahre lag es zurück, als sie mit offenem Herzen und weitem Geist unterwegs war. Es war ihre Zeit der ersten Male. Ihre Zeit der Leidenschaft.

Sonja ließ ihrer Trübsal eine Weile freien Lauf, schließlich rief sie sich zur Vernunft, nahm ein Taschentuch heraus und schnäuzte sich. Sie hatte mittlerweile den Garten verlassen und lief den schmalen Fußweg hinter dem Hotel entlang. Jetzt bloß keinem begegnen. Es gibt überhaupt keinen Grund zu jammern, wies sie sich zurecht, schluckte entschlossen diesen bitteren Geschmack der Tränen hinunter. Du hast aus deiner Abenteuerlust einen Beruf gemacht, das ist ein Geschenk des Schicksals. Dass Routine eintritt, ist normal und erleichtert die Sache. Wer möchte schon eine ständige Aufgeregtheit? Nicht auszuhalten! Außerdem stellte sich mit den Jahren eine gewisse Abgeklärtheit ein, was ebenfalls nicht zu verachten war. Sonja straffte ihre Schultern, nahm noch einmal Lauftempo auf und umrundete aufmerksam die Schlaglöcher. Eine Außenbandzerrung hätte ihr gerade noch gefehlt.

Diese Jahre waren wirklich verflogen. Nach ihrem Studium, Schwerpunkt Soziologie, hatte Sonja keine Stelle gefunden, die sie ausreichend interessierte, um ihr Leben in allzu regelmäßige Bahnen zu lenken. Sie bewarb sich bei einem Touristikunternehmen als Reiseleiterin für Asien, zunächst als freie Mitarbeiterin. Es war genau die Tätigkeit, die ihr Spaß machte. Die Rückmeldungen der Kunden an ihren Chef Volker, mit dem sie sich gut verstand, waren so positiv, dass Sonja bald aussuchen konnte, welche Reisegruppe sie übernehmen wollte. Das war vor zwanzig Jahren und seitdem war sie fast ständig unterwegs. Auf ihren kurzen Stopps zu Hause genoss sie ihr weiches rotes Sofa und die Ruhe ihrer kleinen Eigentumswohnung, sie traf Freundinnen, ging ins Kino und Theater. Sporadische Besuche bei ihrer Mutter, die nach dem Tod ihres Mannes zu Sonjas Erleichterung noch immer einen eigenen Haushalt führte.

Sonja schätzte diese Abwechslung. Das war kein Leben wie das mancher Freundinnen, die sich aufrieben in einer mittelmäßigen Zweckgemeinschaft, die einst die große Liebe gewesen war. Einem zermürbenden Alltag zwischen der Finanzierung des Eigenheims und mühsamer Elternschaft. Eine langfristige Partnerschaft hatte sich nie ergeben, jedenfalls war kein Mann es ihr wert, dass sie ihren Lebensstil aufgeben wollte. Überhaupt: Was Familienleben betraf, waren für ihren Geschmack zu viele Kompromisse nötig. Sie kam gut allein zurecht. Keine Kinder, keine Katze, die Kakteen auf dem Fensterbrett überraschten sie bisweilen sogar mit einer hübschen Blüte, wenn sie nach längerer Abwesenheit ihre Wohnung betrat. Sie hatte keine Angst vor einsamen Sonntagen wie andere Singles. Eine Neuerung gab es doch: Inzwischen führte sie ein Leben aus dem übersichtlichen Hartschalenkoffer, nicht mehr aus einem chaotischen Rucksack. Im Großen und Ganzen ging es ihr also gut.

Gewiss, es gab diese Momente von Sehnsucht. Nach einem vertrauten Menschen, sich anlehnen nach einer anstrengenden Tour. Kleinigkeiten teilen. Am Telefon über die Gruppe und alltägliche Erlebnisse berichten.

Widerstrebend musste sich Sonja eingestehen, dass solche irritierenden Momente sich neuerdings häuften.

Cittas Briefe allerdings konfrontierten sie völlig unvorbereitet nicht nur mit ihrer Vergangenheit, schlimmer noch: Ihre schöne Lebensroutine begann sachte zu wackeln, franste schon an ihren Rändern auf. In diesem Zustand traf sie wenig später wie verabredet bei Lobsang ein.

»Was ist passiert, Sonja?« Er schaute besorgt. »Heute brauchst du definitiv einen Whisky!«

Sonja nickte mit einem leichten Grinsen, und so holte er Flasche und Gläser aus dem Schrank und schenkte ihnen beiden ein.

»Nichts Schlimmes.« Sonja bemühte sich um einen heiteren Ton. »Eine seltsame Geschichte, längst vergessen eigentlich.«

»Und sie hat deinen Geist in Verwirrung gebracht, liebes Mädchen«, ergänzte Lobsangs Mutter milde. »Schau mal, mein guter Sohn hat aus der Stadt drei Paar Schuhe für mich mitgebracht. Welche soll ich nehmen? Was meinst du?«

Es waren Filzschuhe in unterschiedlichen Farben, wadenhoch und mit solider Sohle. Seine Mutter trug nur solche Filzschuhe, anderes Schuhwerk war für sie indiskutabel.

»Du sollst alle drei Paar behalten, sie sind alle schön.« Lobsang zwinkerte Sonja zu. »Meinst du nicht auch?«

»Keinesfalls«, widersprach seine Mutter. »Ich werde höchstens noch ein Paar auftragen. Alles andere ist Verschwendung.«

»Mutter, erzähle Sonja doch, wie das Paket in unser Haus kam«, wechselte Lobsang das Thema.

»Ich sagte diesem jungen Mann: Komm wieder, wenn Sonja da ist. Dann kannst du ihr selbst dein Geschenk übergeben. Aber das wollte er nicht. Er sagte nur: ›Mutter, ich habe keine Eile, das Karma braucht Zeit zu reifen.‹« Sie schaute Sonja an. »Was meinte er wohl damit?«

Sonja zuckte mit den Schultern. Sie fühlte sich müde und leer. »Komm schon, Sonja«, schaltete Lobsang sich ein. »Vergangene Geschichten sind nichts als Gespenster. Deinen Whisky pur oder mit Cola?«

Früchte der Arbeit

Die Schule unseres Dorfs war ein längliches Gebäude aus ungebrannten Lehmziegeln, in dem vier Klassenzimmer nebeneinanderlagen. Da die Fenster keine Glasscheiben hatten, fegten die scharfen Herbstwinde durch alle Räume, sodass Yangchen und Dolma an solchen Tagen mit einer dicken Schicht von Sand und Staub überzogen nach Hause zurückkehrten.

An jenem Morgen jedoch war das Wetter gut und meine beiden Schwestern liefen mit ihren schweren Schreibtafeln über die Schulter gehängt die Dorfstraße zur Schule hinunter. Diese Tafeln waren Bretter aus dem Holz von Walnussbäumen, die zahlreich in unserer Gegend wuchsen. Yangchen und Dolma hatten sie zur regelmäßigen Pflege tags zuvor mit Ruß bestrichen, den sie an der Unterseite von Mutters Kochtöpfen abgekratzt und auf der Tafel verrieben hatten, bis diese glatt war. Außerdem hatte Vater neues Schreibgerät geschnitzt aus dem hohlen Zweig des rötlichen Bambus, der entlang unseres Hausbachs üppig wucherte. Als Schreibfarbe diente eine wässrige Lehmbrühe.

Ich hingegen packte Brot, Salz und ein paar Zwiebelringe ein, schulterte meinen Buckelkorb, der abends mit Dung und Zweigen gefüllt sein musste, und trieb anschließend die meckernde und blökende Herde in Richtung der Berge.

Tundup brachte an diesem Tag seine Schuluniform mit, wischte mit einer knappen Bewegung unseren Stein ab und legte darauf sehr vorsichtig eine khakigrüne Hose, einen blauen Pullover und blaue Stoffschuhe mit Schnürsenkeln. Ohne zu zögern, wollte Rigzin nach dem Pullover greifen, ihn befühlen, doch Tundup fing seine Hand mit einer schnellen Bewegung ab. »Nicht anfassen! Er darf nicht schmutzig werden.«

Als hätte Tundup jemals darauf geachtet, ob seine Goncha schmutzig würde! Ich schluckte, nun würde er aussehen wie die anderen Schulkinder, über die wir uns manchmal lustig machten. Wie schnell mein Freund sich veränderte. Da war mein Neid über die schöne Kleidung, die er bekommen hatte. Und meine Traurigkeit, dass wir nicht mehr gemeinsam auf unserer Sommerweide Murmeltiere aus den Löchern pfeifen und mit Steinschleudern Füchse und Wölfe jagen würden. Er war einfach auf die andere Seite gewechselt.

»Dann kann es ja losgehen bei dir«, murmelte ich.

»Ja, nach den Ernteferien.« Als er mein trauriges Gesicht sah, setzte er schnell hinzu. »Komm schon, wir bleiben Freunde. Das haben wir einander doch versprochen.«

»Ja, natürlich.« Ich presste die Lippen zusammen und murmelte etwas von Dung sammeln müssen. Während ich über Steine stolperte und schlimme Gedanken durch meinen Kopf rasten, fiel mir ein, was die Nachbarn gesagt hatten: Tundup war ein Mon-Junge. Er gehörte zur unteren Gesellschaftsschicht, deren Mitglieder nicht vom Geschirr anderer aßen, sondern eigene Schüsseln und Löffel verwenden mussten. Die, wenn sie zu Gast kamen, in der Küche hinten in der Ecke ihren Sitzplatz einnahmen. Mit denen eine Ehe einzugehen eine Schande bedeutete. Ein Junge dieser Familie würde also zur Schule gehen. Er würde blaue Schuhe mit Schnürsenkeln tragen. Und ich? Tränen rannen mir über die Wangen. Ich rannte, bis mein Gesicht sich abgekühlt hatte.

Nie hatte ich mein Leben infrage gestellt. Alles war mir selbstverständlich und richtig erschienen. Doch nun saß dieser Stachel in mir und verströmte ein starkes Gift, das sich bis in die letzte Faser meines Körpers ausbreitete. Wie oft hatte Api mich an Buddhas Gesetz erinnert: »Zeige Mitgefühl und Wohlwollen für alle Lebewesen.« Nun gelang es mir nicht einmal, meinem besten Freund mit Wohlwollen zu begegnen.

Ich schämte mich und hoffte, dass ich in der anstehenden Erntezeit Ablenkung finden würde; die Arbeit, die Zusammenkünfte mit den Helfern und Besuchern würden mir keine Zeit lassen zum Nachdenken. Daher war ich glücklich, als Vater endlich unserer Familienrunde bekannt gab: »Die Gerste ist so weit. Wir werden mit dem Quellefeld anfangen.« Beiläufig sollte es klingen, als sei es selbstverständlich, dass wir mit der Ernte auf dem Quellefeld beginnen würden. Dabei setzten wir so große Hoffnungen in dieses Feld! Unser Dorfmönch, der Geshe Meme, hatte mithilfe von Gebeten, Trommeln, magischen Sprüchen und Weihrauch die Feldgötter um ihre Unterstützung gebeten. Mutter hatte jeden Morgen vor dem Frühstück und am Abend nach Sonnenuntergang die Wasserkanäle aufgemacht, damit die Ähren optimal wachsen konnten.

»Ich gehe gleich hinüber und öffne die Kanäle noch einmal.« Mutter sprang erleichtert auf.

»Ja, wässere nur ordentlich«, rief Api ihr nach, »so kommen die Halme leicht aus der Erde.« Api musste wirklich alles kontrollieren! Ich verstand schon, weshalb Mutter ihr bisweilen aus dem Weg ging.

Am nächsten Morgen kam Tundup zu unserem Haus und übernahm wie besprochen für die kommenden Tage unsere Tiere. Da war er, der Ziegenhirte aus einer Mon-Familie, der keine eigenen Felder besaß. Zur Begrüßung gewährte ich ihm nur ein beiläufiges Handzeichen, griff nach meiner Sense und lief zum Quellefeld.

Zufrieden stand Api zwischen den hohen Ähren, als ich außer Puste dort ankam, und schaute sich um. Aufrecht und fest standen die schweren Rispen auf den Halmen, voll dicker goldgelber Körner. »Da werden wir im Winter ordentlich Tsampa und Chang haben.«

Dass die Ernte ausreichend Getreide zum Essen hergeben würde, stand außer Frage, im Dorf musste keine Familie hungern. Apis Sorge war vielmehr, dass genug Getreidesäcke den Weg in unseren Changraum finden würden.

Die Ernte folgte einem festen Ablauf, den wir alle kannten, trotzdem teilte Vater jedem noch einmal seine Aufgaben zu. »Wir«, dabei zeigte er mit dem Finger auf sich selbst, Mutter, Onkel Angchuk, Tante Palmo und zwei Nachbarn, »wir holen die Halme heraus. Und ihr«, dabei beschrieb er mich, meinen Bruder und meine beiden Schwestern, »ihr tragt sie hinüber an den Feldrain. Breitet sie sorgfältig aus, damit sie gut trocknen.«

Wir arbeiteten fleißig, selbst mein Bruder wagte es nicht zu trödeln. Die ausgerupften Halme zogen wir hinüber an den Feldrain und legten sie sorgsam Reihe an Reihe. Dabei musste man die Ähren unter die Wurzeln der vorigen Reihe platzieren, um sie vor den lauernden gefräßigen Spatzen zu schützen. Am Abend schmerzten meine Arme, ich war zum Umfallen müde und tatsächlich hatte ich kaum an meinen Kummer gedacht.

Nach dem Quellefeld kamen die anderen Felder, und so konnten wir drei Tage später mit Dreschen beginnen. Das mittlerweile getrocknete Getreide trugen wir auf den Dreschplatz, den Vater auf einem Feld neben unserem Haus einrichten wollte. Einen ganzen Tag brauchten wir, bis der Platz vorbereitet, der Ackerboden glatt gestampft, die Erde mit Wasser verfestigt war. Schließlich bohrte Vater ein Loch in die Mitte und rammte einen Holzpflock in den Boden. Um diesen herum würden die Tiere laufen und das Getreide aus den Ähren treten.

Api richtete ihr Lager neben dem Dreschplatz am Hausbach ein – es war der perfekte Platz, um aus dem Schatten der Bäume unsere Arbeit zu beobachten. Zugleich würde sie dort ihre Freundinnen und Verwandten empfangen. Api war eine gute Unterhalterin mit ihrer lockeren Zunge und den Geschichten aus der fernen Stadt.

Auf diese Ernte freute sich Großmutter besonders, da sie für meine Schwester Yangchen, die inzwischen siebzehn Jahre alt und somit im heiratsfähigen Alter war, ihre Besucher aushorchen sollte über geeignete junge Männer aus guten Familien. Eine Aufgabe exakt nach Apis Geschmack! »Keine Sorge, Mutter, wir werden den besten Mann für unsere Yangchen finden«, erklärte sie zufrieden und breitete zwei weitere Teppiche auf ihrem Empfangsposten aus. »Schließlich sind wir eine gute Familie und tragen unseren Teil zum Wohl des Dorfs bei. Wir hatten keine Querschüsse.«

Damit spielte sie auf einen Jungen an, über den die Nachbarn noch immer redeten. Er hatte lange keine Ehefrau gefunden, nur weil sein Vater viele Jahre zuvor mit einem Garba-Mädchen liiert gewesen war. Auf den letzten Drücker bekam er eine Frau, deren Gesicht allerdings von einer tiefen Hasenscharte gezeichnet war.

»Unsere Yangchen ist kräftig und gesund«, bestätigte Mutter zufrieden.

»Das Kind stammt von meiner Linie ab und wir sind eine ehrwürdige Dynastie hoch angesehener Amchis«, fügte Api stolz hinzu. »Bald wird ein guter Mann eine Vermittlerin zu uns schicken. Dafür sorge ich schon.«

»Zügle deine Zunge, bitte!« Wie immer hatte Mutter Angst vor Apis lockerem Mundwerk. Allzu offensichtlich durften wir uns wiederum nicht für einen Bräutigam interessieren.

»Meinst wohl, ich wüsste nicht, wie man Männer auskundschaftet!« Api war entrüstet. »Schließlich habe ich meine drei Kinder bestens verheiratet. Oder bist du mit meinem Sohn etwa nicht zufrieden?« Kampflustig schaute sie Mutter an. »Und übrigens: Der Mann muss auch Yangchen gefallen. Letztlich wird sie selbst entscheiden, wen sie haben will.«

Ein paar Monate vor dieser Erntesaison hatte Mutter meine Schwester Dolkar zur Welt gebracht und nun trug sie die Kleine bei der Arbeit in einem Tuch auf dem Rücken herum. Babys steckte man in ein Säckchen aus Stoff oder in eine Spitztüte aus geflochtenen Weiden, die mit fein gemahlenem Dung von Steinböcken ausgebettet war, der saugfähiger war als der Dung anderer Tiere. Das eingenässte Material legte Mutter zum Trocknen aus und sammelte die brauchbaren Anteile wieder ein.

Die Ernte zog auch Menschen aus entfernten Orten auf Arbeitssuche an und wie in jedem Jahr war wieder dieser merkwürdige Mann aus dem Dorf Chiling gekommen. Chiling lag mehrere Tagesmärsche entfernt am Zanskarfluss. »Nicht einmal Seife haben die Leute in Chiling und Kerosin auch nicht«, hatte Api einmal erzählt. »Unvorstellbar arm sind sie dort«, fasste sie es zusammen. Dabei verwendeten auch wir Lehm vom Fluss, wenn Vater gerade keine Seife hatte. Und Kerosin bekamen auch wir nur über Kontakte zum Militär, wenn überhaupt. Wirklich anders war es also bei uns nicht. Aber in Chiling war das Klima zu rau für gutes Gemüse und süße Früchte, darin lag wohl der tiefere Grund für Apis Meinung über das Dorf. Jedenfalls hatte der seltsame Mann bei einem Nachbarn unter einem Apfelbaum sein Lager aufgeschlagen. »Nunu, bring ihm Tee und Buttermilch«, trug Api mir auf, »und richte ihm aus, dass er bei uns arbeiten kann.«

Allmählich trafen auch die anderen Erntehelfer ein. Zur Truppe gehörte wie immer Ani Sonam. Sie war eine große kräftige Frau und stammte aus dem nahen Dorf Alchi. Allerdings lebte sie mit ihrer kleinen Tochter in Leh, wo sie, wie die Leute hinter vorgehaltener Hand erzählten, Chang verkaufte, außerdem würden in diesem Haus Karten gespielt. »Unmoralisch« und »gefallene Frau«, hatte Mutter stets über Ani Sonam geurteilt, wobei ich nie verstand, was sie damit meinte, besonders weil Api ihr strikt verbot, schlecht über Ani Sonam zu sprechen. Jedenfalls reiste sie jeden Sommer mit ihrer Tochter auf einem Lastwagen an, und die beiden ließen sich ohne weitere Umstände in unserer Küche nieder. Ani Sonam entkernte Aprikosen und steckte sie unter

Apis mildem Blick auch in ihren eigenen Beutel; sie trug Getreidesäcke wie ein Pferd und konnte auf dem Feld arbeiten, ohne müde zu werden. Wenigstens fleißig war sie, diese Ani Sonam; das musste Mutter zugeben.

Schon am ersten Tag wollte das Wetter nicht mitspielen. Es war zu windstill zum Dreschen.

»Hoffentlich kommt bis zum Nachmittag noch ein Lüftchen auf«, Vater schaute skeptisch in den knallblauen Himmel, die Hitze flimmerte in der Luft, »sonst schaffen wir es nicht, das Getreide heimzubringen.«

»Riskieren wir es«, schlug unser Nachbar vor. »Wer weiß, ob es morgen besser wird.«

Vater nickte. Er band die sieben Esel und Dzos nebeneinander an ein Seil, als mein Blick an einem auffallend kleinen Esel hängen blieb. Da er der schwächste war, spannte Vater ihn ganz innen neben dem Pflock an. Vielleicht spürte er, dass lange Tage monotoner Runden vor ihm lagen, denn seine Ohren hingen traurig zu beiden Seiten herab. Er tat mir so leid. Unser kräftiges Dzo hingegen scharrte mit den Hufen, es durfte außen laufen.

Nun begann jenes Ritual, das für mich stets geheimnisvoll war. Api kam zum Dreschplatz herüber, mit einem freundlichen Klaps auf die Halsflanke begrüßte sie jedes Tier, während sie jedem einzelnen Worte ins Ohr flüsterte. War es ein Mantra? Jedenfalls erhob ein jedes den Kopf, spannte den Körper an, tänzelte auf den Hufen. Eines nach dem anderen. Ein magischer Moment, wie stets. Aber jetzt geriet Api aus ihrem Rhythmus, sie zögerte, bevor sie das Dzo begrüßte. Vor dem Dzo hatte nämlich immer ihr Bumbu gestanden, heute nahm der Esel unseres Nachbarn seine Stelle ein. Ich begegnete Apis traurigem Blick, doch schon sprach sie ihr Mantra auch zu diesem Tier, bevor sie zu ihrem schattigen Platz unter die Weide zurückschlurfte.

Inzwischen hatten die Frauen das Getreide mit Holzgabeln auf den Dreschplatz geworfen. Es konnte losgehen. Vater stellte sich hinter das Gespann und spornte die Tiere mit Pfiffen und lauten Rufen an. Runde um Runde stapften sie durch das Getreide, traten die Körner aus den Halmen, während die Frauen gleichmäßig Getreide in den Kreis warfen und die Halme mit ihren Heugabeln wendeten, damit wirklich jedes Korn unter die Hufe gelangte. Bald versanken die Tiere schier in den goldgelben Ähren.

Wir spornten die braven Tiere an, machten sie zu unseren Verbündeten mit schmeichelnden Gesängen und aufmunternden Sprüchen.

Allmählich wurde es heiß, das Getreide verbreitete seinen süßen trockenen Duft. »Wenn wir Glück haben, schaffen wir das Feld heute«, meinte Vater. Wir hatten uns zu Api gesellt und machten eine Pause. Vater drückte den Daumen in den Tsampateig und löffelte damit Buttermilch aus seiner Schale, die Yangchen ihm gereicht hatte. Seit Mutter erwähnt hatte, dass man einen geeigneten Bräutigam nicht ablehnen würde, war meine Schwester merkwürdig scheu geworden.

»Es ist noch immer zu windstill«, meinte Api, »wir werden die Spreu heute nicht von den Körnern trennen können.«

»Warten wir den Nachmittag ab«, bestimmte Vater, und zu mir sagte er: »Nunu Norbu, du übernimmst die Tiere. Ich ruhe mich noch etwas aus.«

Es machte mir Freude, hinter den Tieren zu laufen und sie mithilfe einer Weidenrute anzutreiben. Außerdem musste ich besonders wachsam sein. Sobald ein Tier den Schwanz hob, schob ich flink ein Sieb aus geflochtenen Weidenzweigen darunter, um die Hinterlassenschaft aufzufangen. Andernfalls hätten wir das verschmutzte Getreide wegwerfen müssen.

Api behielt recht. Wir konnten die Gerstenkörner erst am nächsten Morgen spelzen, als endlich ein Lüftchen über das Feld strich. Es war eine langwierige Arbeit, die eher Frauensache war. So warfen Mutter und Ani Sonam mit ihren Heugabeln die Halme hoch in die Luft, damit der Wind sie ein Stück weiter trug und die Körner am Boden zurückließ.

Sobald das Lüftchen nachließ, ruhten die Frauen im Schatten der Weiden, bis sie weiterarbeiten konnten.

Unterdessen empfing Api ihre Gäste. Manche von ihnen sah ich nur einmal im Jahr, wie jetzt zur Ernte, andere kamen aus der Nachbarschaft herüber. Selbstverständlich halfen alle, während sie aßen, tranken und redeten, bei einer Arbeit, die meine schlaue Api mitgebracht hatte. Etwas zum Spinnen, Zupfen oder Schälen lag immer auf ihrer Decke parat.

Zum Abschied gab sie den Besuchern Früchte und Gemüse mit auf den Weg. Das war eine uralte Tradition unserer Familie. Allerdings kultivierten Api und Mutter diese Herzensqualität aus unterschiedlichen Motiven: Mutters Großzügigkeit entsprang ihrer buddhistischen Pflicht, allerdings nur solange der Geldbeutel in ihrer Metallbox nicht merklich schmaler wurde. Api kümmerte kein Sparstrumpf, wenn ihr Herz von der Richtigkeit ihres Tuns überzeugt war.

»Komm, Nunu, setz dich zu uns« und »Groß ist dein Enkel geworden, Api«, lobten die Frauen anerkennend und nickten zu mir herüber. Mit war das unangenehm, wie die Erwachsenen über mich sprachen, und so tat ich, als ob ich nichts hörte. Tatsächlich waren meine Ohren weit geöffnet, schließlich gab es selten so viele Neuigkeiten wie in diesen Tagen. So entging mir auch nicht, dass der Mann aus Chiling und Ani Sonam gerne nebeneinander arbeiteten. Ständig neckten sie einander und brachen in denselben Momenten in lautes Gelächter aus.

Außerdem hörte ich, wie Api beim Abendessen meinen Eltern das vorläufige Ergebnis ihrer Suche nach einem Bräutigam unterbreitete.

»Da waren einige junge Männer, die infrage kommen«, sie machte es spannend, »aber bei dem einen hat die Familie nicht gepasst, sie haben nicht einmal ein Yak! Einen anderen Kandidaten kenne ich, aber er ist wirklich hässlich!« Sie rümpfte die Nase. »Eine Freundin gab mir allerdings einen brauchbaren Hinweis: Der junge Tsewang aus der Togchen-Familie kommt infrage. Dass wir auf ihn nicht selbst gekommen sind! Er ist groß und gut aussehend«, grinste Api, »Yangchen wird Gefallen an ihm finden.«

»Er stammt aus einem großen Haus«, ergänzte Vater zufrieden.

Als Mutter bemerkte, dass ich lauschte, versetzte sie mir einen Hieb. »Geh Dung holen. Was gehen kleine Buben solche Dinge an.«

Die Ernte verlief weiterhin reibungslos und eine Woche später stand unser Hausflur voller Säcke mit süßherb duftenden Getreidekörnern. Api nickte anerkennend. »Die Götter haben gut für uns gesorgt.«

Wenige Tage später passierte dann die Sache mit unserer Dorfhexe, und wieder einmal war es meinem Übermut zuzuschreiben, dass es zu dem Problem überhaupt kam.

Wir bearbeiteten mit den Erntehelfern das Quellefeld von Onkel Angchuk und waren eine entsprechend große Truppe.

Zum Mittagessen brachte Tante Palmo Baba, eine mit Tsampa und Tee vermischte Paste, und einen Berg köstlicher Fladenbrote aufs Feld. Die Erwachsenen hatten sich in der Mitte des Feldes niedergelassen, wir Kinder saßen abseits, wo wir ungestört unseren Spaß hatten. Als besonderen Leckerbissen hatte Tante Palmo Kekse und süßen Milchtee für uns mitgebracht.

Während wir aßen, kamen zwei Frauen aus dem Nachbardorf vorbei.

»Skyodle, Mutter«, riefen die Erwachsenen ihnen zu. »Kommt herüber, esst Tsampa mit uns. Und trinkt einen Becher Tee.«

Wie es die Höflichkeit verlangte, zierten sich die beiden eine Weile, wehrten mit heftigem Kopfschütteln ab, bis sie sich schließlich doch dazusetzten.

Im selben Moment entdeckte Rigzin eine unscheinbare ältere Frau, wie sie den Hohlweg neben unserem Feld entlangging. Es war die Gongmo, unsere Dorfhexe. Alle fürchteten die Gongmo. Sie wohnte mit ihrem Mann und ein paar Kindern am Ortsrand in einem ärmlichen schiefen Haus. Das Dach war zwar beladen mit großen Haufen Gestrüpp, Blech und allerlei altem Zeug, aber sie hatten kein Gras, Obst oder Stroh wie die anderen Häuser. »Es gibt keinen Beweis, dass sie es getan hat«, sagte Mutter immer, wenn wieder etwas Schlimmes im Dorf passiert war. Aber alle wussten, dass es die Gongmo war, wenn auch keiner es gewagt hätte, sie direkt zu beschuldigen. Jeder machte einen großen Bogen um die Hexe und vermied es, sie zu ärgern. Während die Gongmo nun

langsam an uns vorbeilief und immer wieder zu uns her-
überschielte, war mir ausgesprochen unwohl zumute.

»Diese alte Hexe«, murmelte Rigzin. »Sie ist mit
Absicht gekommen, weil sie weiß, dass wir zu Mittag
essen. Jetzt wartet sie darauf, dass wir sie einladen.«

»Das macht sie oft«, sagte ich.

Rigzin fuhr fort: »Wir müssen den Erwachsenen
Bescheid geben. Wer weiß, was ihr einfällt, wenn sie böse
und zornig wird. Denk mal an unseren Nachbarn. Die
Gongmo hat ihn in den Fluss gestoßen, bloß weil er ihr
keine Äpfel gab, als sie an seinem Garten vorbeikam.«

Rigzin hatte recht, aber mein Trotz war stärker. »Nein!
Wir tun einfach, als sähen wir sie nicht. Api sagt immer,
Zorn und Neid sind die schlimmsten Eigenschaften. Wir
werden ihr eine Lektion erteilen«, entgegnete ich forsch.

Während wir noch redeten und abwogen, war die
Gongmo hinter der Steinmauer verschwunden.

»Hoffen wir, dass nichts passiert«, murmelte ein Junge aus unserer Gruppe ängstlich. Das hofften wir natürlich alle.

Leider ist doch etwas Schlimmes passiert, und zwar
am selben Abend, als wir bei Onkel Angchuk in der
Küche saßen.

Tante Palmo und Yangchen kochten, die Männer
hörten im Radio die Nachrichten und Gonbo prahlte mit
dem Posten, den er bald bei der Armee antreten würde.
Ich spielte mit meiner kleinen Cousine Diskit. Wir zogen
eine Schnur mit den Fingern zu unterschiedlichen Mus-
tern und waren ganz in unser Tun versunken, als Diskits
Gesicht sich zu einer Grimasse verzerrte. Die Schnur fiel
ihr in den Schoß, dann begann Diskit zu winseln in jenem
eigenartigen Ton, in dem ein Hund winselt.

»Was soll das, Diskit, hör auf damit!«, schimpfte ich.

Natürlich dachte ich, sie würde Spaß machen, und ärgerte mich, weil sie unser schönes Schnurmuster kaputtgemacht hatte.

Aber Diskit reagierte überhaupt nicht auf meine Worte und setzte dieses schauderhafte Winseln fort, bis Onkel Angchuk aufsprang und vor seiner Tochter niederkniete. »Du böses Weib, musst du immer meine Familie verrückt machen.« Er griff Diskits linke Hand und holte ein dickes Buch mit buddhistischen Texten vom Tisch, das er energisch auf ihren Kopf drückte. »Was willst du hier? Sag schon!«

Da begann meine Cousine zu weinen. Mit rauer krächzender Stimme, einer Stimme, die nie zu einem kleinen Mädchen gehört hätte, erzählte sie, wie sie mittags am Feld vorübergegangen sei, wie man sie ignoriert und nicht zum Essen eingeladen habe. »Deshalb bin ich hierhergekommen. Ich will meinen Teil von euch holen.«

Ihre letzten Worte klangen traurig und Onkel Angchuk spielte ihr Spiel mit. »Es tut mir leid, dass wir dich missachtet haben, Nachbarin. Schau, nimm den Krug Chang. Er ist frisch und stark.«

Er holte einen Krug mit Chang und überreichte ihn seiner Tochter. Gierig riss Diskit den Krug an sich, legte den Kopf in den Nacken und trank ihn in einem Zug leer. Sie eilte zur Tür, als würde sie fliehen. Im selben Moment fiel sie zu Boden.

Ich wollte Diskit zu Hilfe eilen, aber Tante Palmo hielt mich zurück. Seltsamerweise wirkte sie gefasst, ebenso wie Onkel Angchuk, der ja sofort gewusst hatte, was er tun musste. »Warte, Norbu«, sagte sie zu mir, »wir können Diskit jetzt nicht helfen. Sie muss das alleine durchstehen, damit die Gongmo ihren Körper verlassen kann.«

Während ich noch auf Diskit starrte, erhob sie sich langsam. Sie wirkte benommen, dann sagte sie mit jenem Stimmchen, das wieder ihres war: »Was ist denn? Warum schaut ihr so?«

»Die Gongmo ist wieder in dich gekommen, Kleines.« Tante Palmo schloss ihre Tochter in die Arme. »Ist alles in Ordnung?«

»Ich erinnere mich nicht.« Sie überlegte einen Moment, dann rief sie: »Cousin Norbu, wo ist der Faden? Wir wollen doch spielen.«

Als sei nichts gewesen, machte Diskit ihr Spiel weiter – und seltsam: Der Chang hatte sie nicht betrunken gemacht.

Dakini, die Himmelstänzerin

Mindestens hundertmal war Sonja durch Cittas Dorf gefahren. Immer hatte sie mit pochendem Herzen Ausschau gehalten nach dem Haus. Aus seinen Erzählungen wusste sie nur, dass es hinter dem Pappelwäldchen nahe der Straße stand. Trotzdem waren es immer Momente voller Herzklopfen gewesen, wenn sie danach suchte – wie ein Automatismus, der sich im Laufe der Jahre verselbstständigt hatte. Einmal meinte sie, durch das Autofenster Citta im Dorf erkannt zu haben. Dabei lebte er vielleicht gar nicht mehr in Ladakh.

Kein einziges Mal jedoch hatte sie angehalten. Das Dorf war für Touristen uninteressant, lag allerdings auf dem Weg zum Kloster Alchi, einer der wichtigen Sehenswürdigkeiten auf jeder Reise, zu der sie jetzt unterwegs waren. Auf der Fahrt legte die Gruppe Fotostopps und Teepausen in kleinen Restaurants am Straßenrand ein. Einmal mussten sie warten, als eine Herde Ziegen und Schafe blökend und sich gegenseitig anrempelnd über die Fahrbahn drängte. Die Hirten, vermutlich der Vater und sein kleiner Sohn, hatten keine Eile, während sie ihre Tiere eine steinige Ebene hinauftrieben, wo Kräuter und Gestrüpp standen. Eine weitere Unterbrechung gab es an einer Straßenbaustelle. Dunkelhäutige Männer in übergroßen schweren Gummistiefeln glätteten mit Schaufeln den frischen dampfenden Asphalt an schadhaften Stellen, die Schnee und Regen verursacht hatten. Kleine dünne Menschen waren das, die trotz der Mittagshitze Wollmützen trugen und in dieser Gegend hier fehl am Platz schienen. Neben der Fahrbahn standen große ausgeblichene Zelte, ihre Wohnlager. Halbnackte Kinder rannten herum, Frauen trugen ihre Babys an der Hüfte.

Die Fensterscheiben blieben geschlossen, als die Taxis in Schrittgeschwindigkeit an der Baustelle vorbeirollten.

»Ehrlich gesagt, ich finde diese Leute unheimlich.« Frau Schneider beendete das Schweigen, das sich im Auto kurz ausgebreitet hatte. Ihr Mann und Cornelia nickten zustimmend. »Ich hätte jetzt ein mulmiges Gefühl, hier auszusteigen.«

Die Arbeiter unterbrachen unterdessen die Arbeit, lehnten gegen ihre Schaufeln und starrten ins Wageninnere zurück.

»Das sind Leute aus dem Bundesstaat Bihar, es ist eine der ärmsten und heißesten Gegenden Indiens. Sie kommen im Frühling mit dem Bus herauf und reparieren über die Sommermonate die Straßen. Hier ist immer etwas zu tun«, erklärte Sonja.

»Arme Kerle. Bestimmt schuften sie hier für einen Hungerlohn«, überlegte Heidrun. Ihre Stimmlage signalisierte Mitgefühl, aber Sonja widersprach:

»So schlecht ist die Bezahlung nicht. Außerdem finden die Leute in Bihar kaum Arbeit. Deshalb ziehen sie diesen Job der Bettelei vor.« Sonja ärgerte sich, dass ihr Ton Heidrun gegenüber wieder einmal zu spitz ausgefallen war. Während die Autos an den bizarren dunklen Gestalten vorbeirollten, sah sie, wie Günter, der im Wagen vor ihr saß, mit seiner großen Kamera Fotos von den Straßenarbeitern machte.

Bald öffnete sich der Blick auf eine fantastische Landschaft: Der wilde smaragdgrün schimmernde Zanskar tauchte aus dem schmalen, von steilen Schieferwänden gesäumten Seitental auf, um sich hier mit dem erdigbraunen Indus zu verbinden. An der Stelle ihrer Mündung markierten beide Farben Grün und Braun eine schnurgerade Linie, bevor er, nun als breiter Strom, Pakistan entgegenfloss.

»Können wir auf der Rückreise in Delhi die Slums besuchen?« Günter platzte mit der Frage heraus, während die anderen das großartige Panorama bewunderten. »Einmal möchte ich dort durchfahren.«

»Weshalb um Himmels willen willst du durch ein Armenviertel fahren? Mir wäre es unangenehm, Armut durch eine Autoscheibe zu betrachten. Die Szene mit den Biharis gerade hat mir gereicht«, entgegnete Jule.

»Ich will einfach einmal sehen, wie die Ärmsten der Armen leben. Man kennt das ja nur aus dem Fernsehen. Aber in Wirklichkeit ist das schon intensiver, denke ich mal.«

»Du bist geschmacklos, Günter!« Gereizt steckte Jule den Fotoapparat zurück in ihren Rucksack. »Wie kannst du das Leiden von Menschen als eine Sehenswürdigkeit abhaken. Das ist voyeuristisch.«

»Aber es ist die Wirklichkeit. Wenn ich schon hier bin, möchte ich das einmal hautnah erleben.«

Sonja antwortete knapp, man werde den alten Stadtteil von Delhi zwar besuchen, eine spezielle Besichtigung der Armenviertel sei allerdings nicht vorgesehen. Eine Spur Sarkasmus lag in ihrer Stimme. Sie durfte keinem Teilnehmer das Gefühl geben, dass er ihr auf die Nerven ging, was im Moment schwierig war, zumal sie jetzt direkt auf Cittas Dorf zufuhren.

Sie war aufgekratzt, als sie das Pappelwäldchen erreichten. Mit einem Blick erkannte sie den kleinen Tempel vor dem offenen Platz, von dem Norbu geschrieben hatte. Vermutlich fungierte er nicht mehr als Treffpunkt; bei dem starken Verkehr, der sich hier soeben durchschob, würde niemand hier eine Versammlung einberufen. Der Laden von Onkel Sonam hatte noch dasselbe Sortiment in den Regalen, wie Sonja feststellte. Große Bonbongläser, aufgetürmte Packungen mit Keksen in allen Farben, Größen und Geschmacksrichtungen standen vorn. Weiter hinten die Konservendosen, Seife, Öl und Waschpulver. Vor dem Laden saß ein junger Mann, vermutlich der Besitzer. Ob er ein Sohn von Onkel Sonam war?

Wo mochte Citta mit seiner Familie gewohnt haben? In Betracht kamen mehrere Häuser, die in etwa so aussahen, wie er in seinen Briefen beschrieben hatte. Allerdings waren sie alle ziemlich identisch, wenn man von den neuen Häusern absah, die besonders dicht an der Straße standen. Beim Gedanken daran, dass sie so nah vorbeifuhr, wurde ihr mulmig.

Am Tag zuvor hatte sie überlegt, wie eine Begegnung mit Citta in Leh auf der belebten Marktstraße ablaufen würde; jetzt stellte sie sich vor, dass er hier in seinem Elternhaus war. Wieder spürte sie, er wäre nur wenige Schritte von ihr entfernt. Ihre Fingerspitzen kribbelten. Das passierte ihr immer, wenn sie nervös war. Unauffällig massierte Sonja ihre Hände und begann, mit Frau Schneider zu plaudern, um sich abzulenken. Angesichts der vermeintlichen Nähe zu Citta wollte dies allerdings nicht so recht klappen, das Gespräch mit Frau Schneider erlahmte bald.

Schließlich überquerten sie auf einer neuen Eisenbrücke den Indus und fuhren dann kurz durch eine steinige Hochebene, bis endlich die goldgelben Getreidefelder und eine Ansammlung mittelalterlich anmutender Häuser auftauchten. Linkerhand klebte vor einer schroffen Granitwand eine wuchtige Festung aus hellbraunem Sandstein. Kinder trieben Esel und Kälber die Straße entlang. Alchi machte den Eindruck, als wäre die Zeit stehen geblieben, hätte es da nicht den Parkplatz gegeben, der jetzt am Mittag von Taxis besetzt war, und die Souvenirhändler mit ihren Straßenständen und Shops.

Das Kloster von Alchi bestand eigentlich aus einigen schmucklosen lehmverputzten Häuschen, umgeben von einem Garten mit Bäumen. Wirklich nichts ließ erahnen, dass sich darin einzigartige Kunstschätze verbargen.

»Vor tausend Jahren war Alchi das religiöse Zentrum dieser Gegend. Rinchen Zangpo, ein einflussreicher Mönch und Übersetzer, war vom König zur weiteren Ausbildung nach Kaschmir auf eine der berühmten buddhistischen Universitäten geschickt worden. Von dort brachte er Künstler nach Ladakh mit und beauftragte sie mit der Ausschmückung dieser Tempel«, referierte Samten, während sie das Licht ihrer Taschenlampen über Wände und Decken gleiten ließen. Menschen in Pluderhosen, Palmen, opulente Blumen, übermannsgroße Statuen aus der buddhistischen Götterwelt in Hülle und Fülle. Es waren fantastische Szenen aus dem alten Indien.

»Ich bin so erfüllt von diesem wundervollen Vormittag. Jetzt will ich das sich mal setzen lassen«, erklärte Heidrun, als sich alle erfrischt zum verabredeten Zeitpunkt vor dem Hotel trafen. »Ein bisschen Tagebuch schreiben und vielleicht lesen.«

Cornelia schloss sich ihr an. »Ich habe Lust, im Dorf herumzulaufen. Ich klinke mich ebenfalls aus.«

»Ein Spaziergang durch das Dorf steht auf dem Programm«, wandte Samten ein. »Ich werde euch begleiten.«

»Lieber Samten«, es kam nicht oft vor, dass Herr Schneider das Wort ergriff, »in Alchi wird sich keiner verlaufen.« Alle lachten über den kleinen Scherz, und Herr Schneider fuhr mit einem Blick in die Runde fort: »Ich schlage vor, unsere beiden Reiseleiter sollten mal ihre Ruhe vor uns haben. Was meint ihr?«

Sonja lächelte Herrn Schneider dankbar an, besonders weil alle ihm beipflichteten. Alleinsein war genau das, was auch sie dringend brauchte.

Als sie den steilen Pfad von der Gompa zum Indus hinunterlief, hatte die knallheiße Sonne das Geröll wie einen Backofen aufgeheizt. Die Luft stand still und flimmerte. Kein Mensch war zu sehen. Das Flussufer war an manchen Stellen von breiten Sandbuchten gesäumt. Sonja zog ihre Schuhe und Socken aus und steckte die Füße in den hellen feinkörnigen Sand. Glatt polierte Steine glänzten im Wasser, in allen Schattierungen zwischen Weiß und Dunkelviolett. Hier also, auf diesem hellen Sand, hatte Citta mit ihr sitzen wollen! Mit einem Mal überflutete sie eine so brennende Sehnsucht, dass die Berge sich vor ihren Augen drehten.

Wie Citta und sie eines Nachts auf der Shanti Stupa gesessen und zum sternenübersäten Himmel hinaufgeblickt hatten. Ob es wohl weiterging hinter den Sternen und was kam am Ende der Milchstraße? Gab es weitere Räume und wie mochten sie aussehen? Voller Gedanken und Fantasien um die Unendlichkeit waren sie gewesen und fassungslos über die Begrenztheit menschlicher Vorstellung. Was war vor dem Anfang der Zeit? Gemessen daran: Was war schon ein kleiner unbedeutender Mensch? Wir kommen als Staubkorn, fliegen für einen Wimpernschlag durch die Welt. Danach: Alles vorbei. Oder doch nicht? Sonja erzählte Citta von einem Wissenschaftler namens Albert Einstein, nach dessen Berechnungen das Universum gekrümmt sei und keineswegs unendlich. »Aber trotzdem, was kommt dahinter, hinter diesem Universum?«, fragte Citta. Sonja zuckte die Schultern und brach in Lachen aus. »Keine Ahnung, ich verstehe das alles auch nicht!« Danach küssten sie sich, und der Schmerz um das Nichtwissen löste sich für diesen einen Moment auf. Genau darum ging es doch: das Glück des Moments. Wir haben keine Vergangenheit und keine Zukunft. Nur der Augenblick zählt. Im Zusammensein mit Citta hatte diese Wahrheit sie wie ein Blitzschlag erschüttert.

Hier nun spürte sie Citta, wie er in ihrer Fantasie neben ihr saß, sie fest umarmte und niemals mehr loslassen wollte, wie er beteuert hatte. Sonja gab sich dieser Vorstellung hin, bis sie es nicht mehr ertrug, und als sie die Augen öffnete, fiel der Blick geradewegs auf Jule und Samten. Die beiden saßen nebeneinander in der nächsten kleinen Sandbucht und winkten ihr zu.

Sonja suchte nach ihren Schuhen, die sie vorher am Rand der Bucht abgestellt hatte, und lief über das aufgeheizte Geröll zurück. Salziger Schweiß rann ihr über das Gesicht und vermischte sich mit ihren Tränen.

Nach einer Pause im kühlen Zimmer fühlte sie sich stark genug, ein frühes Abendessen im Garten gegenüber dem Hotel zu überstehen. Als Sonja eintraf, hatten die Schneiders, Cornelia und Heidrun einen Vierertisch besetzt, und so nahm sie am Nebentisch Platz, wo Jule allein saß.

»Hattet ihr eine schöne Zeit am Fluss?« Sie schlug einen lockeren Ton an.

Jule schien auf dieses Gesprächsangebot gewartet zu haben. »Ein Sandstrand mitten im Himalaya. Das ist unglaublich!«, schwärmte sie, unterbrach sich aber, da soeben die Tomatensuppe serviert wurde. Jule rührte mit dem Löffel eine Weile in der Suppe. »Wir lagen auf diesem hellen Sand und ich habe mir vorgestellt, dass ich am Meer bin.«

Sonja rang sich ein Lächeln ab.

Am Abend, als sie im Garten noch ein paar Schritte ging, meinte sie wieder, Citta liefe an ihrer Seite, fuhr ihr sanft durch die Haare. *Sonja, du bist meine Dakini.*

Dakini hatte er sie genannt, Himmelstänzerin, kraftvolles, inspirierendes Wesen. Es war an der Zeit, dass sie sich wieder an die Qualitäten der Dakini erinnerte!

Während sie Samten und Jule in angeregtem Gespräch beobachtete, einander zugewandt, wie sie lachten, durchfuhr es Sonja: Ihre und Cittas Gespräche waren ebenso intensiv gewesen. Im selben Moment ärgerte es sie schon, wie dieser Mann sich in ihre Gedanken schlich, ihre Gefühlswelt auf den Kopf stellte, sobald ihre Unachtsamkeit ihm ein Schlupfloch bot.

Nachts an der Quelle

Rigzin und ich jagten nach Berghühnern, als mein Cousin Gonbo uns auf der Sommerweide einen überraschenden Besuch abstattete. In seinem neuen dunkelbraunen Militäranzug und wadenhohen glänzenden Stiefeln hatte er einen beeindruckenden Auftritt. Über seinem Rücken hingen eine dicke Matte aus Schaumstoff und ein Schlafsack, in der Hand trug er eine prallvolle Tasche. Was wollte er hier? Mir war unwohl. Gonbos Anwesenheit verhieß nie etwas Gutes.

»Na, kleiner Ziegenhirte, ist alles in Ordnung bei euch? Habt ihr die Tiere gut im Griff?« Gonbo grinste mich herablassend an.

Ich nickte. Leider viel zu schnell, was mich im selben Moment ärgerte.

»Also picknicken wir mal, Jungs.« Er winkte Rigzin mit einer trägen Handbewegung heran, ließ sich ins Gras fallen und zeigte auf meinen Korb. »Den brauchst du im Moment nicht.« Dann holte er aus der schwarzen Tasche zwei Plastikbeutel, die gefüllt waren mit roten und gelben Rosinen, außerdem drei Dosen Fisch sowie zwei Gläser hellroter Marmelade. Beste Importware aus Indien.

Ich schob mein Misstrauen beiseite und konzentrierte mich auf die Köstlichkeiten, als Gonbo uns ermunterte, die Marmelade fingerdick aufs Brot zu streichen, und uns kleine salzkrustige Fische und Rosinen anbot. Obwohl mir von der Esserei nach einer Weile speiübel war, goss ich Wasser in das leere Marmeladenglas und trank auch das noch aus, während Rigzin die Fischdose ausleckte.

»Vielen Dank, Onkel, dass du dein Essen mit uns teilst.« Er strahlte Gonbo an.

»Keine Sache. Jungs«, erwiderte mein Cousin und zog einen sauberen, glatten Zehn-Rupien-Schein aus seinem Beutel. »So etwas esse ich jeden Tag.« Er wedelte mit dem Schein vor meiner Nase herum. »Dafür bekommst du zehn Packungen Kekse bei Onkel Sonam. Mindestens!«

Natürlich hatte ich schon Papiergeld in den Händen gehalten, aber einen neuen Schein wie diesen noch nie. Gonbo erlaubte mir, ihn anzufassen. Der Schein raschelte zwischen meinen Fingern wie trockenes Laub, bis er ihn wieder zurückhaben wollte und einsteckte. Ich war kurz enttäuscht, aber nun rollte er seine Liegematte und den dicken Schlafsack aus und legte sich mit einem lauten Seufzer darauf, schloss einen Moment demonstrativ die Augen und gab vor zu schlafen. Schließlich sprang er hoch, packte seine Sachen zusammen und marschierte mit einem spöttischen Grinsen und erhobenem Kopf davon.

»Pass gut auf deine Schafe und Ziegen auf, kleiner Hirte«, rief er mir noch zu.

Wieder einmal hatte er es geschafft, mich als einen dummen Jungen hinzustellen.

Während ich Gonbo widerstrebend hinterherschaute, beschloss ich: Eines Tages würde ich ebenfalls zur Armee gehen. Gonbo besaß alle Reichtümer, von denen ich träumte: ordentliche Stiefel, mit denen ich ohne blau gefrorene Zehen Schlitten fahren könnte, einen warmen Anzug, der nicht kratzte wie meine Goncha, und genug

Geld, um nach Herzenslust Süßigkeiten bei Onkel Sonam zu kaufen.

Die indische Armee war neben der Arbeit im Straßenbau die beste Einkommensmöglichkeit. Wer bei der Armee arbeitete, bekam auf Marken Lebensmittel und Schnaps, stolzierte selbst in der ärgsten Sommerhitze in einer wattierten dunkelbraunen Armeejacke und dicken Lederstiefel herum.

Auf die eine oder andere Weise profitierten viele Leute vom Militär: Luxusartikel, etwa gesüßte Kondensmilch und Milchpulver, gab es auf dem Schwarzmarkt. Wer Kerosin brauchte, stellte sich an die Straße und gab einem vorbeifahrenden Militärlaster ein eindeutiges Handzeichen, worauf der Fahrer sehr wahrscheinlich anhielt, einen Schlauch in seinen Tank steckte und das Kerosin mit dem Mund ansaugte, damit es in den Kanister floss. Meinen neuen Plan gab ich umgehend zu Hause bekannt. Zur Freude von Vater und zum Entsetzen von Mutter und Api, die mich streng anschaute.

»Soldaten sind gewalttätig und lernen zu morden. Das ist gegen die Lehre von Buddha, mein Junge. Merk dir das!«

Vater hingegen schenkte mir bald darauf einen verschlissenen Militärschlafsack, aus dessen hundert Löchern Polyesterwatte quoll. Wie sehr liebte ich diesen Schlafsack! Er kratzte nicht wie meine Decke aus Ziegenhaar und das Wichtigste: Vater zeigte mir endlich, wie stolz er auf mich war.

Allerdings hatte ich ein anderes Problem: Während Gonbos Besuchs hatte ich zwar bemerkt, dass zwei meiner Ziegen ausgerissen und hinter einen Hügel gelaufen waren. Ich hatte mich aber nicht getraut, ihnen zu folgen, schließlich wollte ich keine der Köstlichkeiten versäumen, und ebenso wenig durfte ich seinen Spott herausfordern. Sobald mein Cousin jedoch außer Sichtweite war, übertrug ich Rigzin die Verantwortung für meine Herde und spurtete los. Ich pfiff und rief nach den beiden Ziegen, rannte bis zum Fuß der steilen Felswand hinüber. Sollten die Zicklein über diesen senkrechten Grat geklettert sein? Das war einerseits unmöglich. Andererseits hätte ich sie sehen müssen, wenn sie den Weg ins Dorf genommen hätten. Erschöpft und mit ängstlichem Herzen suchte ich hinter Felsen und in Senken, und als viel später der Schatten über dem Tal lag, lief ich nach Hause. Mutter war in Sorge, weil ich so spät und ohne meine Ziegen eintraf.

»Tölpel, bist du eingeschlafen, oder was?« Tenzin saß entspannt vor dem Haus und kaute auf einem Grashalm. Bestimmt hatte er wieder seine Schule geschwänzt.

»Halt deinen Mund«, fiel Api ihm ins Wort, »und hilf deinem Bruder bei der Suche.«

»Nicht nötig, ich habe schon eine Idee, wo ich sie finde«, wehrte ich schnell ab. Tenzin war der Letzte, mit dem ich unterwegs sein wollte, und als ich durch die Gartentür schlüpfte, fiel mir ein, womit ich ihn ärgern konnte: »Übrigens, Gonbo hat mich heute auf der Sommerweide besucht und zu einem Picknick eingeladen. Fantastisch!«

Tenzin war ein Bewunderer von Gonbos großem Mundwerk. Sicher war er neidisch und würde auf der Stelle zu Onkel Angchuks Haus laufen, um Gonbo ebenfalls zu treffen.

Ich wollte unterdessen auf der anderen Seite des Dorfs weitersuchen. Möglicherweise waren die Tiere doch über die Felder zum gegenüberliegenden Sattel hochgelaufen.

Auf der Straße herrschte um diese Zeit Betriebsamkeit. Die Nachbarn kehrten von ihren Feldern zurück und holten in alten Benzinkanistern Wasser vom Bach. Überrascht war ich allerdings, dass ausgerechnet Angmo hier meinen Weg kreuzte. Sie war doch nie in unserer Gegend.

»Nunu, was machst du denn hier?«, fragte sie in dieser melodiös singenden Stimme, die wie immer und auch jetzt meinen Kopf zum Glühen brachte. Mein Herz pochte so laut, dass ich fürchtete, Angmo würde es hören.

»Ich hole zwei Ziegen«, murmelte ich, während ich bemerkte, wie auch noch meine Ohren rot und heiß wurden.

Zum Glück war Angmo ebenfalls in Eile. »Nunu Norbu, besuche uns bald wieder einmal.« Sie warf mir ein entschuldigendes Lächeln zu. »Ich muss los.«

»Gewiss, Ache«, stammelte ich noch, aber sie war schon weg.

Es war dunkel, als ich den schmalen Pfad zum Sattel hochlief. Dort oben lag jene Quelle, wohin ich im Winter manchmal meine Tiere zum Trinken brachte. Vielleicht hatten die Ziegen ja hier nach Wasser gesucht.

Der sichelförmige Mond goss mildes Licht über die einsame Landschaft und ich fand mühelos den Weg. Still war es. Ich hielt mich nach rechts, bis sich vor mir der steile Felsvorsprung aufbaute. Gleich dahinter war die Quelle. Eine Biegung noch, da hörte ich Geräusche. Sie kamen aus Richtung der Quelle, aber der Fels versperrte mir die Sicht. Ich blieb stehen. Horchte. Hielt den Atem an. Streunten schwarze Wölfe dort herum? Wölfe waren im Sommer normalerweise oben in den Bergen. Aber womöglich suchten auch sie nach durstigen Zicklein, die sich verlaufen hatten. Vorsichtig tastete ich mich voran, schaute nach handlichen Steinen, falls ich mich gegen die Wölfe verteidigen müsste. Bis ich die Geräusche als menschliche Stimmen erkannte.

Ein tiefer männlicher Tonfall zuerst, auf den helles Lachen folgte. Diese glockenhelle, schwerelose Heiterkeit, der Klang schwang seit der Begegnung mit Angmo auf der Dorfstraße in mir. Was machte sie hier in der Dunkelheit und an diesem Ort? Nun setzte wieder die Männerstimme ein, und auch dieser Klang war mir vertraut. Konzentriert schlich ich bis zum Felsvorsprung. Blieb stehen, drückte mein Gesicht gegen das warme Gestein und spähte um die Ecke. Wie eine Schlange im Mondlicht glitzernd rann ein schmales Bächlein über die Steine, zu beiden Seiten flankiert von einem Streifen Gras. Genau dort, wo das Wasser aus der Erde drang, saßen die beiden auf einem flachen Stein. Gonbo hatte seinen Arm um Angmo gelegt, nun beugte sie ihr Gesicht zu ihm und die beiden küssten sich. Bis dahin hatte ich nie gesehen, wie zwei Menschen sich auf den Mund küssten. Ausgerechnet Angmo ließ sich von meinem Cousin küssen! Dieser Anblick schockierte mich, gleichzeitig spürte ich eine verwirrende Erregung. Ich konnte meinen Blick nicht abwenden von dem Ungeheuerlichen, das ich hier sah. Am liebsten hätte ich Angmo fortgezogen von diesem Widerling.

»Psst, hör mal«, Gonbo hatte sich von Angmo gelöst und drehte seinen Kopf in meine Richtung. Gemeinsam lauschten sie in die Dunkelheit hinein. Ich zog den Kopf zurück, damit sie mich nicht sehen konnten, und drückte mich steif gegen den Felsen.

»Ich schau nach, ob da jemand ist.« Gonbo wollte aufstehen, als Angmo ihn spielerisch an sich zog.

»Das wird ein Hase sein.« Sie kicherte übermütig. »Oder ein Wolf?« Ich wartete eine Weile, bis sie einander wieder umarmten, küssten und mich vergaßen, dann trat ich den Rückzug an. Schritt für Schritt, bis ich mich in Sicherheit glaubte. Schließlich rannte ich und rannte, ich hörte mein Herz klopfen und in den Ohren rauschte es laut. Meine Füße fanden von selbst ihren Weg im Dunkeln.

»Nunu, die Ziegen sind längst angekommen. Sie sind alleine nach Hause gelaufen.« Meine Mutter wartete zum zweiten Mal an diesem Tag auf mich. »Armer Junge, wo warst du nur? Du bist ja vollkommen erschöpft.« Sanft legte sie ihre Hand auf meine Schulter und führte mich in die Küche, wo die vertrauten Stimmen meiner Familie, das Klappern von Geschirr und Apis Nähe mich empfingen. Für einen Moment rückte das Geschehen an der Quelle in weite Ferne, ich meinte sogar, alles sei nur meiner Fantasie entsprungen.

In der Nacht jedoch formte sich dieses Bild wieder in einer überdeutlichen Klarheit.

Gonbo, der älteste Sohn einer angesehenen Familie, traf sich mit der Tochter des Trommlers! Wenn diese Geschichte im Dorf bekannt würde, wäre das ein Skandal. Schließlich sollte Gonbo bald schon mit einem Mädchen von bester Herkunft aus dem Nachbardorf verheiratet werden. Der Astrologe musste nur noch den Termin für die Hochzeit finden.

In den folgenden Tagen keimte in mir eine Idee, für die ich mich heute schäme, Sonja, doch will ich sie dir gestehen. Ich überlegte, wie ich die Geschichte im Dorf herumerzählen und Gonbo damit zum Gespött der Leute machen würde. Onkel Angchuk würde Angmos Familie bestrafen, indem er Tundup seine Unterstützung für die Schule entzog. So könnten Tundup und ich wieder gemeinsam auf unsere Sommerweide gehen. Die Vorstellung gefiel mir.

Wie nahezu jede Familie hatten wir auf unserem Hausdach einen kleinen Tempel. Ich liebte diesen dunklen kühlen Raum. Sobald ich seine Türschwelle überschritt, betrat ich eine andere Welt. Wenn Vater nicht zu Hause war, durfte ich an seiner Stelle die tägliche Zeremonie durchführen, die schließlich Männersache war. Da ich zu klein war, um bis zum Altar hochzureichen, stellte ich einen Holzschemel davor, damit ich meine Aufgaben sorgfältig erledigen konnte.

Ich holte dann die sieben bronzenen Wasserschalen herunter, eine nach der anderen, goss das Wasser aus und polierte sie mit einem Tuch, bis sie glänzten. Anschließend füllte ich frisches Wasser nach, während ich in meinem eigenen improvisierten Singsang alle Gottheiten, die den Altar bevölkerten, um ihren Segen bat: Götter der Felder und des Hauses, den großen Magier Padmasambhava und besonders die Muttergöttin Tara. Nun setzte ich mich auf das Sitzkissen, nahm den Klöppel und schlug leise auf die große Trommel. Ich liebte diesen dumpfen Klang, der im Bauch kitzelte und das Innerste im Kopf zerfließen ließ.

An einem Tag hatten wir wieder einmal eine richtige Zeremonie in unserem Haustempel, denn jeden Monat bei Vollmond besuchte uns der Mönch aus dem Nachbarkloster, um eine Puja durchzuführen. Der Vollmond, der fünfzehnte Tag im Monat, symbolisiert die Erleuchtung von Buddha und ist daher von großer Bedeutung.

Den Mönch erkannte ich schon aus der Ferne, nicht nur wegen seiner dunkelroten Robe und der gelben Umhängetasche für Proviant und Gebetsbücher, die ja alle Mönche hatten, sondern wegen seiner Angewohnheit, dass er Steine, die auf dem Weg lagen, aufhob und zur Seite warf. Damit keiner über sie stolperte, wie er sagte. Ich erwartete ihn voller Ungeduld, streunte auf dem Dach herum, wollte nützlich erscheinen, indem ich Dunghaufen neu ordnete, Heu zusammentrug, Gerümpel und Konservenbüchsen nach ihrer Größe stapelte. Leise, damit ich nichts überhörte von den Geräuschen aus dem Tempel.

Vater hatte alle Vorbereitungen getroffen, die schweren Textbücher aus dem Schrank geholt, Äpfel neben die Wasserschalen platziert. Die Ritualobjekte, Vajra und Gantha, auf dem Tisch vor seinem Sitzkissen arrangiert. Während der Mönch die Texte rezitierte, dabei mit Vater plauderte und zwischendurch Tee schlürfte, lauschte ich. Einen Zauber übten diese monotonen Trommelschläge auf mich aus, dumpfe Klänge, die mein Herz in ihren Rhythmus zurückbrachten, wirre Gedanken und alles Unglück für einen wunderbaren Moment vergessen ließen. Ich flog über die Gipfel hinweg und hinein in den weiten tiefblauen Himmel.

Dazu murmelte der Mönch einen Sprechgesang, einen endlosen Strom von Reimen, wobei Trommel und Sprache sich gegenseitig anspornten. Dann wieder verlangsamte er, intonierte Silbe für Silbe, bis er zurückfand in seinen Gesang. Endlich, endlich nicht denken müssen, nicht grübeln über Gut oder Schlecht, über meine Traurigkeit, nicht abwägen zwischen Wut und dem Drang nach Rache. All diese schlimmen Gefühle verloren sich nun in diesen lauten dumpfen Trommelschlägen. Am liebsten hätte ich für immer so gesessen, geborgen und beschützt von der Urmutter Tara. Doch mit einem Mal sprang der Mönch auf, putzte sich mit lauten Geräuschen die Nase und rief etwas zu Vater. Die Puja war zu Ende.

Widerstrebend öffnete ich die Augen. Als letztes Ritual dieser wundersamen Zeremonie knetete er eine Handvoll Mehl mit etwas Wasser zu einem festen Teig und formte daraus geschickt kleine menschenähnliche Wesen. Er arrangierte sie auf einem Teller und stellte alles auf dem Hausdach ab, am äußeren Rand des Simses. Es waren Gaben an die Götter. Ein letztes Mal schloss ich die Augen, schickte in Gedanken all meine Sorgen diesen kleinen Figuren hinterher. Möge mein Kummer sich auflösen in der Weite des Universums!

Begegnungen in Manggyu

Gestern ist vorüber. Morgen ist nicht gekommen. Der einzige Moment ist Jetzt. Das ist die Weisheit Buddhas, Dakini. Sonja erinnerte sich an diese Worte, die Citta ihr damals ins Ohr gemurmelt hatte.

Nun waren sie auf dem Weg ins Dorf Manggyu zu Samtens Cousine Pema. Eine wilde, ungezähmte Schlucht. Schroffes Gestein im gesamten Spektrum von Farben und Formierungen. Wuchtige Schieferplatten, die senkrecht in den Himmel ragten. Ein Bach begleitete ihren Weg. Alles in allem die perfekte Umgebung, um abzuschalten, die Konzentration auf den nächsten Schritt zu lenken.

Es ist längst vorüber! Das Gestern und auch Citta.

Ein Schritt. Atmen. Hier sein. Jetzt. Nächster Schritt. Einatmen. Ausatmen.

Da waren keine Geräusche, nur das Knirschen unter den Schuhen von acht Menschen.

Laufen, laufen, sei hier! Der immer wiederkehrende Refrain! Allmählich ging es ihr besser. Sie waren seit etwa einer Stunde unterwegs, als sie auf drei Ladakhi-Frauen trafen, die im Schatten eines Weidenhains saßen. Die Frauen hatten Essen ausgepackt, ihre Weidenkörbe gegen einen Felsen gelehnt. Als sie die Fremden entdeckten, winkten sie. »Julley, julley«, und deuteten in eine Richtung. »Manggyu?«

Sonja nickte. Ja, sie waren ebenfalls nach Manggyu unterwegs.

Eine der Frauen hielt Sonja mit einem Lachen eine halb volle Flasche entgegen. »Donle, donle!«

»Was sagt sie?«, wollte Heidrun wissen.

»Sie bietet uns Chang an. Will jemand einen Schluck?«

Heidrun hob abwehrend die Hand. »Wenn ich jetzt Alkohol trinke, lege ich mich auf der Stelle unter die nächste Pappel.«

»Keine Sorge, er ist dünn«, erwiderte Sonja. »Was ist mit dir, Cornelia?«

»Nein, danke«, Cornelia schüttelte den Kopf. »Wir haben noch ein Stück Weg vor uns.«

Kichernd verfolgten die Frauen die Unterhaltung.

»Probieren sollte man den schon mal.« Frau Schneider lächelte vorsichtig in die Runde und nahm die Flasche entgegen, trank ein wenig, bevor sie diese unter allgemeinem Applaus zurückreichte.

Ausgerechnet Frau Schneider, das hatte keiner erwartet.

»Alle Achtung!«, sagte Sonja, während Frau Schneider mit vorsichtigem Stolz nickte und am säuerlichen Gesicht ihres Mannes vorbeischaute, dem diese Szene augenscheinlich missfiel.

»Wenn das so ist, bin ich auch dabei«, mischte sich Jule ein und zwinkerte Frau Schneider zu. Sie trank und streckte anerkennend den Daumen hoch. »Wirklich lecker.«

»Chang shingpo rak«, übersetzte Sonja. Die Frauen bogen sich vor Lachen. »Mir schmeckt er auch«, erklärte sie, nachdem sie selbst ein paar Schlucke genommen hatte.

Seit Jahren hatte sie nicht mehr Ladakhi gesprochen, bruchstückhaft fielen ihr jetzt kleine Sätze ein.

»Nag ming Sonja en le.« – Ich bin Sonja.

»Nyerang ming la chie en le?« – Wie heißt ihr?

Die Frauen nannten ihre Namen und redeten so laut durcheinander, dass Sonja auch mit besseren Kenntnissen der Sprache kein Wort verstanden hätte. Sie holte ihr Handy aus dem Rucksack und machte ein paar Fotos. »Naksha gyella song«, stellte sie dann fest – die Fotos sind wirklich gut geworden – und zeigte ihnen die Bilder auf dem Display. Vielstimmiges Kichern.

Der Chang war stärker, als sie erwartet hatten, und alle spürten bald seine Wirkung.

Schließlich schulterten die Frauen ihre Körbe, verabschiedeten sich winkend und liefen der Gruppe mit schnellen Schritten voraus. Sonja machte noch Fotos von einer winzigen Hütte, die an einer fast senkrechten Felswand hoch über dem Bach klebte. Sie hatte diese Hütte schon oft gesehen. Jetzt überlegte sie, wer wohl in dieser Einsamkeit lebte.

»Das sieht schweißtreibend aus.« Günter warf einen Blick nach vorn. Der Weg beschrieb eine weitläufige Schleife um einen breiten Geröllhang, auf dessen oberem Plateau das Dorf Manggyu lag. »Ich schlage vor, wir kürzen diesen Zickzackweg ab und laufen den Hang direkt hinauf. Könnte ein bisschen steil sein, aber die Frauen sind vorhin auch hochgegangen.«

Samten war dagegen. »Für Einheimische ist das kein Problem, für euch aber zu gefährlich!«

Sonja stimmte ihm zu. »Auf dem losen Geröll kommt man schnell ins Rutschen. Wir nehmen den Weg«, bestimmte sie.

»Ich werde diese Abkürzung gehen. Kommt jemand mit?« Günter blieb stur. Alle schüttelten den Kopf.

»Günter, ich möchte, dass die Gruppe zusammenbleibt«, ermahnte Sonja ihn mit fester Stimme. Ärger brauchte sie nun wirklich keinen.

»Ich enthebe dich von der Verantwortung, liebe Sonja. Das hier ist meine Entscheidung«, entgegnete Günter schnippisch. Sein Gesicht war dunkelrot, das Laufen und die Sonne hatten ihm sichtlich zugesetzt. Er zog seinen Hut tiefer ins Gesicht und marschierte los.

»Sehr unvernünftig«, stellte Frau Schneider fest.

»Total bescheuert«, fand Jule. »Warum spielt er sich eigentlich so auf?«

Sonja zuckte die Schultern. »Ich muss ihn auf die Gefahr hinweisen. Aber er ist ein erwachsener Mensch und für sich selbst verantwortlich.« Zugleich fragte sie sich, ob Günter im Laufe dieser Reise zu einem Problem werden würde.

Sie gab sich Mühe, ihm nicht hinterherzuschauen. Als sie sich doch einmal umdrehte, war Günter auf halber Höhe des Hangs angelangt, allerdings kam er nicht voran. Mit jedem Schritt trat er lockeres Geröll los und rutschte zurück. Ein Versuch, seitwärts zu gehen, indem er einen Fuß schräg über den anderen setzte, scheiterte ebenfalls.

»So kommt er nicht weiter«, befand Samten. »Ich gehe mal hoch zu ihm.« Günter hatte mittlerweile aufgegeben, vielleicht auch, weil er sah, dass Samten sich auf den Weg gemacht hatte. Oben angelangt, griff Samten Günters Hand und zog ihn schräg von der gefährlichen Steilpassage weg. Das restliche Stück bis nach oben brachten sie in Zickzacklinien hinter sich.

Als die Gruppe später wieder zusammentraf, zeigte sich Günter zerknirscht und murmelte etwas von »Grenze austesten«.

Sonja war in erster Linie erleichtert. »Das nächste Mal bitte nicht, wenn ich die Verantwortung tragen muss.«

»Mein Lieber, das war aber gefährlich!« Heidrun hatte sich bei Günter eingehakt und mehrfach versichert, welche Sorge alle um ihn gehabt hätten. Man müsste sich nur vorstellen, er wäre mit der Steinlawine abgerutscht. Arme und Beine hätte er sich brechen können.

»Jeder sollte sich in einer Gruppe sozial benehmen«, mischte sich Herr Volkers ein. Er betrachtete Günter so herablassend, dass dieser wieder rot anlief und wortlos an ihm vorbeimarschierte. In dieser etwas angespannten Situation kamen sie an Pemas Haus an.

Pema, eine junge hübsche Frau in Jeans und T-Shirt, begrüßte ihre Gäste in fließendem Englisch und führte sie in die große Wohnküche. Sie war Lehrerin im Dorf und lebte hier mit ihrem Mann, der in Leh arbeitete und nur an den Wochenenden nach Hause kam.

Während sie sich auf den kleinen Teppichen niederließen, stellte Pema Teller mit Keksen auf die hübschen rot lackierten, mit Drachen und Lotosblüten verzierten Holztischchen und bot ihren Gästen aus einer Thermoskanne Buttertee an.

Beim Thema Buttertee schieden sich immer die Geister, denn ein Gebräu aus Schwarztee, Salz und Butter war schwer vorstellbar und daher ein beliebtes Gesprächsthema.

Die Gäste begutachteten diese hellbraune, herb riechende Flüssigkeit, die glänzenden Fettaugen, die auf der Oberfläche schwammen, und nahmen einen Schluck aus ihren Schalen. Schließlich fanden die meisten diesen Buttertee doch ganz passabel, Heidrun und Cornelia sogar »lecker«. Außer Günter und Herrn Schneider ließen sich alle nachschenken.

»Ich verstehe nicht, warum Buttertee diesen schlechten Ruf hat. Es heißt immer, er schmecke ranzig«, meinte Cornelia.

»Er schmeckt nur dann ranzig, wenn die Butter nicht in Ordnung ist. Besonders im Sommer verdirbt sie schnell. Aber heute haben ja viele Leute einen Kühlschrank. Diese Butter hat Pema heute Morgen frisch gemacht«, erklärte Samten.

»Selbst hergestellte Butter, wunderbar!«, schwärmte Heidrun und gestattete Pema, ihre Tasse noch ein drittes Mal aufzufüllen.

»Meine Beine …«, murmelte Herr Volkers unterdessen auf Deutsch in die Runde, nachdem er sich umständlich niedergelassen hatte. »Ich weiß nicht, wie lange ich das aushalte.«

Samten hatte seine Geste richtig interpretiert. »May I bring you a chair?«

Herr Volkers nickte dankbar. Nachdem Samten ihm einen blauen Plastikstuhl aus dem Nachbarzimmer geholt hatte, fragte Frau Volkers ebenfalls höflich nach einem Stuhl.

Geplant war, dass Pema ein traditionelles Mittagessen zubereitete, während die Gruppe sich im Dorf umschaute. Auf weitere Ausflüge hatte jedoch niemand Lust, außerdem wollten Jule und Frau Volkers beim Kochen zusehen.

Pema teilte mit, dass sie Skiu kochen werde, eine Nudelsuppe mit Gemüse.

»Darf ich helfen?« Jule ließ sich neben Pema nieder, die schon angefangen hatte, in einer flachen Schüssel den Teig kräftig durchzukneten.

»Natürlich.« Bereitwillig gab Pema Jule einen Klumpen Teig in die Hand. »Reiß ein kleines Stück ab, roll es zwischen deinen Fingern. Und dann drück den Daumen hinein, sodass eine kleine Schale entsteht. Ich zeig es dir.« In Zeitlupe führte Pema die Bewegungen aus.

»Gar nicht so einfach!« Kritisch betrachtete Jule ihre Schälchen, die dünner, größer oder dicker gerieten als die von Pema.

»No problem. It looks very good«, lobte Pema ihre Helferin. Sie hatte Kartoffeln, Karotten und einen Blumenkohl aus dem Garten geholt und klein geschnitten, jetzt briet sie das Gemüse an, würzte es und goss das Ganze mit Wasser auf. Schließlich kamen die Teigschüsselchen dazu, und während die Suppe ihren Duft in der Küche verströmte, klopfte Pema Jule auf die Schulter. »Du bist eine gute Köchin, du kannst Skiu zubereiten.«

»Ja, jedenfalls riecht es sehr gut«, lobte Frau Volkers. »Welche Gerichte gibt es in Ladakh denn außerdem noch?«

»Sonderlich abwechslungsreich ist unsere Küche nicht.« Pema lachte. »Wir haben nicht viel mehr als Gerste und Gemüse. Ein Teig aus Gerstenmehl ist die Grundlage für fast alle Rezepte.«

»Gib jeder Variation einen eigenen Namen, und schon klingt die Speisekarte vielseitig. Nicht wahr, liebe Cousine?«, warf Samten ein. Er hatte sich auf dem Teppich ausgestreckt und genoss sichtlich die vertraute Atmosphäre in Pemas Haus.

»Und was ist diese bekannte Thukpa?«, wollte Frau Volkers noch wissen.

»Eine Suppe mit Gemüse oder Fleisch, aber in dem Fall sind die Nudeln flach und in Streifen geschnitten.«

»Fleisch haben wir allerdings selten«, mischte sich Samten ein. »In meiner Kindheit gab es Fleisch nur zu festlichen Anlässen oder wenn das Tier eines natürlichen Todes starb.«

Pema nickte. »Manchmal brachten Nachbarn ein Stück Yak oder eine Ziege, die von einem Schneeleoparden gerissen worden war. Das waren Glückstage!«

»Und was ist mit Reis?«

»Reis!«

Samten verdrehte die Augen, was allgemeine Erheiterung auslöste. »Heutzutage ist Reis alltäglich. Damals war es der pure Luxus. Wenn Vater aus Leh Reis mitgebracht hatte, war das eine Sensation. Ich erzählte allen Freunden, dass wir am Abend Reis zu Hause essen würden. Meine Mutter trug schon am Nachmittag den Reis demonstrativ in einer Schüssel zum Bach und wusch ihn so lange, bis das halbe Dorf ihn begutachtet und die Qualität der runden weißen Körner gelobt hatte. Tags darauf erzählte ich dann allen, wie lecker das Essen war.«

Sonja hatte inzwischen ein weiteres Glas Chang getrunken und nun lehnte sie entspannt und träge an der kühlen Wand. *Der einzige Moment ist Jetzt,* dachte sie abermals. Soeben fühlte sich dieses Jetzt gut an.

»Wisst ihr, was mir hier gefällt?« Frau Schneider schaute sich in der Küche um. »Hier ist alles so praktisch eingerichtet. Und doch gemütlich und zeitlos. Wenn ich daran denke, als meine Kinder klein waren. Alle drei Jahre mussten wir das Kinderzimmer neu einrichten. Erst der Wickeltisch und die Wände mit Feentapete, später kam der mitwachsende verstellbare Schreibtisch mit ergonomischem Stuhl und schließlich das Jugendzimmer von Ikea.«

Sie schaute sich um. »Ich vermute mal, hier gibt es kein Kinderzimmer in aufeinander abgestimmten Farbtönen, die das Gemüt eines Fünfjährigen besänftigen, aber seine Kreativität fördern sollen.«

Sonja schmunzelte, all das war ihr erspart geblieben. Samten übersetzte und Pema lachte laut.

»Wir haben ein Zimmer für unsere beiden Jungs. Aber ihre Hausaufgaben machen sie hier.« Dabei zeigte sie auf ihre Küche. »So ist das.«

Samten fuhr fort: »Wer heutzutage Geld hat, kauft seine Einrichtung in Delhi. Stühle, Glastisch, Fernseher, einen Kühlschrank.«

»Das ist wirklich schade«, erwiderte Heidrun, »wie diese wunderbare Kultur allmählich verloren geht. Dabei genügt doch diese Einfachheit, nicht wahr?«

»Einspruch«, mischte Herr Volkers sich ein. »Wir als Touristen haben kein Recht, solche Entwicklungen zu beurteilen.«

Seine Frau nickte. »Wir kommen nach Ladakh und wollen für zwei, drei Wochen unsere Zivilisation hinter uns lassen. Zugleich erwarten wir Komfort, weil wir für diese Reise viel Geld bezahlt haben. Gleichzeitig möchten wir sehen, wie die Einheimischen ursprünglich leben.« Wobei sie bei dem Wort »ursprünglich« mit dem Zeigefinger Gänsefüßchen in die Luft malte. »Das passt doch nicht zusammen.«

Sonja schob ihre Haare hoch, damit auch am Nacken etwas von der Kühle der Wand ankam, und ihr fiel ein ehemaliger Kollege ein, der vor Jahren berufsmüde seine Arbeit resümiert hatte: Reisende, hatte er gesagt, wollten immer diese großartigen, freundlichen Einheimischen in ihrer landestypischen Ursprünglichkeit erleben und fotografieren. Zugleich aber erwarteten sie glatt geteerte Straßen, um in Taxis der neuesten Marke schnellstmöglich zu den letzten unerforschten Regionen dieser Welt zu gelangen. Während ihres Trekkings wollten sie keinen Hauch von Zivilisation spüren, erwarteten anschließend aber eine Dusche im Hotel. Und hoffentlich war das Wasser auch heiß genug! Sobald eine Kleinigkeit nicht passte, das Bettlaken Stockflecken aufwies, der Bus Verspätung hatte, das Zimmerpersonal unfreundlich war, gab es immer jemanden, der sich beschwerte und gern auch die anderen zu Protesten anstachelte.

Damals hatte Sonja gelacht über den Kollegen, wie er sich echauffierte. Recht hat er, das dachte Sonja in der letzten Zeit immer häufiger. Jetzt fiel ihr Blick zufrieden in diese Runde, wie sie miteinander redeten und Spaß hatten, Kontakte knüpften und Verständigung suchten zwischen ihren so verschiedenen Leben. Eine Vermittlerin zwischen den Kulturen zu sein war stets ihre Motivation gewesen in all diesen Jahren und aus tiefer Überzeugung. Gerade hörte sie Samten berichten:

»Die Schotterpiste, auf der wir vorhin gingen, hat Pemas Mutter einmal das Leben gerettet.«

Pema nickte. »Wir haben sie mit dem Auto ins Krankenhaus gefahren. Ihr Blinddarm war durchgebrochen.«

Einen Moment lang war Schweigen, bis Sonja sagte: »Es ist doch die Natur des Menschen, dass er seine Lebensumstände bestmöglich gestaltet. Das gilt jedenfalls für mich.«

»Was meinst du, Samten?«, fragte Heidrun.

Er überlegte einen Moment, bevor er antwortete: »Mein Vater war ein junger Mann, als das erste Flugzeug

in Leh landete. Kein Mensch hatte bis dahin einen so großen Vogel gesehen. Ein riesiger silberner Vogel war das,
und er machte ganz merkwürdige Geräusche. Nach dem
ersten Schrecken waren sich alle einig, dass dieses arme
Tier gewiss hungrig war. So luden sie dicke Bündel Heu
auf ihre Esel und liefen nach Leh, um dem Riesenvogel
Futter zu geben.«

Einige lachten über die Geschichte, während Samten
fortfuhr: »Stellt euch vor, schon vor zwölfhundert Jahren
hat der große Gelehrte Padmasambhava vorausgesagt:
Eines Tages werden Eisenvögel durch die Luft fliegen. An
diesem Tag wird der Buddhismus in den Westen kommen.«

Nach einer kurzen Pause fuhr er fort: »Genau so ist es
eingetreten. Aber der Eisenvogel fliegt auch in die andere
Richtung. So sind wir mit dem Rest der Welt in Kontakt
getreten.«

Geheimnisse verbinden

Tundup war mir fremd geworden. Sein neuer Pullover, die langen Hosen und auch diese Schuhe, selbst die grüne Stofftasche mit Büchern über seiner mageren Schulter passten nicht zu ihm. Und was war aus seinen Beinen geworden? Leichtfüßig war er gerannt, nun schien aller Schwung verloren. Traurigkeit überkam mich, wenn ich meinen Freund so sah. Als ich an diesem Morgen mit ihm sprechen wollte, lief er wie immer allein, ein Stück abseits von der geschwätzigen Gruppe seiner Schulfreunde. Damals wirkte er besonders unnahbar, und ich glaube, er suchte auch keine Freunde. Es schien ihm egal, was die anderen über ihn dachten. Während wir es an anderen Tagen vermieden, einander zu begrüßen, lief ich ihm dieses Mal entgegen.

»Tundup, warte. Wir müssen reden.« Meinen ganzen Mut hatte ich gesammelt für diesen kleinen Satz, aber er musterte mich bloß abschätzig.

»Lass mich in Ruhe.« Schon wollte er weitergehen, aber ich ließ mich nicht abwimmeln.

»Es ist wichtig. Bitte!«, setzte ich eilig hinzu.

»Keine Zeit.«

»Tundup, wir müssen reden. Es geht um Angmo.«

»Was soll mit Angmo sein?« Er fuhr mich wütend an, als habe ich kein Recht, den Namen seiner Schwester in den Mund zu nehmen.

»Nicht jetzt. Bitte komm nach der Schule zum Wasserfall-Baum!« Einige lange Momente musste ich ausharren, endlich nickte er.

»Gut, ich komme.«

Rachegedanken an meinen Cousin Gonbo hatte ich inzwischen längst aufgegeben. Ehrlich gesagt, ich hätte ihm gern Ärger gemacht, allerdings wollte ich weder Tundup und noch weniger Angmo in Schwierigkeiten bringen. Was hätte ich den Leuten von dem Vorfall an der Quelle erzählen sollen? Gonbo würde natürlich alles abstreiten und mich als einen Lügner hinstellen, und die Nachbarn würden mir, einem vorlauten Hirtenjungen, weniger Glauben schenken als dem Sohn des größten Bauern im Dorf. Allerdings fürchtete ich, eines Tages könne jemand die beiden entdecken und ihre geheimen Treffen an die große Glocke hängen. Um das zu verhindern, musste ich Tundup zu meinem Verbündeten machen.

An diesem Nachmittag war ich viel zu früh an unserem Baum und fürchtete schon, er habe seine Meinung geändert. Als er endlich kam, berichtete ich von jener Nacht an der Quelle.

Die Geschichte platzte aus mir heraus, ich war so froh, es einmal auszusprechen, wie seine Schwester und Gonbo sich geküsst hätten.

»Sie waren …«, ich zögerte, es war mir peinlich, diese Dinge auszusprechen, »sie waren so vertraut miteinander. Bestimmt haben sie sich schon oft getroffen.«

Tundup hörte mir schweigend und mit finsterer Miene zu. Als ich zu Ende gesprochen hatte, überlegte er, bis er mich schließlich barsch anfauchte: »Das ist nicht wahr! Erzähle nie wieder Lügen über meine Schwester!«

»Aber Tundup, ich habe es gesehen. Mit meinen eigenen Augen! Deine Schwester und Gonbo waren zusammen. An der Quelle.«

»Verbreitest du Gerüchte über unsere Familie? Ist das deine Rache, weil ich zur Schule gehe?«

»Tundup, glaube mir doch!« Ich war entsetzt. Nie wäre ich auf die Idee gekommen, er würde mich einen Lügner nennen. »Du musst mit Angmo sprechen! Stell dir vor, jemand erfährt davon.«

»Vielleicht hast du jemanden an der Quelle gesehen. Aber es war dunkel. Vielleicht hast du dich geirrt. Es könnte jemand anders gewesen sein. Kein Gonbo und keine Angmo. Verstehst du?« Abrupt erhob Tundup sich. »Lass mich einfach in Ruhe!« Dann lief er weg.

Zwei Tage später war es Tundup, der mich auf meinem Weg abpasste. Er schaute nicht mehr abweisend, vielmehr sah er traurig, geradezu bedrückt aus. Ich war überrascht, hatte jedoch Angst, dass es wieder zu einem schlimmen Streit kommen würde. Jetzt aber war er es, der etwas mit mir besprechen wollte. Die Worte brachen geradezu aus ihm heraus: »Norbu, ich glaube, du hast recht. Etwas ist bei Angmo geschehen.«

Ein Stein fiel mir vom Herzen, als Tundup mich in den Oberarm knuffte und murmelte: »Es tut mir leid.«

Wir lächelten einander an.

»Angmo verhält sich zurzeit äußerst seltsam. Sie wirkt traurig.« Tundup suchte nach den richtigen Worten. »Ihr Herz ist klein geworden. Zuerst dachte ich, Angmo sei krank. Nach dem, was du erzählt hast, vermute ich den Grund für ihre Veränderung: Sie hat die Krankheit der Verliebten.« Er überlegte einen Moment. Lange Reden waren nicht seine Stärke. »Gestern Abend bin ich

Angmo gefolgt, als sie unser Haus verließ. Ich war vorsichtig, sie hat mich nicht bemerkt.« Es fiel ihm sichtlich schwer, darüber zu sprechen. »Jedenfalls habe ich die beiden auch gesehen, meine Schwester und diesen Gonbo.«

Jetzt waren wir beide verlegen und ich versuchte, die dumme Situation zu retten.

»Komische Küsserei, nicht wahr?« Wir kicherten, bis mir der Ernst der Situation wieder einfiel. »Wenn jemand die beiden entdeckt, wird es schlimm für alle. Gonbo wird von seinem Vater großen Ärger bekommen. Aber ihr ... ich meine ... weil er dir mit der Schule geholfen hat.«

Tundup starrte auf den Boden. »Angmo ist verrückt!«, stieß er hervor, und dann berichtete ich von Gonbos Besuch auf der Sommerweide.

»Er ist ein fieser Angeber«, fasste ich zusammen.

Tundup rieb an seinem Ohrläppchen, wie immer, wenn er nervös war. »Meine Schwester setzt den guten Ruf unserer Familie aufs Spiel. Das ist nicht richtig von ihr.«

Ich nickte. »Onkel Angchuk wird es nicht erlauben, dass Gonbo Angmo heiratet. Ihr alle werdet in Schwierigkeiten kommen. Er ist einflussreich.« Plötzlich kam mir ein ganz neuer Gedanke. »Und wenn sie sich wirklich lieben? Und heiraten wollen?«

»Unmöglich!«, entgegnete Tundup. »Denk nur an den jungen Dorfschmied! So etwas würde Gonbo nie tun!«

Ein Sohn des Dorfschmieds hatte viele Jahre zuvor mit der Tochter des reichen Rila-Bauern ein Verhältnis gehabt. Als der Rila-Bauer von der Liaison seiner Tochter mit dem jungen Dorfschmied erfuhr, tobte er vor Wut und sorgte dafür, dass sein Vater, der alte Schmied, keine Aufträge mehr bekam. Stattdessen erhielt seitdem der zweite Schmied im Dorf alle Arbeiten. Das Liebespaar verließ das Dorf und angeblich gingen sie nach Indien. Api hatte mit dem Rila-Bauern einen schlimmen Streit angefangen, weil er die Leute gegen den Schmied aufgehetzt hatte.

»Gonbo würde sein Leben hier nie aufgeben! Den großen Hof, sein Erbe. Und jetzt diese Position bei der Armee. Niemals«, überlegte Tundup.

»Du musst mit Angmo reden. Sie darf nicht mit Gonbo zusammen sein.«

Tundup schüttelte den Kopf. »Wie könnte ich mit ihr sprechen über diese … Angelegenheiten?«

Tundup hatte recht, er war ihr jüngerer Bruder.

»Etwas wird passieren, es ist nur eine Frage der Zeit.«

Wir grübelten eine Weile, hatten allerdings keine vernünftige Idee.

Schließlich verabschiedeten wir uns mit dem heiligen Versprechen: Kein Mensch durfte von unserem Geheimnis erfahren.

Seit diesem Nachmittag trafen Tundup und ich uns wieder häufiger. Schließlich teilten wir nicht nur ein Geheimnis, sondern wir hatten eine wichtige Aufgabe, die wir nur gemeinsam lösen konnten. Allerdings hatten wir vorerst keine Idee, wie wir die Katastrophe abwenden könnten, die nach unserer festen Überzeugung früher oder später über uns hereinbrechen würde.

Wenn wir nichts Besseres zu tun hatten, lungerten wir an der Straße herum und warteten zusammen mit unseren Freunden auf diese wunderbaren Lastwagen, wie sie in Kolonnen dicht hintereinander durch unser Dorf krochen. Sie waren mit farbigen Girlanden geschmückt, an den Rückspiegeln tanzten glitzernde Kugeln aus Plastik, und sie zogen dicke Wolken von schwarzen Abgasen und Staub hinter sich her. Die Schulkinder wetteiferten, wer die farbigen Aufschriften lesen konnte, die in Englisch und Urdu über der breiten Windschutzscheibe standen:

»Der Vollmond scheint für alle, aber küssen darfst du nur einen«

»Vertrau in Gott«

»Magier der hohen Pässe«

Tundup beteiligte sich nicht an diesem lautstarken Wettstreit. Wenn er ein Wort entziffert hatte, flüsterte er es in mein Ohr. Ein bisschen ärgerte mich diese Angeberei, schließlich hatte er bis vor Kurzem angeblich keine Lust auf Schule gehabt. Und nun wollte er mir zeigen, was er konnte. Doch ich lobte und ermunterte ihn. Nochmals wollte ich unsere Freundschaft nicht aufs Spiel setzen. Außerdem war ich neidisch. Wie gern hätte ich diese Sätze selbst lesen können. Diese Lastwagen waren eine Verheißung, Boten aus einer entfernten, aufregenden Welt.

Am nächsten Tag fragte ich Yangchen, ob sie mir Unterricht in Hindi und Englisch geben würde. So könnte ich auf der Sommerweide die Tiere hüten und zugleich mein späteres Leben vorbereiten. Yangchen war überrascht, ließ sich aber schnell überreden. Wir trafen uns abends im Stall, wo sie mir geduldig Buchstabe für Buchstabe des englischen Alphabets vorsprach. Ich fand es seltsam, fremde Worte mit fremden Schriftzeichen zusammenzubringen, aber es machte mir auch Freude. Von da an schmuggelte ich morgens zu Käse und Joghurt zwei Zettel in meinen Proviantbeutel. Auf den einen hatte Yangchen mit ihrem einzigen Bleistift das englische

Alphabet geschrieben. Das zweite Blatt zeigte die Zahlen von 1 bis 20, bald schon bis 1000. Ich lernte stundenlang, zu Rigzins Missfallen, der sich währenddessen langweilte, von meinem Eifer aber nicht anstecken ließ. Immer lobte mich Yangchen, wenn sie mich flüsternd abfragte.

Unterdessen herrschte Unruhe im Haus. Api hatte während der Ernte eifrig ihre Kontakte in Gang gebracht und nun hoffte sie, dass bald eine Heiratsvermittlerin vor unserer Tür stünde. Es konnte eine Nachbarin oder Verwandte des Brautwerbers sein und sie würde vor ihrem Besuch unser Haus unauffällig beobachten, um sicher zu sein, dass alle für eine solche Entscheidung wichtigen Personen, also meine Eltern und Api, zu Hause waren.

Sie kam im Schutz der Dunkelheit. Ich hatte zusammen mit meinen Schwestern die Tiere versorgt und gerade trafen wir in der Küche ein, als ich hörte, wie hinter mir noch jemand die Treppe heraufstieg. Kein Mensch würde ein fremdes Haus betreten, ohne sich im Hof mit lautem Rufen anzukündigen. Dieser unangemeldete Besuch war also wirklich ungewöhnlich. Ich kannte die Frau nicht, die nun auf der Türschwelle stand, Yangchen offenbar schon. Stumm und mit feuerroten Wangen bat sie die Besucherin herein, murmelte eine Ausrede und hastete die Stiege hinunter. Ebenso wenig schien Api überrascht, sie wechselte mit Mutter vielsagende Blicke, bevor sie Dolma und mich aus der Küche scheuchte. Wir kletterten auf das Hausdach und spähten durch die Geisterluke über dem Herd hinunter, doch leider saßen die Erwachsenen außerhalb unseres Blickfelds.

Wir horchten, wie sie über die Ernte und das Wetter plauderten, bis die Besucherin endlich mitteilte, dass sie als Botschafterin von einer der größten Familien im Dorf geschickt worden sei.

Aufgeregt drückte Dolma ihren Ellbogen in meine Seite. »Da will einer Yangchen heiraten!«

»Sei still, hör zu, was sie sagen!«

Weil Dolma albern kicherte, konnte ich die folgenden Sätze nicht verstehen, bis Mutter schließlich ausgesucht höflich sagte: »Danke für deinen Besuch, Tante. Wir werden über dein Angebot nachdenken.«

Allerdings verkündete Api, sobald die Besucherin draußen war: »Dieser junge Tsewang ist ein Glücksgriff, er wird Yangchen gefallen.« Und mit einem stolzen Seitenblick zu meiner Mutter: »Sagte ich doch, ich finde immer die Richtigen.«

Bald darauf kam die Vermittlerin wieder, nun am hellen Tag und mit einem Krug Chang als Gastgeschenk. Wieder verscheuchte Mutter uns Kinder, allerdings fegte gerade ein strenger Spätsommerwind durch die Geisterluke und verwischte die Stimmen in der Küche, sodass ich dieses Mal überhaupt nichts verstehen konnte. Jedoch verrieten die zufriedenen Mienen der Erwachsenen, dass auch dieses Gespräch offensichtlich seine gewünschte Richtung genommen hatte.

Nach dem dritten Besuch wurden endlich auch wir eingeweiht, denn nun war es besiegelt: Yangchen würde den jungen Tsewang aus der Togchen-Familie heiraten. Meine Schwester hatte bereits ihre Zustimmung gegeben. Allerdings war sie angesichts dieser peinlichen Angelegenheit wieder zu einer Freundin geflüchtet, sodass es Api war, die uns die Nachricht feierlich mitteilte.

Nachdem es offiziell war, stand der Gegenbesuch unserer Familie im Hause der künftigen Schwiegereltern an. Obwohl es nie näheren Kontakt zu dieser Familie gegeben hatte, sie wohnten auf der anderen Seite des Dorfs, kannten wir einander vom Sehen.

An diesem Morgen setzten Api und Mutter ihre schweren Samthüte auf den Kopf, Mutter holte ihren besten Mantel aus der Aluminiumkiste, während Api Mutters zweitbesten Mantel vom Haken nahm und sich um die Schultern legte. Vater trug, dem feierlichen Anlass angemessen, die saubere Innenseite seines Mantels nach außen. So spazierten wir gemeinsam mit frischem Brot und dickem milchweißem Chang in den Händen die Dorfstraße entlang zu Yangchens künftigem Zuhause. Ein schöner Tag war das, wir Kinder durften im Garten mit Tsewangs jüngeren Geschwistern in dem großen Haus Fangen spielen, und es war bereits dunkel, als wir zum Heimgehen aufbrachen.

Seit diesem Tag nahm Yangchen zum Holzsammeln nicht den kurzen Weg durch das Pappelwäldchen, das nahe am Haus ihres zukünftigen Mannes vorbeiführte, sondern bevorzugte Umwege.

Einmal begegnete Tsewang uns dennoch. Er rief uns ein freundliches »Julley« zu, Yangchen aber hielt die Hand vors Gesicht und lief, ohne ihn anzuschauen, eilig weiter. Diese Scheu meiner Schwester war mir fremd. Noch schlimmer war es, wenn Yangchen mit ihren Freundinnen zusammen unterwegs war und zufällig Tsewang ihren Weg kreuzte. Dann steckten sie alle die Köpfe zusammen und tuschelten. Diese Vorgänge verwirrten mich. Ich verstand meine Schwester nicht mehr und fühlte mich ausgeschlossen von diesen seltsamen neuen Dingen. Der Astrologe hatte inzwischen mithilfe schwieriger Berechnungen und dicker Bücher das glücksverheißende

Datum für die Hochzeit errechnet. Dieses lag dreizehn Tage nach dem zweiten Vollmond des buddhistischen Neujahrs, also gegen Ende des Winters.

Der Grund für Apis Zorn an einem Abend war meine Gier nach dem köstlichen, unwiderstehlichen Essen, das Lastwagenfahrer uns Kindern manchmal schenkten. Sie waren, wenn sie durch unser Dorf fuhren, der Stadt schon sehr nahe und freuten sich auf leckeres Hammelfleisch, das sie dort im Restaurant bestellen würden. Daher warfen sie uns großzügig ihr übriges Essen durch das Fenster zu.

Solche Päckchen enthielten Puri, öltriefende Brotfladen, manchmal Reis und Gemüse mit scharfer Sauce. Die kleinen Helfer der Fahrer, die als Lotse und Teekocher sowie für das Vorbereiten der Wasserpfeifen zuständig waren, schmissen das Essen mit einem fiesen Grinsen oft absichtlich auf die sandige Erde. In unserer Gruppe gab es deshalb regelmäßig Streit und Rangeleien um die Plätze auf den Trittbrettern der Lastwagen.

Api verabscheute die Bettelei und hatte deswegen oft mit mir geschimpft. An diesem Tag jedoch wähnte ich sie in der Stadt und hatte einen tollen Plan ausgeheckt, wie Tundup und ich möglichst viel von diesem Essen abkriegen könnten.

Wie immer waren wir eine aufgeregte Meute, die am Dorfeingang ungeduldig auf die Lastwagen wartete. »Es ist dumm, wenn wir alle so zusammenbleiben. Wir müssen uns verteilen. Jeder von euch postiert sich vor seinem eigenen Haus«, bestimmte ich mit fester Stimme.

»Das ist unfair«, murrte ein Junge, der am anderen Ende des Dorfs wohnte, »schließlich bist du ja vorn.«

Ich nickte verständnisvoll. »Du hast recht, aber überleg mal: Sobald ein Fahrer sieht, dass ich schon ein Paket in der Hand halte, schenkt er sein Essen doch dem nächsten Jungen. Du wirst schon sehen, wir alle bekommen genug ab, und du wahrscheinlich am meisten, weil am Ende jeder sein Päckchen schon hat.«

Da Tundup meinen Vorschlag mit ernstem Kopfnicken bestätigte, wollte keiner mehr Widerspruch wagen. So verteilten wir uns alle. Als der erste Truck heranrollte, standen Tundup und ich ganz vorn.

»Puri Puri«, gestikulierten wir dem Fahrer und seinem Helfer hinter den großen trüben Scheiben zu. Sie fuhren, ohne vom Gas zu gehen, an uns vorbei, ebenso wie die folgenden beiden Fahrzeuge. Erst aus dem vierten Fenster flog ein einzelnes Puri heraus. Geschickt fing ich den fettigen Fladen auf und stopfte ihn in meine Goncha. Der nächste Fahrer war freundlicher. Er bremste ab, damit Tundup aufs Trittbrett steigen und ein ordentlich verschnürtes Päckchen entgegennehmen durfte: Reis mit Gemüse in dunkelroter Sauce. Weil mein Freund seine Schuluniform trug, musste ich auch das einstecken.

So ging das eine Weile, bis meine Brusttasche so dick und ausgebeult war, dass beim besten Willen nichts mehr hineinpasste. Nun erst bemerkte ich, wie mein Oberkörper feucht und klebrig war und ein rötliches Rinnsal an meinen Beinen bis zu den Knöcheln hinuntertropfte. Schließlich liefen wir zu unserem Wasserfall-Baum und aßen, bis uns übel war. Das Übrige wollten wir nach Hause mitbringen. Ich konnte es nicht erwarten, die überraschten, glücklichen Gesichter meiner Geschwister zu sehen. Was ich nicht wusste: Api hatte ihre Reise verschoben.

Als ich, die tropfenden Päckchen in den Händen, in die Küche trat, genügte ihr ein Blick, und schon brach ein Donnerwetter über mich herein. »Nunu, was hast du angestellt! Gierig bist du wie eine schwarze Krähe!« Mit abgrundtiefer Verachtung betrachtete sie mich vom Kopf bis zu den Füßen. »Die Habgier, mein Junge, ist eine der drei großen Zerstörungen. Du verlierst deinen Verstand, weil du niemals Zufriedenheit findest. Merkst du nicht, dass die Brühe über deine nackten Beine läuft? Nie wieder bettelst du an Lastwagen! Hast du mich verstanden? Niemals wieder!«

Sie holte tief Luft, aber nur, um weiterzuschimpfen: »Eine Schande ist das! Musst du hungern? Bekommst du von deiner Mutter etwa kein Essen?«

Vorsichtshalber schüttelte ich heftig den Kopf, allerdings verstand ich nicht, wofür ich mich schämen sollte – außer vielleicht dafür, dass ich meinen Freunden einen Streich gespielt hatte.

»Wir brauchen nichts von diesen Fahrern aus Kaschmir. Die halten uns für dumme Schafe. Sie behandeln uns schlecht und demütigen uns!«, schimpfte sie weiter. »Hast du mich verstanden?« Im nächsten Moment blitzte schon wieder der Schalk in ihr auf. »Verkauf ihnen deine Äpfel und Aprikosen so teuer wie möglich. Und misch immer ein paar verfaulte Früchte darunter.«

Dieses Mal nickte ich folgsam.

Mit einer Handbewegung jagte sie mich fort. »Jetzt lauf zum Bach und wasch dich mitsamt deiner Goncha. Aber gründlich!«

Von Politik hatte ich natürlich keine Ahnung. Aber ich bemerkte, dass Api immer furchtbar wütend wurde, wenn das Gespräch sich um Kaschmir drehte. Die Fahrer der Lastwagen kamen aus dem Bundesstaat Kaschmir, aber mir war das egal, solange sie ihre Lastwagen durch unser Dorf steuerten. Dass auch die Beamten aus Kaschmir stammten, wusste ich ebenso, und meine wenigen Begegnungen mit ihnen waren nicht erfreulich gewesen. Trotzdem verstand ich nicht, woher Apis übermächtiger Zorn rührte.

An diesem Abend war ich einfach froh, dass sie mir wieder Leckereien zuschob. Apis Wut verrauchte immer schnell.

Dieser Streit war ein Vorbote jenes Tages, an dem meine Schwester Dolma ernstlich erkrankte. Dolma lag mit fieberheißem Kopf auf ihrer Matte und hatte seit Tagen nichts essen wollen. Wir alle waren in großer Sorge. Unser Dorfamchi war in den Bergen auf Kräutersuche, und Api, die einen Besuch beim Arzt der westlichen Medizin garantiert verhindert hätte, war nun doch nach Leh gegangen. So beschloss Vater, Dolma zum »richtigen« Arzt zu bringen. Dieser Arzt kam, wie alle Beamten, aus Kaschmir und wohnte im Serai.

Der Serai war ein zweistöckiges, mit grobem Lehm verputztes Haus und das gesellschaftliche Zentrum unseres Dorfs. Große Karawanen mit dreißig oder vierzig Yaks und Eseln kehrten auf ihrer Reise von Baltistan in die Mongolei oder nach Changtang hier ein. Während sich die Tiere im Stall ausruhten, vergnügten sich die Händler im Serai, orderten Thukpa und Momos und tranken Chang. Die wildesten Abenteuergeschichten machten hier die Runde: über Wüstenpfade gesäumt von Skeletten verendeter Tiere und über nachts um die lagernden Karawanen pirschende Wölfe. In diesem Serai wohnten alle Beamten, sowohl die Lehrer unserer Schule als auch dieser Arzt mit seinem Assistenten, sofern er nicht gerade Urlaub zu Hause bei der Familie machte. Ein solcher Urlaub konnte Wochen, manchmal Monate dauern. Besonders im Winter hielten sich die Beamten gern fern von unserem Dorf auf. Eine Versetzung nach Ladakh empfanden sie ohnehin als Strafe. Kaschmir ist mit seinen Wiesen und Wäldern, Obstgärten und fruchtbaren Ackerböden ein Paradies im Vergleich zu der Einöde hier.

Ich erinnere mich daran, wie Mutter mich einmal zu einem Arzt im Serai brachte, weil ich über Ohrenschmerzen geklagt hatte. Als wir den Innenhof betraten, saß der Doktor in der Sonne und las in einem Buch. Während wir unbehaglich herumstanden, bedachte er uns hin und wieder mit einem unfreundlichen Blick, ohne jedoch seine Lektüre zu unterbrechen. Später kam einer der Lehrer dazu; die beiden plauderten und wir wagten es nicht, uns bemerkbar zu machen. Es dauerte also lange, bis er uns endlich mit ein paar ladakhischen Schimpfwörtern, die er bei Störenfrieden wie uns gern anbrachte, in das schäbige Krankenzimmer dirigierte. Dort gab es nur eine verschlissene Pritsche und einen wackligen, halb verrosteten Schrank mit wenigen Medikamenten und benutzten Spritzen. Unser Warten erwies sich schließlich als umsonst, denn der Doktor hatte keine Ohrentropfen, und die Tabletten, die er uns über den Tisch schob, verschafften mir keine Linderung.

Vater ahnte also, was ihn im Serai erwartete, trotzdem setzte er Dolma auf einen Esel und brachte sie hin. Meine Schwester saß im Schatten auf der Erde, als ein junger Mann aus der Tür des Serai trat. Er war seit Kurzem Assistent und Haushälter im Dienste unseres Dorfarztes.

»Der Doktor ist nicht da«, erklärte er kurz angebunden und wollte schon die Tür wieder schließen.

»Mein Kind ist sehr krank. Wann kommt der Doktor?« Vater machte eine kurze Verbeugung vor ihm.

»Vielleicht bald, ich weiß es nicht.«

»Wo finde ich ihn?« Er wurde allmählich ungehalten.

»Überhaupt nicht, er ist nach Hause gefahren.«

Es mussten wohl unfreundliche Worte gefallen sein, jedenfalls war Vater äußerst aufgebracht, als er uns später von dem Besuch erzählte. »Wozu ist dieser Doktor nützlich, wenn er keinen Dienst macht?«

»Letztes Mal war er da, aber er hat mich beschimpft. Dumme Hexe hat er mich genannt und unseren Nunu einen kleinen Dieb«, erinnerte Mutter ihn, und ich bemerkte, wie diese Worte sie noch immer verletzten. Es dauerte übrigens noch einige Tage, bis unser Amchi aus den Bergen zurückkehrte und meine Schwester heilen konnte.

Trotz der Aufregung um Dolma musste ich ständig an die Begebenheit mit der Gongmo und meiner Cousine Diskit denken. Sobald Api aus Leh zurück war, kratzte ich ihr besonders ausgiebig den Rücken. Sie knurrte eine Weile behaglich, bis sie meine Hand abschüttelte und sich zu mir umdrehte. »Was ist los, Nunu? Hast du Sorgen?« Argwöhnisch schaute sie mich an.

»Die Gongmo war doch kürzlich bei Onkel Angchuk, ich glaube, das war meine Schuld«, murmelte ich.

»Was sagst du da?«

So erzählte ich ihr die ganze Geschichte. Wie wir die Gongmo auf dem Hohlweg laufen sahen. Von meiner Neugierde, was passieren würde, wenn wir sie nicht beachteten.

»Rigzin meinte, wir sollten euch Erwachsenen sagen, dass die Gongmo hier war. Aber ich hielt ihn davon ab«, schloss ich meinen Bericht.

Api blickte mich ruhig an. »Es war nicht deine Schuld, Nunu. Die Gongmo ist schon vorher in Onkel Angchuks Haus gekommen. Du hättest es nicht verhindern können.«

Mit einem Ruck setzte ich mich auf.

»So eine gemeine Person!«, rief ich aufgebracht. »Die arme Diskit. Warum macht die Gongmo das?« Vor allem fragte ich mich, weshalb sich Api, die Ungerechtigkeit nie duldete, darüber nicht aufregte!

Sie nahm meine Hände. »Diskit hat wenig Sparka, das heißt, sie ist leicht zu beeinflussen. Die Gongmo benutzte Diskit, um ihren Willen durchzusetzen. Einmal war die Gongmo bei Diskit und wollte Kartoffeln haben. Ein andermal verlangte sie eine Kanne Buttertee.«

»Dann wäre die Gongmo auch zu Onkel Angchuk gekommen, wenn wir sie zum Essen gerufen hätten?« Diese Vorstellung erschien mir noch schlimmer.

»Vielleicht nicht an diesem Tag, aber bestimmt ein anderes Mal«, räumte Api ein.

»Jemand muss die Gongmo stoppen! Sie könnte ganz schlimme Dinge tun.«

»Der Geshe Meme hat bereits eine Puja durchgeführt. Die Kraft des Beschützers Mahakala ist unbezwingbar. Er wird Diskit künftig bewachen.«

Als ich bald darauf Onkel Angchuks Haus besuchte, fiel mir das Amulett an Diskits Hals auf, jenes Amulett, von dem Api gesagt hatte, es sei aufgeladen mit der Energie von Mahakala. Nun war ich beruhigt: Die Gongmo konnte Diskit nichts mehr anhaben. Tatsächlich ist sie danach nie wieder zu meiner Cousine gekommen.

Fliegende Yogis

»Yogis, die durch die Lüfte fliegen!« Herr Schneider zog die Augenbrauen hoch. »Solche Geschichten gehören für mich definitiv in die Kategorie Mythen und Legenden.« Er biss in seinen Vollkornkeks und fügte hinzu: »Das macht dieses Land ja so charmant.«

»Wer weiß«, widersprach seine Frau. Seitdem sie auf der Wanderung nach Manggyu die Flasche Chang an sich genommen hatte, äußerte sie nun häufiger ihre Meinung. »Vielleicht ist da etwas dran.«

Herr Schneider schnippte einen Krümel von seinem Pullover und schaute seine Frau überrascht an. Sie seien schließlich Bildungsreisende und keine Esoteriker, oder?

Die Gruppe stand am Fuß der Klosteranlage in Thaktok und wartete auf Samten, der Minuten vorher ins Kloster gelaufen war, um den Komnyer mit den Schlüsseln zu holen. Er kam mit einer schlechten Nachricht zurück. Der gesuchte Mönch war ins Dorf gegangen, und zwar mit dem Schlüsselbund für sämtliche Klosterräume.

»Da haben wir Pech gehabt«, stellte Jule trocken fest.

»Was meinst du mit: Pech gehabt? Wer wird uns die Türen aufsperren?«, wollte Herr Schneider wissen. »Irgendjemand muss hier doch zuständig sein.«

»Wann kommt er denn zurück?«, schaltete Herr Volkers sich vermittelnd ein.

»Das weiß ich nicht.« Samten setzte einen liebenswürdigen Blick auf.

»Auf den Besuch dieses Klosters lege ich schon Wert«, insistierte Herr Schneider. »Vorhin sagten Sie noch, dieses Höhlenkloster sei so besonders … mystisch.«

»Genießen wir doch inzwischen die schöne Atmosphäre hier«, schlug Heidrun vor, »schließlich sind wir im Urlaub.« Sie holte das Lunchpaket aus ihrem Rucksack und öffnete den Orangensaft. »Ich jedenfalls finde die Aussicht herrlich. Schaut euch nur dieses wunderbare Tal an, dieses leuchtende Gelb der Rapsfelder.«

»Kein Raps, das ist Senf, Heidrun. Sieht aber genauso aus«, berichtigte Sonja. »Hervorragendes Öl zum Kochen!«

Sonja fühlte sich unbehaglich bei der Vorstellung, die lange Fahrt könnte umsonst gewesen sein. Es war ungewöhnlich, dass kein Schlüssel für die Klosterräume da war.

»Ich gehe hinunter ins Dorf, vielleicht finde ich ihn«, gab Samten unterdessen bekannt.

»Das kann ja dauern«, warf Günter ein und nickte Herrn Schneider dabei zu.

Samten überging seinen scharfen Tonfall und machte sich auf den Weg.

»Wisst ihr, was mir gerade einfällt?« Sonja ließ sich an Heidruns Seite im Gras nieder. »Als ich das erste Mal kam, war auch kein Schlüssel da.«

»Oh, das passiert wohl öfter?« Jule hatte den letzten Satz aufgeschnappt. »Da wird unser Herr Schneider nicht begeistert sein.«

»Eigentlich nie, das ist jetzt wirklich Zufall …« Sonja überging Jules Stichelei.

»Wie ging es damals aus?«

»Mit dem Beginn einer wunderbaren Freundschaft.« Sie zog die Schultern hoch und lächelte.

»Eine wunderbare Freundschaft ...?« Frau Volkers kam neugierig hinzu.

»Na ja, damals stand ich genauso ratlos herum wie wir jetzt. Kein Mensch war unterwegs, natürlich auch niemand, der hätte aufsperren können. Ich habe stundenlang gewartet und dabei dummerweise den letzten Bus nach Leh verpasst. Gerade wollte ich im Dorf nach einer Schlafmöglichkeit fragen, als ein Mönch herbeigelaufen kam. Ich muss ihm wohl leidgetan haben. Jedenfalls lud er mich ein, bei ihm zu übernachten. So ein Glück! Seine Mönchsklause bestand aus einer winzigen Küche und zwei kleinen Zimmern, die gesamte Länge des Hauses war direkt am Felsen aus blankem Granit gebaut, das war wirklich beeindruckend. In dem einen Zimmer wohnte und schlief er, seinen Tempelraum daneben hat er mir überlassen. So verbrachte ich diese Nacht auf einer Matratze neben dem Altar, beschützt von Buddhas und Gottheiten.«

»Wundervoll«, murmelte Jule.

»Ich erwachte, als er im Nebenzimmer seine Gebete rezitierte. Wir aßen zum Frühstück die übrige Nudelsuppe vom Vorabend und haben uns dabei mit Händen und Füßen unterhalten. Bis es leider an der Tür klopfte: Der Mönch mit den Schlüsseln stand draußen! Er habe gehört, dass ein Gast da sei, der das Kloster besichtigen wolle. So musste ich notgedrungen gehen.« Sonja lachte. »Später sind wir uns noch oft begegnet.« Sie zeigte auf eines der würfelförmigen, weiß getünchten Häuschen am Hang. »Da wohnt er. Der warmherzigste Mensch, den man sich vorstellen kann. Leider ist er seit einer Weile krank, er lebt bei seiner Schwester im Dorf.«

Inzwischen war Samten zurückgekommen, an seiner Seite ging ein Mönch mit einem großen Schlüsselbund in der Hand. So liefen sie alle zum Klosterkomplex hinauf und durch einen dunklen kühlen Gang in den Innenhof, wo die Tageshitze und Helligkeit sie wieder in Empfang nahmen. In einem Anbau flackerte auf einem langen Tisch ein Meer von Butterlampen. Sonjas Blick blieb hängen an diesen funkelnden Lichtreflexen, die ihr von sehr fern geschickt zu sein schienen, und eine merkwürdige Wehmut überflutete sie, deren Ursprung sie in diesem Moment nicht einmal benennen konnte. Schnell schob sie das irritierende Gefühl beiseite.

»Seht ihr diese rote Tür dort oben?« Sonja stellte sich aufrecht auf den Platz und deutete mit ausgestrecktem Arm zu der Granitwand direkt oberhalb des Innenhofs. »Da oben, am Ende der Treppe hinter der roten Tür liegt die berühmte Höhle. Darin hat vor zwölfhundert Jahren der berühmte Mystiker Guru Padmasambhava in Meditation gesessen. Damals war Padmasambhava auf seinem Weg von Indien nach Tibet, um auch im Himalaya die Lehre Buddhas zu verbreiten. In Ladakh sagen die Menschen, Padmasambhavas positive Energien seien noch immer spürbar. Bis heute *verbreite er Mitgefühl und Segen.*«

»Mitgefühl und Segen aus dem Universum, eine schöne Vorstellung«, fand Jule. »Gerade in unserer schwierigen Zeit.«

Als sie in die dunkle, vom Ruß der Butterlampen geschwärzte Höhle traten, fiel Sonja ein, dass sie ihre dicken Socken, die sie für Klosterbesuche immer mitnahm, im Taxi vergessen hatte. Der Boden klebte unter ihren nackten Fußsohlen, die Kälte des blanken Steins kroch durch sämtliche Poren die Beine hoch. Sie ärgerte sich kurz. Profane Gedanken in diesem Moment, in dem keiner sprach, alle die Kraft dieses Ortes erspürten.

Samten, der neben Jule stand, folgte deren Blick zur niedrigen Felsendecke über ihnen. Die ganze Decke war übersät von Geldmünzen. »Von der Decke tropfte ehemals Wasser, die Menschen haben das als Segen von Padmasambhava gedeutet«, flüsterte er. »Als Ausdruck ihrer Verehrung klebten sie die Münzen an die Decke. Seit einigen Jahren bleibt das Wasser allerdings häufig aus, ein schlechtes Omen ist das.«

»Sagte ich doch, schwierige Zeiten«, flüsterte Jule zurück.

Im selben Moment löste sich ein Tropfen von der Decke und fiel mit einem Plopp zu Boden.

»Da ist der Segen des Padmasambhava, wer sagt es denn …«

Samten hatte leise gesprochen, doch Sonja konnte es noch hören. Dies ist eine Einladung, fiel ihr ein. Bald werde ich wieder allein hier sitzen. Mit aller Ruhe und Zeit. Und verweilen …

»Sind hier auch die fliegenden Yogis?« Herr Schneider riss sie aus ihren Gedanken.

»Nein, die sind nebenan«, erwiderte Sonja, irritiert darüber, wie schnell die Realität sie zurückgeholt hatte.

Einige gingen nach draußen, da es nichts weiter zu besichtigen gab. Jule, das Ehepaar Volkers und Heidrun wollten noch etwas bleiben und die Atmosphäre in sich aufnehmen. Beim Hinausgehen bemerkte Sonja, wie Samten in meditativer Haltung und mit überkreuzten Beinen neben Jule saß.

Die Fenster ließen ausreichend Licht in den Raum, die Halle im neuen Versammlungsraum wirkte hell und ernüchternd nach dem vorherigen mystischen Empfinden. Da gab es eine große beeindruckende Figur von Guru Padmasambhava. Zorniger Blick, steil hochgezogene Augenbrauen, strenger Schnurrbart.

»Der sieht aber nicht freundlich aus. Eher wie ein gestrenger Richter«, fand Frau Volkers.

Samten hatte sich dreimal vor der Figur auf den Boden niedergekniet und zupfte jetzt seinen Pullover in Form. »Keineswegs! Padmasambhava ist gütig. Die steile Stirnfalte ist ein Zeichen von geistiger Klarheit und Intelligenz. Guru Padmasambhava ist ja das Symbol für Erleuchtung.«

»Ihr macht es wirklich spannend. Samten, wo sind denn nun diese Yogis?« Herr Schneider wurde wirklich ungeduldig.

»Bitte einmal umdrehen. Hier sind sie, Herr Schneider.«

Jule grinste Samten an, wie der mit einer Handbewegung auf die gegenüberliegende Wand deutete. Über der Fensterreihe war eine Folge von Bildern in kräftigen Farben gemalt, eines wie das andere mit merkwürdigen Motiven.

Ein Asket, wie er in einer kahlen, einsamen Gebirgslandschaft vor einem Felsen stand. Als einzige Bekleidung trug er ein Stück Stoff um die Hüften geschlungen. Mit dem Zeigefinger seiner rechten Hand stippte er gegen einen Felsen, aus dem an dieser Stelle Wasser floss. Daneben flog ein Mensch wie ein Vogel durch die Luft und über Berge hinweg. Ein anderes Bild zeigte wieder einen Yogi; aus jeder seiner Fingerspitzen züngelten Flammen.

Die Darstellungen lösten geteilte Reaktionen aus. Besonders Herr Schneider sah sich in seiner Vermutung bestätigt und fotografierte geschäftig. Ein solcher Ort erweitere den Fundus an Mythen und Legenden doch erheblich, fand er.

»Diese Darstellungen kommen mir ...«, Frau Schneider zögerte, »nun, ein wenig kindisch vor. Wirklich ernst nehmen kann ich sie nicht.« In diesem Fall müsse sie ihrem Mann recht geben.

»Sagte ich doch, spirituelle Folklore«, erwiderte Herr Schneider milde.

Frau Volkers ignorierte die beiden. »Wozu gibt es dann diese Zeichnungen? Irgendwie hat doch alles eine Bedeutung, denke ich mal.«

Dankbar lächelte Samten sie an. »Natürlich. Hier ist die Kraft des Geistes symbolisiert, die große Meditierende entwickeln. Diese scheinbar magischen Fähigkeiten sind lediglich ein Nebeneffekt der mentalen Kraft. Wichtiger als zu fliegen ist es, den Geist von seinem Leiden zu befreien, nicht wahr? Auch heute leben noch Yogis mit übernatürlichen Fähigkeiten. Durch die Luft zu fliegen ist nicht schwieriger, als einen ungezähmten Geist so gut zu kontrollieren, dass Nirvana erreicht wird«, entgegnete Samten.

»Geheime Rituale sollten nicht durch Worte plattgeredet werden. Wer kann schon Dinge anerkennen, die weit über unser gewöhnliches Denken hinausgehen? Worte ziehen das Magische schnell ins Gewöhnliche«, fand Frau Volkers.

Zurück im Klosterhof, saßen da zwei Mönche auf den Treppenstufen, beide holten ein Handy heraus.

»Ob die beiden auch fliegen können?«, fragte Jule, »und wir das nicht einmal ahnen?«

Der Ältere tippte auf seinem Display herum, während der Jüngere mit lauter Stimme ein Telefonat führte.

»Die beiden? Fliegen? Kann ich mir jetzt nicht vorstellen. Aber wer weiß das schon?«

»Sicher nicht«, schaltete Samten sich ein, »heute gibt es solche Phänomene praktisch nicht mehr, einfach weil auch bei den Yogis die Konzentration nicht mehr so stark ist wie in der alten Zeit.«

Nach dem Besuch wanderte die Gruppe das Tal hinunter. Die blühenden Senffelder setzten knallgelbe Farbtupfer zwischen die helle Gerste und die grünen Wiesen. Sie liefen über Wiesen einen Bach entlang, an dem ein paar Kühe und Esel grasten; ein Bulle fraß, an einem dicken Strick angpflockt, im exakten Radius die saftigen Grasbüschel ab. An einer besonders schönen Stelle, wo das Gras übersät war von Granitfindlingen, machten sie Halt, zogen Schuhe und Socken aus und suchten sich einen Stein zum Sitzen.

Sonja inspizierte ihre Füße, grub die Zehen in die kühle Wiese und fand, dass sie wieder öfter barfuß laufen sollte. Die Geschichten über diese Yogis machten ihr gute Laune. Egal, ob es tatsächlich möglich war oder nicht – allein die Vorstellung, durch die Lüfte zu fliegen, ohne sich um kleingeistige Probleme zu kümmern. Grenzen ausdehnen. Die Sicht weiten, jenseits selbst gebastelter oder von anderen erwarteten Verhaltensweisen. Wer ist das eigentlich, dachte sie, der solche Konventionen und Begrenzungen vorschreibt, wenn nicht ich selbst?

Farben des Herbstes

Erste Anzeichen des Herbstes waren nicht zu übersehen. Die silbernen Blätter der Pappeln verfärbten sich innerhalb kurzer Zeit in Gelb, Orange und in ein flammendes Rostrot. Für mich lag in diesen Farben ein Gefühl von Wehmut, der Abschied von dieser wunderbaren Freiheit des Umherstreifens, Abschied auch vom Überfluss dieser letzten Monate. Bald würden wir uns zurückziehen in eine kleine Welt, die, wenn der Schnee hoch lag, schon vor unserer Haustür endete.

Als der erste Herbststurm über das Hochtal fegte, erwischte er Rigzin und mich auf unserem Heimweg von den Bergen. Feiner Sandstaub pfiff von den Hängen und schmirgelte unsere Gesichter, sodass wir die Ellbogen vor Augen und Nase pressten und die Lippen fest verschlossen. Die Tiere hielten ihre Stirn gegen den Wind und schritten stoisch und mit gesenktem Kopf ihrem Stall entgegen. An diesem Abend, der Sturm hatte sich gelegt, kletterten Api und ich über die Leiter auf das Dach. Wir blickten über das Tal. Die trockenen Blätter der Pappeln und Weiden raschelten im milden Licht des Abends. Kühe muhten, Esel suchten auf den Feldern nach vergessenen Gerstenkörnern. Der Bach war schmal geworden.

Ruhig legte Api die Hand auf meine Schulter. Es berührte mich tief im Herzen, als ich Apis Blick folgte, der zufrieden auf dem gut bestückten Dach ruhte. Seit

Monaten hatten wir uns vorbereitet auf die kommende Zeit, hatten Vorräte gesammelt wie Murmeltiere, bevor sie sich zum Winterschlaf hinlegen. Gras, Brennholz, Zweige und Äste, einfach alles, was die Natur uns Menschen zum Nutzen schenkte, war hier sortiert und aufgeschichtet. Davon würden wir in den nächsten Monaten zehren.

»Wir brauchen zwei neue Decken«, stellte Vater am selben Abend fest, nachdem er unsere fadenscheinigen Zudecken im Licht der Kerosinlampe gründlich inspiziert hatte. »Die Löcher sind zu groß, um sie zu stopfen.« Er holte seine lange schmale Spindel aus der Kiste, und ein Nachbar, der gerade zu Besuch bei uns war, bekam eine zweite. So saßen die beiden Männer da, plauderten und tranken, während die Wollfäden über ihre Spindeln flogen. Als der Nachbar seinen Heimweg antrat, lagen vier fest gewickelte Wollknäuel in Grau und Weiß auf dem Tisch, ausreichend für die erste Hälfte einer Decke.

Zwei Tage später stellte Vater im Garten seinen Webstuhl auf, eine simple Konstruktion aus Holzlatten, Steinen und Stöcken. Dolma und ich mussten hin- und zurücklaufen und die Wollknäuel von einer Seite zur anderen ziehen, bis Vater mit der Breite des Geflechts zufrieden war. Dann entließ er uns und ließ das Schiffchen durch die Wollfäden sausen, Reihe um Reihe webte er den Stoff, zuerst einfarbig, aber wenn er in Schwung war, kamen auch Muster dazu. Schwarzer Untergrund mit weißen Streifen oder akkurate Blockmuster in Schwarz und Weiß.

An dieses Bild erinnere ich mich gern: Wie mein Vater vor dem Webstuhl arbeitete, seine Texte murmelte und hin und wieder einen Schluck Buttertee schlürfte.

Der realen Zeit entrückt und hingegeben an sein Tun, arbeitete er nicht auf ein Ziel hin. Er webte einfach.

In diesen Tagen stattete uns auch der Amchi Meme seinen alljährlichen Besuch ab. Der Amchi Meme war Apis Lieblingsbruder, ich vermute, weil die beiden einander so ähnlich waren – dickköpfig und mit gütigem, weitem Herzen.

Von seinem Vater hatte er die Kunst des Heilens erlernt und genoss als Amchi landauf, landab einen respektablen Ruf. Außerdem war der Amchi Meme Geschäftsmann und betrieb mit den Nomaden im Hochland von Changtang einen regen Tauschhandel. Auf seinem Weg kehrte er immer bei uns ein.

»Meinst du, der Meme nimmt mich dieses Mal mit zu den Nomaden?«, fragte ich Api.

»Du musst den Meme selbst fragen«, entgegnete sie. »Warte an der Straße auf ihn und sieh zu, dass du währenddessen einen Korb Äpfel verkaufst.«

Als der erste Lastwagen anrollte, hielt ich dem Fahrerhäuschen ein paar Äpfel entgegen. Das Fahrzeug verringerte sein Tempo, ein schmächtiger Junge streckte den Kopf heraus und signalisierte mir, dass ich meine Äpfel zu ihm hinaufreichen solle. Diesen Trick kannte ich: Er würde meine Äpfel begutachten und sich die besten aussuchen. Oder schlimmer noch, den ganzen Korb in die Kabine hochziehen und schnell weiterfahren. Allerdings kannte er meinen Trick nicht, und der war viel schlauer: Ich streckte ihm drei Äpfel hin, die in Ordnung waren, und schmuggelte zwei Stück mit Dellen dazwischen, genau nach Apis Anweisung.

Mein Korb war fast leer, als endlich der Amchi Meme in Sicht kam. Er hatte eine beeindruckende Karawane dabei. Vorneweg auf einem schwarzen Hengst saß stolz und aufrecht der Amchi Meme selbst. Wie viele alte Männer trug er sein Vorderhaupt glatt rasiert. Die Haare am Hinterkopf waren zu einem Pferdeschwanz gebunden und mit einem roten Wollband verflochten, das ihm bis zu den Schultern hinabreichte. Hinter Memes Hengst trotteten die Esel und Dzos mit schweren Säcken beladen.

Ich rannte Großonkel entgegen. Er zog mich zu sich hoch, rieb zur Begrüßung seine Stirn gegen meine und strich mir gutmütig über den Kopf. Da saß ich, glückselig an ihn gelehnt, und strengte mich an, ebenso aufrecht zu sitzen wie er.

»Nunu Norbu, du hast auf mich gewartet!« Er brachte ein dickes Stück Käse aus seiner Goncha hervor. »Ich wette, du hast Hunger.«

Ich nickte eifrig. Ich hatte praktisch immer Hunger. Der Käse war steinhart und salzig. Während ich an dem Brocken lutschte, platzte ich mit meinem Anliegen heraus, aber er tätschelte meinen Kopf.

»Warte noch, Junge, wenn du älter bist, nehme ich dich mit.«

Ich schluckte meine Enttäuschung hinunter und fragte den Meme nach seinen Erlebnissen der letzten Reise.

»Einmal, Nunu«, begann er bereitwillig – seine Erzählungen begannen immer mit »Einmal, Nunu«. Dann berichtete er von unglaublichen Begebenheiten aus den fernen Bergen jenseits unseres Tals. Von Murmeltieren, die groß waren wie Hunde, und von Rudeln schwarzer Wölfe, die eine ganze Schafherde gerissen hatten. Als wir im Dorf ankamen, hielt ich mein Käsestück absichtlich in die Höhe, damit die anderen neidisch würden.

Memes Säcke barsten von Äpfeln und getrockneten Aprikosen. »Unsere Ernte war gut. Dafür bekomme ich Wolle für mindestens zehn Gonchas, große Mengen frische Yakbutter und genügend Käse als Wintervorrat«, erzählte er. Was seine Familie nicht selbst benötigte, verkaufte er in der Nachbarschaft.

»Nunu, bring die Tiere zum Trinken, ich gehe inzwischen ins Haus. Bestimmt wartet meine Schwester schon.«

Die Nachricht von seiner Ankunft hatte sich schnell herumgesprochen, und als ich nach Hause zurückkehrte, war die Küche voll von Besuchern, die Memes Rat suchten. Mutter und Yangchen stampften kannenweise Buttertee, und Meme beteiligte sich mit seiner kräftigen dunklen Stimme lebhaft an der Unterhaltung, während er seinen Medizinbeutel auseinanderfaltete. Genau genommen war es ein großes Tuch aus Wolle, ehemals vielleicht hellgrün, jedoch changierte es nun in einer diffusen Mischung zwischen Grau und Schlammgrün. In diesem Tuch bewahrte Meme die harten würzig-herben Kügelchen auf, eine Mixtur aus Kräutern und Mineralien, die er seinen Patienten verabreichen würde. Diese Kugeln waren so hart, dass man sie zerstampfen und in Wasser einweichen musste, um sich nicht die Zähne an ihnen auszubeißen. Anschließend faltete er ein rotes Tuch auf, in dem lose Blätter zwischen zwei dicken Holzdeckeln eingewickelt waren. Das waren die heiligen Texte für den Medizin-Buddha.

»Ein Arzt muss liebende Güte und Mitgefühl kultivieren«, sagte der Amchi Meme immer. »Dies sind die beiden Voraussetzungen, um Menschen Heilung zu verschaffen. Die Kenntnisse der Anatomie und von Krankheiten kann jeder erlernen, der halbwegs intelligent ist. Doch erst seine innere Haltung von Mitgefühl und Liebe macht einen Arzt zum wahren Heiler.«

An diese Worte dachte ich, als ich unsere Nachbarn betrachtete, wie sie geduldig warteten, bis sie an der Reihe waren. Meme verstand den Puls zu lesen wie kein anderer. »Der Puls ist die Landkarte eines Menschen. Er beschreibt sein Gemüt, seine Organe, seinen gesamten Zustand. Du kannst ihn lesen wie ein Buch«, hatte er mir einmal erklärt. »Aber dazu braucht es einen ruhigen und ausgeglichenen Geist. In alter Zeit waren deshalb meist Mönche zum Amchi berufen.«

Es waren meditative Momente, wenn der Amchi Meme die Hand eines Patienten in seine rechte Hand nahm und drei Finger auf den Puls legte. So als stünde die Welt für einen Moment still, während Meme tief ins Innere dieses Menschen schaute. Dann blickte er wieder auf und gab seine Diagnose bekannt. Zu viel Feuer, zu wenig Luft, ein Übermaß an Erde, alles Krankheiten verursachende Zustände. Nun kramte er aus seinem Beutel ein paar Kügelchen, getrocknete Kräuter, was auch immer, heraus. Aber nicht nur Medizin gab er seinen Patienten, sondern auch Ratschläge, besonders zur Ernährung und zu alltäglichen Gewohnheiten, entsprechend seinem Prinzip: »Von allem nicht zu viel und nicht zu wenig. Nimm den Mittleren Weg. So hat es der Buddha gelehrt.«

An einen Mann erinnere ich mich besonders. Er klagte über einen schmerzhaften trockenen Husten, der ihn seit Monaten quäle. Meme genügte ein Blick auf seinen dürren Körper, dann holte er einen krümeligen graubraunen Klumpen hervor und verlangte nach Zündhölzern.

»Er macht ein Me, eine Feuerbehandlung«, flüsterte Api in die Runde. Allgemeines Nicken, jeder kannte diese schmerzhafte Prozedur.

Klaglos zog der Mann das Oberteil seiner Goncha bis zu den Hüften herab und entblößte seinen knochigen eingesunkenen Brustkorb.

»Die Feuerbehandlung hilft bei Kälte in der Brust«, erklärte Api mit wichtiger Miene, und wieder nickten die Zuschauer. Sie lächelten dem armen Mann aufmunternd zu und Vater holte eine Flasche Schnaps aus dem Vorratsraum.

»Nimm einen großen Schluck, Nachbar, oder auch mehrere, dann spürst du nichts mehr.«

Bevor der Patient allerdings nach der Flasche greifen konnte, zog Api sie ihm mit schnellem Griff weg. »Ich bin hier die Krankenschwester, die Narkose übernehme ich!« Das erste Glas verabreichte Api, während Amchi Meme die Kräuterpaste zu einer Pyramide knetete, weitere Gläser folgten, als er die Paste auf das Brustbein legte und entzündete. Bald züngelte ein grauer Rauchfaden hoch und verströmte einen süßlichen Geruch nach Verkohltem. Der Mann verzog das Gesicht, gab aber keinen Laut von sich. Erst als die Paste bis fast auf die Haut heruntergebrannt war, beendete Meme endlich die Behandlung. »Wenn der Husten nicht aufhört, muss er in ein paar Tagen ein weiteres Me machen. Sagt ihm das, wenn er wieder nüchtern ist!«, diktierte er den Zuschauern.

In diesem Durcheinander hatten wir nicht bemerkt, dass zwei neue Besucher gekommen waren. Mit einem Schlag wurde es sehr still. Alle schauten zur Tür, wo nun Angmo mit ihrer Mutter stand. Sie wagten es nicht, näherzutreten.

»Was steht ihr da, kommt endlich herein!«, unterbrach Api das Schweigen. »Yangchen, bring Gläser für unsere Gäste.«

Die Gläser für Besucher der niederen Schichten standen in unserem Schrank getrennt vom normalen Geschirr.

»Setzt euch doch, es gibt genug Plätze für alle, nicht wahr?« Api warf einen scharfen Blick in die Runde, und ich war stolz darauf, dass ihre Autorität bei niemandem auf Widerstand stieß.

Angmos Mutter war schon längere Zeit krank und mir war klar, Angmo hätte sie niemals hierhergebracht, wenn sie nicht dringend Hilfe benötigte. Doch dann erschrak ich über Angmo. Ihr ehemals so heiteres Gesicht bedeckte ein trüber Schleier, ihre Fröhlichkeit war verschwunden. Außerdem beachtete sie mich nicht. Als Angmos Mutter an der Reihe war, rückte ich nahe an den Amchi Meme heran, um nichts zu verpassen. Doch als der Amchi Meme die alte Frau gründlich untersucht, ihr Ratschläge und Medizin gegeben hatte und die beiden schon aufstehen wollten, wendete er sich zu meiner Überraschung noch einmal Angmo zu.

»Was ist mit dir, Tochter?«

Erschrocken wollte Angmo aufstehen, aber der Meme nahm sanft entschlossen Angmos Hand und tastete nach ihrem Puls, dem Spiegel ihres Inneren.

»Ehrwürdiger Amchi, ich bin nicht krank. Wir sind wegen Mutter hier«, flüsterte Angmo hastig.

Doch der Meme ließ sich nicht beirren. Ohne ihr Handgelenk loszulassen, flüsterte er zurück: »Liebes Kind, dein Lung, die Windenergie, gleicht einem galoppierenden Pferd. Du bist voller Sorge, und Angst verzehrt deine Kraft. Meditiere genug, damit dein Geist wieder klar wird. Und iss warme Thukpa mit sämigem Yakkäse, sie stärkt deine Körperkraft.« Diesen letzten Satz sagte Meme laut, damit die Umstehenden nur diese harmlose Empfehlung hören konnten.

Angmo schaute Meme bestürzt an, aber er lächelte. »Hier sind drei Pillen für das lange Leben.« Die Langlebenspillen bestanden aus wertvollen Mineralien und sogar Gold, und Meme vergab sie nur selten.

»Danke, ehrwürdiger Meme, vielen Dank, dass du Mutter geholfen hast«, murmelte sie und steckte schnell die Kügelchen ein, bevor die beiden zur Tür hinaushuschten.

Die Ereignisse der vergangenen Monate hatten mein bislang überschaubares Leben ins Wanken gebracht. Ich wusste nicht mehr, wie ich mich verhalten sollte, und noch schlimmer: Ich hatte Sehnsucht nach meiner Api. Sie könnte mir einen klugen Rat geben, Mut zusprechen und ihre Hand beruhigend auf meinen Kopf legen. In der Geborgenheit ihrer Nähe würde ich mich einrollen. Doch Tundup und ich hatten einander versprochen: Niemand durfte von dem Geheimnis erfahren, das bedeutete: nicht einmal Api. Zum ersten Mal sehnte ich den Winter herbei.

Bald schon zerrte der Oktoberwind die Blätter von den Bäumen, die Tiere rupften letzte harte Stoppeln aus der Erde. Als wir den Lastwagen nachwinkten, lag eine Spur von Wehmut in der Luft. Bald würde die Straße unter den Schneemassen verschwinden.

Zu den wertvollsten Hochzeitsgeschenken gehörte eine Wintergoncha. Für deren Herstellung musste man beizei-

ten anfangen, im Frühjahr schon, wenn die Schafe geschoren wurden. Zwei, vielleicht drei Tiere rasierten wir an
jedem Morgen und es sah lustig aus, wie sie nach dieser
Prozedur nackt und aufgeregt blökend ihrer Herde hinter-
hersprangen, damit sie den Anschluss nicht verpassten.

Am Ende hatten wir fünf Säcke voll mit Wolle, die
Vater im Vorratsraum an die Decke hängte, damit Mäuse
sie nicht für ihren Nestbau klauten.

Einer dieser Säcke aber stand immer in der Küche.
Wer Zeit und Lust hatte, nahm eine Handvoll Wolle heraus, strich sie zwischen zwei Bürsten und reinigte sie so
von Schmutz und Stroh. Nach dem folgenden Verspin-
nen und Weben der Wolle stand das Filzen an, schließlich
sollte die Goncha im Winter wärmen und keine Nässe
durchlassen. Für diesen anstrengenden Arbeitsgang breitete Mutter den Stoff auf einem großen glatten Stein aus,
und während ich gleichmäßig warmes Wasser darüber-
goss, trat sie mit ihren nackten Füßen langsam und gleichmäßig darauf herum, damit der Stoff sich verfestigte und
anfilzte. Das anschließende Färben gefiel mir besonders
gut. Wir hatten im Dorf als gemeinschaftliches Eigentum
Bottiche, die so groß waren, dass sie mir damals bis zum
Bauch reichten. Zwei dieser Bottiche trugen wir nun zur
Feuerstelle, und Mutter schickte Yangchen und mich zu
Onkel Sonams Laden, um Farbe zu kaufen.

»Onkel, wir brauchen Farbe für fünf Gonchas.«

»Oho, trefft ihr Vorbereitungen für das große Fest?«,
meinte der Onkel augenzwinkernd.

Meine Schwester überhörte den Satz und konzentrierte sich auf die Farbtüten, die er auf den Tisch ausgelegt hatte. Schließlich wählte sie einen zarten hellen
Rotton.

Als wir zurückkamen, war das Wasser im Bottich heiß. Mutter schüttete das Farbpulver hinein, und faszinniert betrachtete ich das Gemisch, wie es aufwallte. Während ich Dung nachschob, um das Feuer in Gang zu halten, ließ Mutter die Stoffbahnen vorsichtig in den Bottich mit der hellroten Flüssigkeit gleiten. Tauchte mithilfe zweier langer Stöcke den Stoff ein, zog ihn kräftig hoch und tauchte ihn wieder und wieder ein, bis jede Stelle die Farbe gleichmäßig angenommen hatte. So kam Bahn für Bahn an die Reihe, und am Ende breiteten wir den Stoff auf unserem Hausdach zum Trocknen aus. Yangchen und ich waren begeistert von der schönen Farbe; bald würde unsere ganze Familie mit neuen Mänteln in demselben Rot herumlaufen.

Eine Rolle Stoff aber blieb grau: Für meine neue Hose wollte Mutter, Hochzeit hin oder her, nicht unnötig Geld zum Färben ausgeben. Unter der Goncha getragen, würde sie ohnehin niemand sehen. Mich störte das nicht, zumal Mutter mir ein wundervolles Versprechen gab: Zu dem großen Fest sollte ich meinen ersten eigenen Hut bekommen!

Mandala aus Sand

In stiller Konzentration saßen die vier Mönche um das werdende Bild. Sonnenstrahlen durchfluteten den Raum und ließen in ihrem milden Licht Staubflocken tanzen. Irgendwo bellten Hunde. Hier im Tempel aber war es vollkommen still, man vernahm nur das Reiben von Metall auf Metall, wenn aus winzigen Öffnungen der schlanken Zylinder farbige Sandkörner rieselten. Hier entstand unter den Händen der Mönche ein kosmisches Gemälde, das alle Lehren Buddhas in sich vereinte. Aus feinsten Sandkörnern, modelliert mit unendlicher Geduld und akribischer Genauigkeit. Nach einer präzisen Vorlage, die keine Abweichung zuließ, fand ein jedes Korn, achtsam und präzise gelegt, seine ihm gemäße Position.

Das Abbild des Mandala-Palasts entstand hier, Wohnort der Götter, umgeben von Reinem Land. *Om Mani Padme Hung,* in stiller Hingabe an die Götter des Himmels und der Erde, deren Kraft mithilfe der Versenkung in den eigenen Geist floss. Herrscher über menschliche Schicksale, die alle gleich begannen und auf dieselbe Weise ihr Ende fanden.

Nach der Vollendung ihres Werks würden die Mönche eine feierliche Puja durchführen und Gebete rezitieren, bis das Ritual seinen Höhepunkt erreichte, wenn ein Mönch mit nur einer langen bedeutsamen Handbewegung über das Kunstwerk wischte. Muster und Farben vermischt. Ein Kunstwerk, in meisterlicher Perfektion erschaffen und doch nicht beständig. Das bunte Sandhäufchen würden die Mönche dem Wasser eines nahen Bachs übergeben.

Vergänglichkeit und Verwandlung. Was blieb?

Der unendliche Raum des Universums, in dem alle definierte Form sich auflöste und zurückkehrte zu ihrem Ursprung.

Und doch: Jeder Moment des Gestaltens war wichtig, jedes gelegte Sandkorn ein Ausdruck von Kreativität, hinstrebend zum Ganzen.

Während Sonja und ihre Gruppe still diesen geduldigen, ruhigen Bewegungen folgten, fiel ihr ein Gespräch mit Citta wieder ein. Sie hatten im Zimmer ihres Guest House gesessen, die Sonne schien durch die großen Fenster herein, unten trieben die Kinder alte Fahrradreifen mit einem Stöckchen den Weg entlang. Da fragte sie Citta, ob er an Wiedergeburt glaube, an ein Leben nach dem Tod. Es war ihre Zeit der drängenden Suche nach Antworten auf die existenziellen Fragen. Für Citta gab es nicht den geringsten Zweifel am ewigen Kreislauf der Wiedergeburten – mehr noch, er erinnerte sich sogar an seine eigene vorherige Existenz. Daran, dass er im Nachbarort, auf der anderen Seite des Indus, mit seiner Familie gelebt hatte. Als kleiner Junge konnte er, obwohl er noch nie in diesem Dorf gewesen war, sein früheres Haus beschreiben, und er drängte seinen Vater, mit ihm seine Familie dort zu besuchen, die Familie, der er in diesem Leben noch nie begegnet war.

»Wir liefen die Mani-Mauer entlang, die zu meinem früheren Anwesen hinführte«, erzählte er ihr an jenem

Nachmittag. »Ich entdeckte Steine, die ich damals selbst dort abgelegt hatte, auch jenen besonders schönen mit der roten Maserung. Stolz erklärte ich meinem Vater, welches Feld zu welcher Familie gehörte, und stellte zufrieden fest, dass unser Korn in diesem Sommer gut stand. Ich erkannte alte Freunde, auch eine Frau, die ihre Ziegen zum Wasser führte. Mein Herz klopfte bis zum Hals. Wir waren als Nachbarskinder zusammen aufgewachsen. Schon wollte ich ihren Namen rufen, aber freilich sah sie in mir nur einen fremden Jungen. Es war merkwürdig. Niemand erkannte mich. Es war, als liefe ich mit einer Maske vor dem Gesicht herum. Dabei war ich doch dieselbe Person, nur in einem anderen Körper.

Als wir unseren Hof erreichten, schlug der gelbe Hofhund an und zerrte an seiner Kette. ›Scho scho‹, rief ich ihm zu, wie ich immer gerufen hatte, um meinen Hund zu beruhigen. Doch dieser reagierte nicht auf meinen Ruf, er bellte sogar noch wütender. Ich wunderte mich über sein ungewöhnliches Verhalten, bis ich diesen kleinen braunen Fleck an seinem Hals entdeckte und begriff, dass er nicht mein Hund war. Deshalb gebärdete er sich so wild, wie das eben seine Pflicht war, wenn Fremde vor der Tür stehen.

Im selben Moment ging das kleine Fenster auf. Es war meine eigene Tochter, die den Kopf herausstreckte. Neben ihr erschien der Kopf eines kleinen Jungen, es musste ihr Enkel sein. War ich also noch einmal Urgroßvater geworden? Ein Impuls von Stolz überkam mich. Vater erklärte ihr im Ton größter Selbstverständlichkeit, worum es bei unserem Besuch ging. Dass ich der frühere Großvater dieses Hauses sei und einmal nach dem Rechten schauen wolle. Sofort wurden wir ins Haus geholt.

Beim Eintreten durch die schwere Holztür sagte ich zu Vater: ›Gib acht, der Balken ist sehr niedrig. Daran hab ich mir oft den Kopf angeschlagen.‹ In der Küche erkannte ich auf meinem Sitzplatz die Gebetsmühle, die ich immer in meiner Hand hatte kreisen lassen. Ihren abgeriebenen glatten Griff konnte ich förmlich spüren. Davor stand die Teetasse von Api, meiner Frau. Also hatte sie meine Stelle als Oberhaupt der Familie eingenommen. Recht so, genau so gehörte sich das, dachte ich noch, bevor ein heftiger Schwindelanfall mich überkam. Ein regelrechter Strudel drehte sich in meinem Kopf, in dem sich tausend Bilder in meiner Erinnerung aufrollten. Wie ich inmitten dieser Familie gelebt, drei Töchter und zwei Söhne gezeugt, mein ganzes Leben in diesem Haus verbracht hatte.

Wenig später kam Api herein. Alt war sie geworden. Es war ein Augenblick von Zärtlichkeit, als Api tief in meine Augen schaute; ich spürte, wie sie in mir ihren Mann erkannte, der ich einst gewesen bin. Auch ich konnte sie sehen, wie sie ein junges Mädchen gewesen war. Es war ein Moment des Erkennens, aus dem Leben, das wir gemeinsam in diesem Haus geführt hatten. Ich hörte auch, wie sie sagte: ›Geh zurück, wohin du jetzt gehörst. Alles ist gut, hörst du? Geh zurück!‹

Als ich meine Tochter betrachtete, überkam mich eine Sehnsucht, die so stark war, dass meine Brust schmerzte. Wie gern wäre ich ihr nahe gewesen, wie ein Vater seinem kleinen Mädchen.

Noch auf dem Weg zu meinem früheren Haus hatte ich mir vorgenommen, tausend Fragen zu stellen: über meine Familie, das Dorf. Nun bekam ich vor Schüchternheit den Mund nicht auf.

Die Erwachsenen waren alle glücklich, mich wiedergefunden zu haben, und tauschten Neuigkeiten aus den Dörfern aus. Während ich danebensaß und zuhörte, noch immer überwältigt von der Verwirrtheit in meiner Seele, begriff ich: Ich gehörte nicht mehr hierher. Ich brauchte mich nicht zu sorgen um die Ernte. Diese Familie war nicht mehr meine Welt. Ich wollte gehen!

›Komm bald wieder, wir werden ein Fest für dich ausrichten und dich von Kopf bis Fuß einkleiden‹, riefen sie zum Abschied, wie es bei solchen Gelegenheiten Brauch war. Aber ich kehrte nicht zurück. Nach diesem Besuch sprach ich nie wieder von meiner früheren Familie.

Aber, Sonja, an jenem Nachmittag begriff ich eine tiefe Wahrheit: Unser jetziges Dasein ist nur von kurzer Dauer, jede Wiedergeburt bringt uns in eine neue Situation. Obwohl ich an dieses vergangene Leben und meine Familie eine so klare Erinnerung hatte, musste ich nach meinem Tod weiterziehen. Ohne Aufregung und ohne Bedauern begriff ich mit der Intuition eines kleinen Jungen den beständigen Fluss, in dem unsere Existenzen sich, eine nach der anderen, aneinanderreihten. Wir dürfen an nichts festhalten.«

Sonja war kurz unsicher gewesen, ob sie Citta diese Geschichte glauben wollte. Sie kannte einerseits niemanden, der sich ohne eine professionelle spirituelle Rückführung an eine vermeintliche frühere Inkarnation erinnerte. Andererseits wollte sie Citta, gerade ihm, keinesfalls spirituelle Angeberei unterstellen. Manche Menschen konnten sich einfach zurückerinnern, wenn ihr Geist klar war. Die buddhistischen Geschichten waren voll davon, wusste sie. Dass Citta einer von ihnen sein sollte, beeindruckte sie tatsächlich. Sonja blickte in den

Hof hinunter, die Kinder spielten noch immer mit ihren Fahrradreifen. Alte Seelen, allesamt. Welche Reise wohl hinter ihnen lag?

Citta lächelte, als er ihren kritischen Blick auffing. »Ich bin nicht besonders! Eine solche Erinnerung wie ich haben auch andere Leute. Ich selbst kenne zwei. Manche Menschen sagen sogar zu Lebzeiten voraus, wo sie in ihrer nächsten Inkarnation sein werden«, fuhr Citta fort. »Der Vorgänger des Dalai Lama konnte nicht nur das Tal, sondern auch die blaue Farbe des Hausdachs und das Dorf beschreiben, in dem man seine Wiedergeburt finden würde. So ging einige Jahre nach seinem Tod eine Gruppe Mönche auf die Suche nach dem reinkarnierten Dalai Lama. Um kein Aufsehen zu erregen, verkleideten sie sich als Händler und reisten umher, bis sie jenes Dorf und auch das Haus mit dem blauen Dach entdeckten, das zu der Beschreibung passte. Tatsächlich lebte dort ein kleiner Junge mit seinen Eltern und Geschwistern. Die vermeintlichen Händler holten, nachdem die Familie sie zum Essen eingeladen hatte, scheinbar beiläufig mehrere Gegenstände aus ihren Taschen und breiteten sie vor sich aus. Neugierig kam der kleine Junge hinzu und intuitiv zog er genau jene Dinge heraus, die dem Dalai Lama gehört hatten. Schließlich erkannte er die Gäste als Mönche seines ehemaligen Klosters wieder. Es folgten weitere Überprüfungen, die der Junge mühelos bestand. Schließlich wurde er als die Wiedergeburt des Dalai Lama anerkannt.«

Citta nahm Sonjas Hand. »Wir brauchen keine Angst zu haben vor dem Tod. Nach unserem festen Glauben wird jeder Mensch, solange er nicht das Nirvana erlangt hat, nach seinem Tod in einem neuen Körper wiedergeboren. Die Art und Weise der Wiedergeburt hängt ab vom Karma, also von der Summe der Verdienste, die er in seinen vergangenen Existenzen angehäuft hat. Gute Taten führen zu einer guten Wiedergeburt als Mensch oder Lebewesen der positiven Sphären. Schlechte Taten führen zu einer Wiedergeburt in den niederen Daseinsbereichen, in der Hölle und bei den Hungergeistern. Ist das nicht ein Ansporn, in diesem Leben ein guter Mensch zu sein? Schließlich heißt es: ›Möchtest du wissen, welcher Mensch du im letzten Leben warst, so betrachte deine jetzige Lebenssituation. Um eine gute Wiedergeburt zu haben, gestalte jetzt dein Leben entsprechend. Nichts geht verloren, das ist ein kosmisches Gesetz.‹«

Kokon in Weiß

Längst waren auch die letzten Blätter von den Bäumen
gefallen. Das Land war kahl und verlassen, die Tage
unfreundlich und kalt. Eine dicke Wolkendecke verhängte
Sonne, Himmel und die Berge, und Mutter gelang es kaum
noch, unsere Küche warm zu halten. Wenn ich morgens
aufwachte, tief vergraben unter meiner Decke, hörte ich,
wie sie am Ofen hantierte, das Knistern, wenn sie in die Glut
pustete, bis dicke Rauchschwaden im Raum standen und
Api Hustenanfälle bekam. Sie hustete neuerdings häufig.

Als zusätzliche Wärmequelle hatten wir eine flache
offene Eisenschale, ein Buchari, in der getrockneter Dung
und Zweige verbrannt wurden. Sparsam verwendeten wir
das kostbare Material, der Vorrat musste möglichst lange
halten.

In manchen Wintern lag nur eine puderdünne Grau-
pelschicht über der Landschaft, in anderen Jahren versank
ich bis zu den Knien im Schnee. Dieser Winter wird viel
Schnee bringen, hatte Api im Herbst vorausgesagt, und
sie behielt wieder einmal recht. Bald schneite es ohne
Unterbrechung, bis ein dicker weißer Teppich sich über
unseren Garten, die Felder, das ganze Land gesenkt hatte.
Der Schnee schluckte die Geräusche, das Dorf lag da in
unwirklicher wattiger Stille. Nicht nur die Außenwelt war
in die Ferne gerückt, auch unsere Familie verschwand in
einem Kokon. Die erste Zeit in dieser Einsiedelei war wun-

dervoll. Tag um Tag verstrich, niemand hatte Eile. Jetzt war Zeit, in aller Ruhe die liegen gebliebenen Dinge zu erledigen. Die Frauen verspannen Schafwolle, während Vater und Tenzin sich die raue Ziegenwolle vornahmen. Man stopfte Gonchas und Decken, vernähte abgerissene Seile, drehte Schnüre aus dem Schwanzhaar von Yaks. Unterdessen spielten wir Kinder mit Steinen, lauschten dem Geplauder der Erwachsenen und kratzten mit den Fingernägeln Muster auf die vereisten Fensterscheiben. Wenn es dunkel wurde, bauten wir ein Schlaflager neben dem Ofen, der uns noch einen Rest Wärme spendete, eng zusammengerückt in Decken und Fellen. Meine Decke war aus Ziegenhaar, warm und dick, doch leider kratzten die langen Ziegenhaare, als wäre ich in einen Distelbusch gefallen. Da ich ohnehin auch beim Schlafen meine Goncha nicht ablegte, konnte ich das kratzende Teil leidlich ertragen. Apis Decke war zwar auch nicht weicher, dennoch kroch ich bald zu ihr hinüber, drückte meinen schmächtigen Körper gegen diesen rauen Mantel, in dem sie Jahr und Tag lebte. Api umgab ein sehr spezieller Geruch, es war eine Mischung aus säuerlicher Milch, süßer Erde, scharfem Dung, leicht ranziger Butter sowie dem beißenden Qualm aus dem Ofen. Dieser Geruch haftete an Apis Kleidung, auf ihrer Haut und in ihren Haaren, und da er nur äußerst selten durch Wasser oder gar Seife irritiert wurde, entfaltete sich dieser Duft in seinem ganzen wunderbaren Aroma. Meine Großmutter rollte uns in ihre Zudecke ein und wiegte mich mit ihrem Schnarchen in einen tiefen, geborgenen Schlaf.

Wenn es noch kälter wurde, zogen wir in das Erdgeschoss in unser Winter-Wohnzimmer. Der Raum befand sich direkt neben dem Tierstall und war deshalb ein klein wenig wärmer. Unsere Welt schrumpfte jetzt allerdings noch mehr zusammen, zumal dieses Winterzimmer nur ein kleines Fenster hatte und deshalb auch tagsüber düster war.

Api verlangte schon am Vormittag angewärmten Chang, dicken starken Winterchang, der sämiger war als der dünne, den wir im Sommer bei der Feldarbeit tranken. Gern mischte sie ihn mit Tsampa und Käsebrocken und schob auch mir kleine Stücke in den Mund. Vertraute Momente, die ich nutzte, sie um eine Geschichte anzubetteln.

Immer wollte ich die Geschichten vom legendären König Gesar hören. Dieser Gesar war sehr schlau, mutig und listig. Das Besondere aber waren seine übermenschlichen, ja magischen Fähigkeiten, mit denen er seine Heldentaten vollbrachte. »Hol mir zuerst die Flöhe aus dem Haar, Nunu«, antwortete Api, »dann bekommst du deine Geschichte.« Also inspizierte ich Apis Kopf und zerknackte die kleinen schwarzen Tierchen zwischen meinen Fingerspitzen, bis Api genug hatte. Dann begann sie mit dem Erzählen und bald folgte eine Geschichte auf die andere. So durfte ich an der Seite meines Helden Gesar gegen Geister, Dämonen und Feinde in Menschengestalt kämpfen.

In meiner Lieblingsgeschichte betrat zunächst Bunga Labsta die Bühne. Er war ebenfalls ein großer Krieger und ein Mitglied von König Gesars Familie. Das Besondere an Bunga Labsta war seine Haut, die aus Eisen bestand und ihn unverwundbar machte. Genauer gesagt, nahezu unverwundbar, denn eine verletzbare Stelle gab es an seinem Körper, und zwar seine Achselhöhle. Niemandem war es bis dahin gelungen, ihn an dieser verborgenen Stelle zu treffen. In der Geschichte bliesen die feindlichen Krieger wieder einmal zum Angriff, um das Königreich von Ling zu erobern. Doch sie ersannen eine List, um den scheinbar unbesiegbaren Bunga Labsta auszuschalten, indem sie ihm eine schöne Frau schickten. Diese hatte den Auftrag, Bunga Labsta zu verführen. Auf welche Weise es der Frau gelang, sich Zutritt in Bunga Labstas Gemach zu verschaffen und weshalb er schließlich seinen linken Arm in die Luft streckte, erzählte Api nicht. Jedenfalls flog in genau diesem Moment ein Pfeil durch das Fenster und durchbohrte seine Achselhöhle. Bunga Labsta sank wie erwartet zu Boden und die feindlichen Soldaten marschierten schon dem Schloss entgegen, als endlich König Gesar hinzukam. Es folgten die üblichen langen Kämpfe, bis sich die Gegner geschlagen gaben und abzogen. Wieder einmal hatte König Gesar sein Königreich gerettet.

In meiner Kindheit erzählten und sangen Großeltern ihre Enkel mit den Geschichten von König Gesar in den Schlaf. Wie hieß es doch: »Selbst an dem Tag, wenn Wildpferde zu verdorrtem Holz und weiße Schafherden zu Steinen werden, wenn Schneeberge verschwinden und Flüsse austrocknen, wenn Sterne am Himmel nicht mehr leuchten und die Sonne ihren Glanz verliert, wird die Geschichte des Königs Gesar weiterleben.« Leider wurde die Geschichte von der Wirklichkeit eingeholt, denn heute kennen nur noch wenige Kinder in Ladakh diese alten Heldensagen.

Die Körperhygiene beschränkten wir im Winter auf das Nötigste. Solange unser Hausbach nicht bis zum Boden gefroren war, stocherten wir Löcher in das Eis und trugen das Wasser in einem ausrangierten Benzinkanister nach Hause. Als der Bach ganz einfror, hackten wir Eis heraus und schmolzen es in alten Konservendosen auf dem Herd. Eine Dose für jedes Familienmitglied.

Gegen Mittag brachte ich meine Herde zum Fluss oder hoch zu der Quelle, wo ich damals Gonbo und Angmo gesehen hatte. Wenn alle Arbeiten erledigt waren, durfte ich endlich zu meinen Freunden. Schlitten fahren! Als Schlitten fungierte die Abdeckung einer alten Munitionskiste aus Armeebeständen. Sie war aus Blech und machte ordentlich Tempo, wenn wir die Bäche entlang oder auf der Straße in den breiten Reifenspuren von Lastwagen hinunterrasten. Auf Hängen zu rodeln hatte Mutter uns verboten aus Angst, wir könnten in einer Schneeverwehung versinken oder zwischen Felsspalten einbrechen.

An manchen Tagen war das Wetter richtig angenehm, und wenn die Sonne herauskam, wurde es über Mittag fast warm. Sobald die ersten Strahlen ins Winterzimmer fielen, öffneten wir unseren Kokon und setzten uns auf das Hausdach. Welch eine Glückseligkeit, Licht und Sonnenwärme auf der Haut zu spüren!

Doch je mehr der Winter fortschritt, umso karger wurde der Speiseplan. Seit Monaten zehrten wir nun schon vom Eingelagerten, holten Rettich, Kohlrabi, Karotten, Kartoffeln aus den Erdlöchern neben dem Haus, die als Vorratslager dienten. Irgendwann war jede runzelige Kartoffel, jede vertrocknete Zwiebel eine Köstlichkeit. Einen Korb mit Äpfeln bewahrte Mutter als Gabe für die Götter auf. Schon der Duft eines Apfels löste in diesen mageren Zeiten tiefe Glücksgefühle aus, aber wir durften den Korb nicht einmal berühren. Einmal jedoch, es war an einem Vollmondtag, nahm meine Mutter sieben Äpfel heraus und trug sie in unseren Haustempel als Gabe für den Buddha. Sieben rotwangige Äpfel! Mir lief das Wasser im Mund zusammen, als sie mit diesen Kostbarkeiten an mir vorüberlief. Nachdem Mutter weggegangen war, schlich ich in den Tempelraum, und da lagen diese Früchte hübsch vor dem Buddha auf dem Altar geschlichtet.

»Du hast immer die Vergänglichkeit aller Dinge gelehrt, nicht wahr?«, flüsterte ich dem Buddha zu und steckte flink zwei Äpfel ein. Am Abend zwinkerte Mutter mir zu. Sie hatte meinen kleinen Diebstahl bemerkt, der Buddha sicherlich ebenfalls. Aber keiner der beiden hat mich verraten.

Ungeduldig wartete ich auf Losar, das Neujahrsfest. Neun Tage lang würden wir Verwandte besuchen und sie zu uns einladen. Als es so weit war, hörten wir vom Morgen bis in die Nacht hinein das Trommeln von einem Ende des Dorfs zum anderen. Das liebte ich ganz besonders. Tundups Vater, der große Trommler, hatte jetzt eine wichtigere Rolle zu erfüllen als der kleine Trommler. Dieser begleitete ihn zwar tagsüber, Tundups Vater aber begann schon in der Nacht mit seinem Spiel. In diesen klaren kalten Winternächten erwachte ich von den bezaubernden Klängen und dem fernen Gesang und ich lauschte ihnen unter meiner warmen Decke. Api erklärte mir einmal: »Er trägt seine Gebete zu den Göttern, um sie zu erfreuen, damit sie zu seiner Musik tanzen.«

Sobald das erste fahle Morgenlicht am Horizont erschien, zogen beide Trommler zusammen mit dem Flötenspieler von Haus zu Haus; als Lohn erhielt jeder von ihnen einen Beutel Tsampa.

Ein Höhepunkt von Losar war eine Zeremonie, in der wir unseren Schutzgott, den Lha, um seine Hilfe auch für das kommende Jahr baten. Jede Familie hat ihren eigenen Lha, der ihre Felder und Häuser vor Unheil beschützen sollte. Da der erste Teil dieser Zeremonie Männersache war, liefen an diesem Tag Vater, Tenzin und ich den Hügel zum Wohnort unseres Lha hinauf. Dicke graue Wolken hingen am Himmel und der eisige Wind ließ noch mehr Schnee erwarten. Obwohl ich meine beiden Gonchas übereinander trug, fror ich bis auf die Knochen.

Unser Schutzgott wohnte ein Stück oberhalb, in Sichtweite unseres Hauses in einem viereckigen, rot angestrichenen Häufchen aus Steinen, dem Lhado. Auf der Spitze dieses Steinhäufchens steckte ein dickes Büschel Wacholderzweige, zwischen dem ein Gewirr von ausgebleichten und im Laufe der Zeit zerfledderten Gebetsfähnchen hing. Viele Hörner und Knochen von Ziegen waren auf dem Steinabsatz davor platziert. Zum Glück mussten wir unseren Schutzgöttern keine Blutopfer darbringen. Ich erinnere mich daran, dass ich als sehr kleiner Junge einmal zuschaute, wie Nachbarn einer Ziege die Kehle durchschnitten. Das Blut versprühten sie unter lauten Rufen, »soso lolo soso lolo, mögen die Götter hochleben«, anschließend auf dem Lhado. Als würde einer Gottheit so etwas gefallen!

Heute ging die Zeremonie ganz friedlich vonstatten. Um Kontakt mit unserem Schutzgott aufzunehmen, räucherten wir um den Steinhaufen herum mit glimmenden Wacholderzweigen. Sein herber Duft reinigt die Luft von negativen Kräften und ist zugleich Nahrung für unsichtbare Wesen. Übrigens pflanzten manche Bauern Wacholderbüsche speziell für dieses Ritual und zogen vor dem

Losarfest mit ihren Pferden und Yaks über die Dörfer und verkauften die Zweige teuer.

Anschließend hängten wir am Lhado weiße Kataks auf und stellten für unseren Schutzgott einen Krug Chang, gebratenes Fleisch und ein Stück Butter auf die Erde. Schließlich kamen auch die Frauen unserer Familie, Mutter, Api und meine Schwestern, dazu. Sie brachten Teppiche und Felle mit, auf die wir uns vor dem Lhado setzten, aßen und tranken.

Während meine Schwestern mit den Ziegenhörnern spielten, lief ich zu Rigzin ins Dorf. Der Lha seiner Familie hatte nämlich einen sehr besonderen Wohnort. Er lebte zusammen mit der Familie im Haus! Die Vorstellung, dass eine mächtige Gottheit unter demselben Dach weilte, hatte mich immer fasziniert. Außerdem hatte dieser Schutzgott die spezielle Eigenheit, dass er Rindfleisch verabscheute. Deshalb durfte kein Mitglied aus Rigzins Familie jemals Rindfleisch essen. Missachtete einer diese Regel, würde der Lha Rache nehmen. Er hatte die Macht, Krankheiten zu schicken, Tiere zu töten oder der Familie einen anderen Schicksalsschlag aufzuerlegen. Solche Fälle waren vorgekommen. Nur einmal im Jahr, nämlich an diesem Tag, durfte die Tür zum Lha geöffnet werden. Auf der Rückseite des großen Bauernhauses gab es einen Anbau, in dem Stroh, Ackergeräte und Kram lagerten. Daneben, in einem winzigen Raum, wohnte der Lha von Rigzins Familie.

Dunkelheit empfing mich, als ich nun durch die niedrige Holztür eintrat. Ein paar Butterlampen flackerten. Auf einer viereckigen Plattform erkannte ich ein Gestrüpp von Wacholderzweigen, an denen Kataks aufgehängt waren, und ein paar geheimnisvolle Gegenstände: mehrere Pfeile mit abgebrochenen Spitzen sowie ein

Häufchen Tierschädel, die im Laufe zahlloser Losarfeste diesem Schutzgott dargebracht worden waren. Ansonsten war der Raum leer. Die Szene erschien in dem trüben Licht unwirklich und magisch. Ich traute mich nicht, in dieser unglaublichen Stille einzuatmen, und spürte sehr deutlich, dass da eine unsichtbare Kraft oder eine starke Energie gegenwärtig war. Ich kann das schwer beschreiben. Jedenfalls rissen mich leider Rigzin und sein Vater aus dieser wunderbaren Trance.

»Du bist hier, Nunu Norbu? Es ist kalt hier drinnen.« Rigzins Vater stellte vor den Lha eine Schale mit Tsampa auf das Podest und arrangierte die Wacholderzweige. »Komm doch herüber ins Haus.«

Ich schüttelte den Kopf und ärgerte mich, dass der schöne Moment verpatzt war. »Ich wollte einfach mal vorbeischauen«, antwortete ich, noch immer benommen.

Rigzins Vater lachte. »Schon in Ordnung, Junge. Grüße deine Eltern und richte ihnen frohes Losar aus.«

»Komm, Norbu, wir laufen zur Straße, vielleicht sind ein paar Freunde dort«, mischte Rigzin sich ein.

»Wie ist das eigentlich für dich, mit dem Lha unter einem Dach zu wohnen?«, fragte ich ihn auf dem Weg.

Er schaute mich überrascht an. »Wie soll das schon sein? Ganz normal.«

In diesen Tagen besuchten uns manchmal Tsetan und seine Frau. Sie hatten keine Kinder und lebten eher schlecht als recht vom bescheidenen Ertrag ihrer winzigen Felder. Tsetan war ein einfältiger, doch heiterer Unterhalter, der mit Api darum wetteiferte, wer die besten Geschichten erzählen konnte. Wir riefen die beiden gern herein, wenn sie an unserem Haus vorbeikamen.

Es war auch dieses Mal kurzweilig gewesen, Tsetan und seine Frau waren längst gegangen, als Mutter eher zufällig noch einmal vor die Tür schaute.

»Die Pappel ist nicht mehr da!«, rief sie überrascht zu uns in die Küche herein.

»Das kann nicht sein!«, entgegnete mein Bruder Tenzin. »Ich hab den Stamm doch gestern erst abgesägt und in den Garten gelegt.«

»Sieh noch einmal nach, eine Pappel verschwindet nicht von selbst«, meinte Vater.

»Wenn ich es sage!«

Am nächsten Morgen schaute Vater sich die Sache genau an. Da war eine deutliche Schleifspur auf der Schneedecke. Vater folgte ihr, bis er direkt vor Tsetans Haus stand. Neben der Tür lag unsere Pappel! Vater kam auf der Stelle nach Hause, um mit uns die unangenehme Sache zu besprechen. Schließlich wollte er seinen Freund Tsetan nicht vor den Kopf stoßen.

»So ein Schwachkopf«, rief Api unwillig, »dieser Tsetan ist sogar zu dumm, eine Pappel zu klauen. Du machst jetzt Folgendes, Sohn«, befahl sie Vater, »schneide die Pappel in zwei Teile. Die eine Hälfte darf Tsetan behalten, die andere soll er uns zurückbringen. Und zwar auf der Stelle!«

Bald würde meine große Schwester nicht mehr bei uns wohnen, sondern in das Haus von Tsewang und seiner Familie ziehen. Dieser Gedanke stimmte mich traurig. Allerdings sehnte ich das Hochzeitsfest herbei, weil Mutter mir ja eine neue Goncha und sogar einen Hut versprochen hatte. Bis dahin hatte ich manchmal heimlich Apis Hut getragen, einen hohen schwarzen Zylinder aus glänzend weichem Samt, den sie für festliche Gelegenheiten aufbewahrte. Jetzt konnte ich es nicht erwarten, bis Mutter mich endlich zum Schneider schickte.

»Sag ihm, wir brauchen vier Gonchas für euch Kinder. Und du sollst deinen Hut bekommen!«

Eine Woche brauche er mindestens, bis mein Hut fertig sei, erklärte der Schneider kurz darauf. So lange! Ich rannte jeden folgenden Tag zu seinem Haus, wo der Schneider hinter der Nähmaschine zwischen Bergen von Stoffrollen, bunter chinesischer Seide und Samt saß und bettelte ihn an.

»Onkelchen, beeil dich und mach meinen Hut schnell. Die anderen Aufträge können doch warten.«

»Junge, du musst dich in Geduld üben«, entgegnete er jedes Mal. »Wie kommst du darauf, dass du wichtiger wärst als andere?«

»Onkelchen, bitte, bitte!«

»Geh jetzt, Nunu, und ärgere mich nicht!«

Ich aber ließ nicht locker und so stand am Abend des vierten Tages ein Hut neben dem Nähtisch. Mein Hut! Aus nachtblauem glänzendem Brokat, Bahn für Bahn ordentlich abgesteppt, die Innenseite war dick gefüttert mit einem weißen Schaffell. Als ich ihn auf meinen Kopf platzierte, rutschte er sacht über mein Gesicht.

»Deine Mutter hat mir ein Aufmaß gegeben, schließlich sollst du hineinwachsen«, erklärte er augenzwinkernd, während er den Hut auf meinen Hinterkopf zurückschob. »Stopf ihn mit einem Stück Stoff aus, dann passt er schon.«

Am selben Abend, wir saßen alle in der Küche, ich mit dem neuen Hut auf dem Kopf, erklärte Mutter: »Ich brauche ein hübsches Ziegenfell über den Rücken. Lang muss es sein, damit es mich gut wärmt. Schließlich werde ich älter und werde gewiss bald eine Api sein.« Sie schaute neckend zu Yangchen hinüber, die knallrot anlief. Alle Großmütter trugen solche Felle, und nun, fand Mutter, sei auch für sie die Zeit gekommen.

Api nickte. »Wie wahr, du gehörst auch bald zu den Alten. Soll Yangchen nur schnell Nachwuchs machen. Junge oder Mädchen, das ist egal, aber bring uns etwas Kleines ins Haus.« Mutter und Api kicherten und zogen Yangchen noch ein wenig auf, bis Api einfiel: »Vor vier Tagen ist uns doch eine Ziege verendet. Nunu, bring gleich das Fell zu Sonam Tundup hinüber.«

Sonam Tundup war unser bester Gerber. Freilich konnte jeder Mann im Dorf Leder gerben, es war eine denkbar einfache Arbeit. Doch der kauzige Sonam hatte genug Zeit und Geduld und deshalb brachten alle ihre Felle zu ihm. Heutzutage würde man Sonam Tundup ein wenig verrückt nennen, aber genau seine drollige Art und auch seine seltsamen Geschichten liebte ich. Wenn wir ihn zufällig trafen, fragte er immer: »Hast du ein wenig Kautabak für mich?« Kautabak kam aus Indien und war bei uns selten. Kaum jemand mochte das bitterscharfe Kraut, aber Sonam Tundup war richtiggehend süchtig danach. Es faszinierte mich, wie die Tiere ihm gehorchten, wenn er mit einem hohen, langgezogenen Pfiff jede Ziege und jede Kuh von den Hängen und aus den Talsenken herauslockte. Es schien, als hätte er nicht nur eine Verbindung zu den Seelen der Tiere, sondern auch zum Reich der Geister. »Heute habe ich deinen Opa auf der Sommerweide getroffen«, sagte er etwa. »Der arme Mann hatte Hunger. Ich habe ihm eine Handvoll von meinem Tsampa abgegeben.« Mein Opa war damals längst tot, doch solche profanen Tatsachen interessierten Sonam nicht.

Als ich an jenem Nachmittag mit dem Ziegenfell zu ihm kam, nickte er zufrieden über mein Angebot. »Mutter sagt, du bekommst viel Kautabak, viel Chang und ein wenig Tsampa.« Genau diese Reihenfolge war nach seinem Geschmack. »Als Vorschuss habe ich dir eine Prise Kautabak mitgebracht.«

Strahlend nahm er das Fellstück entgegen und begann gleich mit seiner Arbeit, brachte eine ordentliche Ladung Spucke auf das Leder und knetete es zwischen seinen Fingern. Er spuckte und rieb, spuckte, rieb und plauderte derweil von einer Hochzeit, auf der er mit seiner verstorbenen Tante getanzt hätte.

In den folgenden Tagen sah man Sonam Tundup durchs Dorf laufen, unser Ziegenfell über seiner Schulter, wobei er spuckte und rieb, bis er um die nächste Biegung verschwunden war.

Vater schrieb Einladungen, die in alle Richtungen versendet wurden, bis ins entlegene Nubratal und nach Mulbekh. Wir hatten Verwandtschaft im ganzen Land. Er teilte jedem von uns Aufgaben zu. Dolma und ich sollten für das Brennmaterial sorgen, also streiften wir tagelang umher und sammelten zahllose Körbe voll Reisig und Dung. Die Mitglieder des größeren Familienverbands, des Phaspun, waren für das Essen zuständig, und Tante Palmo würde sich um die Unterbringung der Gäste kümmern. Api sollte für die Unterhaltung sorgen, aber das musste nicht extra erwähnt werden.

Mutter kontrollierte ihr Kücheninventar, holte Teller, Löffel, Töpfe, Chang- und Teekannen aus dem Regal und stellte sie zur Seite. Schließlich sollte Yangchen mit einem vollständigen Hausstand in ihr künftiges Zuhause einziehen. Eines Tages dann lag Mutters Perak in der Küche. Ich hatte sie ihn nur selten tragen gesehen, immer war sie mir fremd und unnahbar erschienen mit diesem prachtvollen Kopfschmuck, den wertvollen Türkisen, Korallen und den silbernen Ornamenten. Der Perak war ihr ganzer Stolz. Nun saß sie still auf ihrem Platz, nähte eine lose Stoffecke und flickte neue Steine daran. Von ihrer Mutter geerbt, würde sie den Perak an ihre älteste Tochter weitergeben.

»Heute habe ich die Trommler für das Fest bestellt«, gab Vater unterdessen bekannt. »Tenzin, bring dem großen Trommler als Vorschuss das Fell eines Dzo, der kleine Trommler soll ein halbes Fell bekommen. Sie werden ihre Trommeln mehrmals neu bespannen müssen, schließlich wollen wir ordentlich feiern!« Die Augen meines Vaters glänzten.

Wenige Tage später ging es endlich los. Die ersten weitgereisten Gäste trafen ein und verwandelten unseren Hof mit ihren Decken, Gonchas und Jutesäcken bald in eine Art Nomadenlager.

Vater ließ vom muslimischen Metzger im Nachbardorf drei Ziegen und ein Schaf schlachten und stellte zwei Köche an. Während ein Koch für das Essen zuständig war, kümmerte sich der andere um die korrekte Verteilung von Chang, den die Nachbarschaft zubereitet hatte und der nun in riesigen bauchigen Tonkrügen im Vorratsraum lagerte. Hinter dem Haus hielten die Frauen aus dem Phaspun auf der riesigen Kochstelle von früh bis in die Nacht das Feuer in Gang. So vergnügten wir uns in den folgenden Tagen mit Essen, Trinken und Tanz. Yangchen ließ sich allerdings nicht sehen. Sie verbrachte, wie es die Tradition verlangte, die letzten Tage vor der Hochzeit bei ihren Freundinnen.

Auf dem großen Fest würde ich auch endlich Tundup wiedertreffen. Jedenfalls hoffte ich das, denn bei solchen Festlichkeiten waren immer die Familien der Trommler und des Flötenspielers eingeladen. Tundup hatte sich lange nicht mehr sehen lassen im Dorf, auch zu unseren Schlittenfahrten war er nicht erschienen; immer mehr war er zum Außenseiter geworden. Tundup war kein Hirtenjunge mehr, ebenso wenig aber gehörte er zu den Schulkindern. Gewiss würde er abseits der anderen Gäste bei den Musikanten sitzen. Angmo würde sicher auch kommen, und natürlich Gonbo, der zu unserer engsten Verwandtschaft zählte. Ich war gespannt, wie Gonbo und Angmo sich in der Öffentlichkeit unter den Augen vieler Menschen verhalten würden. Jedenfalls hätten Tundup und ich endlich wieder ein gemeinsames Thema. Allerdings musste ich mich gedulden, denn der Höhepunkt des Fests, an dem alle diese Personen zusammenkamen, würde erst Tage später im Haus des Bräutigams stattfinden.

Zunächst einmal, als Beginn der Hochzeitszeremonie, wurde meine Schwester mit allen Ehren von zu Hause abgeholt und zum Haus ihres künftigen Ehemannes gebracht. Schon am frühen Morgen lief ich zu Tsewangs Familie, um nichts zu verpassen. Es war ein sehr stattliches Haus und größer als unseres. Die Vorstellung, dass Yangchen bald hier und nicht mehr bei uns leben würde, machte mich ein wenig eifersüchtig. Die Truppe, die Yangchen an diesem eisig kalten Morgen abholen sollte, war schon versammelt, als ich außer Atem dort eintraf.

Da waren Tsewangs Vater, mehrere Onkel sowie Mitglieder des Phaspun, und natürlich Tundups Vater, der große Trommler. Und – ganz wichtig – die Njopas, die Tanztruppe. Die Njopas waren Freunde oder Nachbarn des Bräutigams und mussten gute Tänzer und Sänger sein, schließlich sollten sie in den folgenden zwei Tagen zusammen mit den Musikanten die Unterhaltung der Gäste bestreiten. Ein Njopa konnte heilige Mantren und Gebete an die Götter ebenso gut singen wie alte traditionelle Hochzeitslieder. Alle kamen sie auf die Prozession mit, nur nicht der Bräutigam. Er musste zu Hause sitzen und warten, bis man ihm seine Frau bringen würde.

Der Zug wurde von den Njopas angeführt. Sie trugen schwere Brokatmäntel und elegante spitze Hüte. Obwohl der Weg nicht weit war, dauerte es viele Stunden, denn an jedem Haus, vor dem ein Krug Chang stand, legten wir eine Pause ein. Dann folgte immer dasselbe Ritual: Der Vortänzer spritzte mit den Fingerspitzen ein paar Tropfen Chang für die Götter in die Luft, anschließend verteilte der Vater des Bräutigams eine Handvoll Geldmünzen an die Schar wartender Kinder, die sich lachend und kreischend darum balgten. Erst wenn der Krug leer getrunken und ein Lied gesungen war, durften wir weiterziehen. So tanzte und trank sich unsere Truppe voran, während der Geldregen immer großzügiger und die Stimmung ausgelassener wurde.

Als wir endlich an unserem Haus ankamen, war es bereits früher Abend. Die Frauen empfingen uns mit einem Begrüßungslied und wir nannten, ebenfalls mit Gesang, den Grund unseres Kommens, bevor wir über die Schwelle treten durften. Es folgten weitere Lieder, die beiden Trommler spielten unermüdlich, wir feierten und tanzten die ganze Nacht hindurch. Erst in der Morgendämmerung machte sich Tsewangs Vater auf den Weg, um Yangchen zu holen, die bei ihren Freundinnen in der Nachbarschaft auf diesen großen Moment wartete.

»Ich bin gekommen, meine Schwiegertochter abzuholen«, rief er ins Haus hinein. »Ich gebe euch fünf Rupien, schickt sie heraus.«

»Onkel, ist dir unsere Yangchen so wenig wert?« Die Freundinnen gaben sich empört. »Wenn du deine Schwiegertochter auslösen willst, musst du viel mehr geben.«

»Zehn Rupien!«

»Fünfzig!« Eine Weile ging das Spiel weiter, bis die Freundinnen mit der Summe zufrieden waren.

Endlich trat Yangchen aus der Tür. Sie sah prachtvoll aus in ihrem Umhang aus dunkelblauem Brokat und geschmückt mit schweren Halsketten aus Silber, Korallen und Türkisen. Auf dem Kopf trug sie den Perak. Scheu verbarg sie ihr Gesicht hinter beiden Händen, während sie in Begleitung ihres Schwiegervaters und der Freundinnen zu unserem Haus lief, wo die Küche noch immer voller Gäste war. Der große Moment des Abschieds war gekommen. Dieses Mal hatte meine Schwester wirklich ein schweres Herz. Als Erste nahm sie Mutter in ihre Arme.

»Vielen Dank, Mutter, für deine Milch«, stammelte Yangchen unter Tränen. »Ich dachte, ich würde niemals weggehen aus meinem Elternhaus. Nie wollte ich dich verlassen. Aber jetzt muss ich gehen und werde die Tochter von jemand anderem sein.«

Auch Mutter weinte und bald weinten sie alle, legten Yangchen Kataks um den Hals, bis sie kaum noch zu sehen war unter dem riesigen Berg von Schals.

Unterdessen notierte Tante Palmo penibel jedes Geschenk, das die Gäste mitgebracht hatten: einen Stapel Umschläge mit Geld, mehrere Paar Filzschuhe, Stoff für neue Gonchas und viel, viel Wolle. Schließlich wurden alle Geschenke auf die Esel gepackt, Yangchen kletterte auf ein besonders kräftiges Muli, über dessen Rücken eine neue bunt bestickte Satteldecke lag, und endlich war die Karawane bereit zum Abmarsch. Der Weg dauerte genauso lange wie am Tag zuvor, und es war fast dunkel, als wir am Haus des Bräutigams eintrafen.

Bevor Yangchen allerdings die Türschwelle übertreten durfte, hieß es, übel gesinnte Geister abzuschütteln, die sich womöglich an meine Schwester gehängt hatten, um sich Zutritt ins Haus zu verschaffen. Daher formte ein eigens dafür bestellter Mönch flink einige Torma, kleine Figuren aus Teig, und hielt sie über Yangchens Kopf, bevor er sie in einen Busch schleuderte. Dann war mein Vater an der Reihe: Er ergriff eine Tonschale, in der der Magen eines Schafs lag, und zertrümmerte alles auf einem Stein. Nun stand einer glücklichen Verbindung nichts mehr im Wege und die Brautleute wurden endlich zusammengeführt.

Yangchen wartete mit starrer Miene, als Tsewang ernst und würdevoll aus der Tür trat. Er kam mir vor wie ein Prinz mit seinem glänzenden Mantel und dem großen violetten Turban. Die beiden schauten einander mit keinem Blick an, als der Trupp sie zum Festplatz geleitete, der auf einem Feld neben dem Haus eingerichtet war. Die Gäste sangen und tanzten, und als neues Mitglied des Hauses durfte Yangchen die Tänze der Frauen anführen.

Wir Kinder stromerten herum, naschten von den zu Bergen aufgetürmten Süßigkeiten und hüpften zur

Musik. Währenddessen beobachtete ich Gonbo, der sich in Szene setzte und wie immer die Aufmerksamkeit auf sich zog. Ich sah, wie er Angmo zuzwinkerte, ganz unauffällig. Wahrscheinlich bemerkte nur ich es. Ich sah auch Angmo, wie sie zwischen ihrer Familie unter halbgeschlossenen Lidern nach Gonbo Ausschau hielt und ihre Blicke sich einen Moment aneinander festhielten. Die beiden waren noch immer zusammen. Ich spürte das! Wo war eigentlich Tundup? Ich hätte mit ihm tuscheln wollen, ein paar Leckerbissen aus der Küche stibitzen. Aber Tundup saß den ganzen Abend mit verschlossenem Gesicht bei seiner Familie und zeigte keinerlei Interesse an dem Geschehen um ihn herum. Nur rieb er hin und wieder mit den Fingerspitzen an seinem Ohrläppchen.

Träume der Jugend

Nie war Sonja krank geworden, solange sie mit einer Gruppe unterwegs war. Wenn überhaupt eine Reise sie anstrengte oder eine Grippe im Anzug war, hielt sie bis zu Hause durch. Dieses Mal hatte sie ihren Körper weniger unter Kontrolle.

Beim Abendessen zitterte sie am ganzen Leib, ihre Stirn glühte und klopfte vor Schmerzen. Selbst die bewährten Tabletten aus ihrer Hausapotheke brachten keine Linderung. Zum Glück zeigten alle Verständnis, dass sie nicht in den Gemeinschaftsraum kam, obwohl sie zuvor einen kleinen Vortrag über die Mandalas versprochen hatte. Man wünschte ihr gute Besserung und Herr Schneider fügte hinzu: »Ich hoffe doch, dass Sie bis morgen wieder fit sind. Schließlich brauchen wir Sie.«

»Mach dir keine Sorgen, Sonja«, sprang Heidrun ein. »Samten ist ein wunderbarer Reiseleiter. Falls es dir nicht besser geht, übernehme ich die Übersetzung für Herrn und Frau Schneider.«

Sonja nickte Heidrun dankbar zu und floh auf ihr Zimmer. Endlich allein. Das Zittern hörte nicht auf, selbst die schwere Überdecke, die sie im Schrank gefunden hatte, wärmte sie nicht. Sonja starrte an die Wand, sie dachte an ihre saubere, helle, freundliche Wohnung, an ihr Bett, die kuschelige Winterdecke aus Daunen. Ihre letzte nennenswerte Beziehung fiel ihr mit einem Mal ein und eine Sehnsucht überkam sie nach diesem Mann, den sie fast schon vergessen hatte. Er hätte ihr eine Wärmflasche unter die Bettdecke geschoben, Tee gekocht, sich neben sie ins Bett gelegt und ihr etwas vorgelesen. Wie er das immer gemacht hatte.

Am nächsten Morgen schaffte Sonja es kaum aufzustehen. Ihre Glieder waren schwer, der Kopf pochte noch immer unerträglich. Als sie in den Speiseraum kam, hatten die anderen das Frühstück schon fast beendet. Sonja gab bekannt, dass sie die Gruppe leider, leider nicht begleiten könne, und gern auf Heidruns, sie nickte ihr zu, gestriges Angebot zurückkommen würde.

Alle überschütteten sie mit wohlmeinenden Ratschlägen, Cornelia brachte homöopathische Kügelchen, und sogar Herr Schneider zeigte Anteilnahme. Knapp fasste Sonja das Tagesprogramm zusammen. Sie würden zum alten Königspalast von Stok fahren und dort das wirklich sehenswerte Museum besuchen. Besonders die Kronjuwelen müssten sie anschauen, ebenso die Sammlung alter Thangkas. Keinesfalls verpassen dürften sie das berühmte Schwert mit dem ominösen Knoten in seiner Klinge, von dem niemand wisse, wie er entstanden sei. Außerdem würde Samten alles Wichtige erklären.

Mit der wunderbaren Gewissheit, nun für mehrere Stunden Ruhe zu haben, ging Sonja auf ihr Zimmer zurück. Sie hörte gerade noch die Motoren der Taxis anspringen, bevor sie einschlief. Sie fiel in einen langen bleiernen Schlaf, und als sie viel später daraus erwachte, schmerzten ihre Gliedmaßen noch mehr. Sie trank heißes Wasser, das Ramu ihr mit einem sorgenvollen Blick brachte, er habe Madam bisher nie krank erlebt. »Madam

Sonja, ich bereite ein scharfes Omelette zu. Oder lieber Haferflocken mit Rosinen?«

»Danke, Ramu, nett von dir. Aber ich habe keinen Hunger. Alles, was ich jetzt brauche, ist Ruhe.«

Sie bezweifelte, dass Ramu dieses Bedürfnis verstehen konnte. Er zog vorsichtig die Zimmertür hinter sich zu mit dem Versprechen, bald wieder nach ihr zu schauen. Sonja lauschte, wie seine Schritte sich entfernten, und vergrub sich abermals tief in der Decke. Als Kind hatte sie das Kranksein geliebt und ausgekostet. Wie sie mit diesem ganz besonderen Gefühl von wohliger Erschöpfung auf dem Sofa lag, wie auf einer Insel, während draußen die Welt sich unbeirrt weiterdrehte in all ihrer Hektik. Von der Fürsorge ihrer Mutter umhüllt und in der genussvollen Gewissheit, dass es für sie in diesem Moment absolut nichts zu tun gab.

Heute war das ein wenig anders. Sie fühlte sich bald einsam, wenn sie krank war. Wie würde es später im Alter sein, als Single?

Gegen Mittag konnte Sonja etwas klarer denken. Sie stand auf, wickelte sich in eine Decke und setzte sich auf die Terrasse. Das Wetter zeigte sich seit zwei Tagen unbeständig, in der Nacht war in den Bergen Schnee gefallen. Die Luft kühlte ihre Wangen.

Sie versuchte, sich zu erinnern. Was war ihr eigentlich wichtig gewesen damals? Gereist war sie auf der Suche nach Sinn und Wahrheit, voller Begeisterung, die Welt nicht nur zu erkunden, vielmehr zu begreifen. Ein Studium der Soziologie hatte sie begonnen, weil zwischenmenschliche und gesellschaftliche Themen sie interessiert hatten, ohne Gedanken an eine spätere Karriere. Andere Träume waren dazugekommen: Ärztin wollte sie sein, aber auch Tiere retten in der afrikanischen Savanne, natürlich Kinder haben. Wahrscheinlich hatte es noch mehr Visionen gegeben, die ihr gerade nicht einfielen. Jedenfalls erschien ihr das vor ihr liegende Leben damals unendlich lang. Genug Zeit, um alle Träume zu verwirklichen.

Sonja zog die Decke enger um ihren Körper.

Die Erinnerungen rollten nun in einer Klarheit heran, die angesichts dieser transparenten reinen Luft, die sie soeben atmete, beim Anblick der majestätischen Berge kaum zu ertragen war. Das Leben, das sie hatte führen wollen. Träume, die auf ihre Erfüllung warteten. Aufbruchsstimmung damals, als alles möglich schien.

Tränen stiegen ihr in die Augen. Was war im Laufe dieser Jahre geschehen? Heute, so kam es ihr vor, machte sie bis auf wenige Ausnahmen keine wirklich neuen Erfahrungen mehr, betrachtete sie vielmehr die Dinge aus der Perspektive, wie sie bei ihren Kunden ankämen. Sie war darauf fixiert, das Programm zu erfüllen. Den nächsten Tag organisieren, Notfälle in den Griff bekommen, Spannungen in der Gruppe ausgleichen. Eine Routine, die im Laufe der Jahre lauwarm geworden war.

Wie lange hatte sie nicht gedacht, nicht gefühlt, nicht bewusst wahrgenommen, wie es ihr überhaupt ging?

Diese früheren Träume waren verflogen, das war längst klar. Beiseitegeschoben, weil das Leben eine andere Richtung genommen hatte, irgendwann versunken in Vergessenheit oder Unwichtigkeit. Diese Tatsache stellte sie ohne Bedauern fest. Ein Medizinstudium – allein die Vorstellung des Lernpensums schreckte sie ab; sie hatte mittlerweile Mühe, sich am ersten Tag die Namen aller Teilnehmer einer Reisegruppe zu merken. Tiere retten –

die Hitze würde sie nicht ertragen, wie sie überhaupt Hitze immer weniger vertrug. Die Kinderfrage war natürlich längst abgeschlossen. Mit Ende dreißig hatte sie einmal ernsthaft darüber nachgedacht, konnte sich aber nie vorstellen, mit anderen Müttern über Banalitäten plaudernd auf einer Spielplatzbank zu sitzen oder ganze Nächte am Bett ihres fiebernden Kindes zu durchwachen. Zugegeben, da waren Momente voller Sehnsucht, die Vorstellung, wie es wäre, einen anderen Menschen bedingungslos zu lieben, ohne Wenn und Aber. Aber es waren nur Gedanken gewesen, subtil genug, sie schnell zu verscheuchen und weiterzumachen in der Routine. Überhaupt, das Single-Dasein. Ist es das, was ich gewollt habe und was ich noch immer will?, grübelte sie jetzt. Oder habe ich mich arrangiert mit dem Alleinleben, aus Unfähigkeit oder mangelnder Bereitschaft, Kompromisse zu leben?

Das Klingeln ihres Handys holte sie aus ihren Gedanken. Es war Volker, ihr Chef. Notgedrungen hob sie ab.

»Sonja, ich hoffe, ich störe nicht. Ihr seid bestimmt unterwegs.«

Sonja brauchte einen Moment, ihren Kopf auf Gegenwart zu schalten. »Ich bin heute etwas erschöpft und im Hotel geblieben. Samten hat die Gruppe übernommen. Aber du weißt ja, er ist großartig, kein Problem also. Es geht mir schon besser.«

»Du klingst wirklich angeschlagen. Ich hoffe, nichts Ernstes.«

»Alles in Ordnung, Volker. Ich bin praktisch wieder auf den Beinen.« Sonja gab ihr Bestes, ihrer Stimme Schwung zu verleihen.

»Du weißt ja, einige Leute haben speziell wegen der deutschen Reiseleitung gebucht.« Ihr entging nicht der mahnende Unterton in seiner Stimme. Volker wollte von Kunden keine Beschwerden oder gar Schreiben mit Forderungen nach Schadensersatz bekommen. Das sagte er bei Teambesprechungen immer wieder.

»Aber eigentlich rufe ich aus einem anderen Grund an.«

»Was ist?« Sonja setzte sich umständlich auf und zog sich das Kissen in den Rücken.

»Ich bitte dich um einen Gefallen. Kannst du die Gruppe nach Vietnam übernehmen? Der Kollege ist kurzfristig ausgefallen. Komplizierte Fraktur am Sprunggelenk.« Sie hörte, wie er seufzte.

»Wann?«

»Übernächste Woche, am Samstag geht es los.«

Sonja rechnete kurz. »Das ist vier Tage nach meiner Rückkehr, Volker.« Sie spürte seine Anspannung am anderen Ende der Leitung.

»Ich weiß, das ist ein Notfall, Sonja!«

Vier Tage zu Hause, dann würde sie wieder aufbrechen zur nächsten Tour. Eigentlich kein Problem, sie hatte das häufig gemacht. Sie hätte Zeit, um ihre Kleidung zu waschen, den Koffer neu zu packen, achtundvierzig Stunden im Bett zu verbringen. Und vielleicht sogar für einen Abend mit einer Freundin und einer guten Flasche Rotwein. Bisher hatte sie für derlei Notfälle zuverlässig zur Verfügung gestanden. Sie war schließlich flexibel. Anschließend stand Tibet auf ihrem regulären Programm.

»Volker, dann hätte ich drei Reisen am Stück!«

»Ich weiß, das ist eine Zumutung. Aber ich finde so schnell niemanden, der für Vietnam so fit ist wie du.« Er ging natürlich davon aus, dass sie zusagte, hatte sie vermutlich schon im Terminplan eingetragen.

»Ich gebe dir bald Bescheid.«

»Was heißt das?« Er klang überrascht.

»Dass ich meinen Terminkalender befragen werde. Ich habe einige Termine zu Hause.«

»Natürlich, Sonja. Aber bitte lass mich nicht hängen. Und, ach ja, gute Besserung!«

Frühlingserwachen

Yangchens Zuhause war nun am anderen Ende des Dorfs. Sie besuchte uns manchmal, aber es war nicht mehr dasselbe. Meine große Schwester fehlte uns allen. Mutter kaufte neue Teller und Löffel, kein von Hand geklopftes Kupfergeschirr, sondern Edelstahl made in India.

Es war Frühling geworden. Der Schnee war geschmolzen, nur auf den oberen Hängen glitzerten noch vereinzelt Kristallflecken. Die Sonne hatte dem Gletscher ein schnurdünnes klares Rinnsal herausgekitzelt. So trafen sich die Nachbarn wieder am Bach und Vaters Kamm ging reihum wie eh und je.

Alle waren wir ausgehungert nach Frische, und die ersten grünen Blätter lockten uns hinaus. Mit Konservendosen in der Hand erforschten wir Falten und Senken, wo Pflanzen und Kräuter besonders üppig wuchsen, kurz: Wir sammelten alles uns genießbar erscheinende Grün. Am liebsten mochten wir die zarten, fein bitteren Blätter vom Löwenzahn. In der ganzen Umgebung unseres Dorfs schaffte es kein Löwenzahn bis zur Blüte! Eine andere besonders schmackhafte Blume lockte uns weit die Hänge hinauf: Kapra. Roh war Kapra unbekömmlich und bitter, doch fein gehackt und angebraten verwandelte es sich zu einem leckeren Gemüse. Wir wetteten, wer als Erster seine Dose voll hatte, und rannten nach Hause, um unseren Müttern stolz unsere Ernte zu überbringen.

Endlich begann auch wieder die Zeit, um mit den Tieren in die Berge zu gehen.

Vater bläute mir noch einmal alle wichtigen Dinge ein, die ich längst wusste: »Auf die Schafe kannst du dich verlassen. Sie sind dumm und einfältig, dafür brav und machen dir keinen Ärger. Du kannst sie mühelos kontrollieren. Die Ziegen dagegen! Es liegt in ihrem Charakter, dass sie immer Probleme bereiten. Eine Ziege trägt eine ewige Unzufriedenheit in sich. Wohin du sie auch bringst, garantiert läuft sie in die entgegengesetzte Richtung. Lass sie auf einer saftigen Wiese grasen, wird sie einen steilen Geröllhang hinaufrennen, wo du ihr nicht folgen kannst, oder in Felsspalten nach noch besserem Grünzeug suchen.«

»Sei wachsam wegen der Adler, Nunu«, mischte Mutter sich ein. »Sie kommen zurzeit noch weit ins Tal herunter. Dass dir nicht wieder dasselbe passiert!«

Damit spielte sie auf die Geschichte an, als der Adler eines meiner Zicklein geholt hatte. Ich hatte den Raubvogel zu spät bemerkt, erst als er über dem Himmel nahezu senkrecht auf die Erde zuhielt, direkt auf mein weißbraun geflecktes Zicklein zu, das etwas abseits von der Herde graste. Alles ging so schnell! Ich hörte, wie seine Schwingen vibrierten, als fege ein Windstoß durch das Gefieder. Mit seinen Klauen griff er das Tier, trug es ein Stück durch die Luft und ließ es zu Boden fallen, sodass sein Körper auf dem Gestein zerschellte. Mit einer engen Kehrtwendung drehte der Adler ab, stürzte seiner Beute hinterher und riss ganze Stücke aus deren Körper. Die Szene hatte mich noch lange in meinen Träumen verfolgt.

»Nörgle nicht immer an dem Jungen herum«, fuhr Api sie jetzt an, »er hat seine Lektion gelernt. Unser kleiner Norbu ist schließlich klug.«

»Alle herhören: Morgen ist Versammlung beim Serai. Hört, Nachbarn: Morgen früh ist Versammlung! Auf dem Platz beim Serai.«

In diesem Jahr war Rigzins Vater der Churpon, der Verwalter unserer dörflichen Wasservorräte. Jetzt lief er von Haus zu Haus und rief die Leute zusammen. Wie in jedem Frühjahr musste die Verteilung des Gletscherwassers auf den Feldern geregelt werden, die Kanäle sollten repariert und die beiden großen Wasserbecken oberhalb des Dorfs gereinigt werden.

Vor Jahrhunderten haben unsere Vorfahren ein perfektes Kanalsystem entwickelt, das bis heute funktioniert: Im Frühling, wenn das Gletscherwasser nur spärlich floss, wurde es in den beiden Becken gesammelt. Von dort gingen drei große Kanäle ab und verzweigten sich in immer kleinere Kanäle, die das kostbare Wasser schließlich zu den Feldern und in die Gärten führten. Reguliert wurde der Zufluss ganz einfach mit Ackersteinen, die in der Umgebung herumlagen.

Familien, die sich einen Kanal teilten, waren natürlich besonders eng miteinander verbunden. Sie beauftragten vor der Aussaat einen Mönch, damit er die Nagas, die Geister des Wassers und der Erde, um ihr Wohlwollen bat. Schließlich konnte Wasser unserer Muttererde nur dann Fruchtbarkeit bringen, wenn auch die Geister uns freundlich gesinnt waren. Von eher praktischer Natur war das gemeinsame Interesse an einer gerechten Verteilung. Vor allem im Frühjahr, wenn Wasser knapp war, für die Aussaat aber besonders dringend gebraucht wurde, beobachtete man sich gegenseitig mit gewissem Misstrauen. Es gab schlaue Füchse unter den Nachbarn, die heimlich im Schutz der Dunkelheit den Wasserfluss zu ihrem Feld umleiteten, obwohl sie nicht an der Reihe waren. Wie oft gab es deswegen Streitereien! Das halbe Dorf stand dann zusammen, alle redeten gleichzeitig, während der Churpon sich um Schlichtung bemühte. Die Gemüter kühlten gewöhnlich bald ab, schließlich brauchte man einander. Der Churpon also musste festlegen, welche Familie zu welchen Zeiten den Kanal öffnen durfte.

Bei dieser wichtigen Versammlung, die Rigzins Vater nun ankündigte, wollte ich dabei sein. Im Dorf hatten wir oft Versammlungen, denn Themen, die alle betrafen, wurden gemeinschaftlich diskutiert und entschieden. Die Teilnahme mindestens eines Familienmitglieds an solchen Versammlungen und den anfallenden Arbeiten war Pflicht. Wer nicht erschien, musste Geld in die Gemeinschaftskasse zahlen. Allerdings war dieser Obolus keine wirkliche Strafe, denn sobald die Kasse voll war, richteten wir damit ein Fest aus, an dem das ganze Dorf teilnahm.

Im Serai war es ruhig. Die Lehrer und der Arzt waren zu Hause bei ihren Familien, für die Karawanen hatte die Saison noch nicht begonnen, da die Pässe noch verschneit waren. Umso lebhafter ging es auf dem Versammlungsplatz zu. Alle hatten kleine Teppiche mitgebracht und auf dem Boden ausgebreitet und die Anzahl an Thermoskannen ließ vermuten, dass längere Diskussionen erwartet wurden.

»Julley, Nachbarn!« Mit seiner kraftvollen dunklen Stimme schaffte Rigzins Vater es mühelos, die Leute zur Ordnung zu rufen. »Ihr wisst, dass der Gletscher schon sein Wasser zu uns schickt. Es ist schneller warm geworden, als wir erwartet haben. Deshalb müssen wir gleich morgen mit unserer Arbeit anfangen. Zuerst reinigen wir die beiden Becken, anschließend kommen die Kanäle an die Reihe.«

Meine Freunde und ich beteiligten uns eifrig an der Diskussion, schließlich waren wir ständig draußen, wir kannten die undichten Stellen und wussten, wo Steine und Schlamm den Durchfluss blockierten. Bis Rigzins Vater wieder das Wort übernahm:

»Wie ihr seht, gibt es genug zu tun. Bringt möglichst viele Helfer mit und vergesst nicht Korb, Schaufel und Pickel.«

Die beiden Becken standen oberhalb des Dorfs und waren gesäumt von Flussweiden und einem Gestrüpp uralter, dickstämmiger Wildrosenbüsche, die bald weiß und rosafarben blühen würden. Der Winter hatte den Becken sichtlich zugesetzt, sie waren verkrustet von einer dicken harten Schlammschicht. Wir schufteten zwei Tage von morgens bis zum Abend mit Schaufeln und Pickeln, bis sie sauber waren. Drei weitere Tage dauerte es, um die Kanäle abzudichten und instand zu setzen.

Etwas so Bedeutendes wie die Aussaat konnte nur mit dem Wohlwollen unserer Feldgötter gelingen, und so begann dieser Tag mit einer Zeremonie, die ausgerechnet ich in diesem Jahr zu meinem großen Stolz anführen durfte.

»Nunu, du musst die Götter um eine gute Reifung der Körner bitten und dass wir eine reiche Ernte erhalten«, ermahnte Api mich, während Mutter noch schnell eine wässrige Paste aus Tsampa in mein Gesicht rieb.

Dann setzte sich unser Trupp zum Ma-shing in Bewegung, zum Mutterfeld. Es ist das größte Feld einer Familie und daher als Erstes an der Reihe. Mit einem Krug Chang und einer Schüssel Tsampa führte ich die Gruppe an, während Rigzin neben mir hertrabte und sein Bestes gab, mich mit Kaspereien aus meiner würdevollen Haltung zu bringen. Hin und wieder warfen wir eine Handvoll Tsampa in den Himmel zu den Feldgöttern und riefen: »Möge euch diese Gabe wohlschmecken.«

Mein Bruder hatte am Morgen den Holzpflug auf das Feld gebracht, vor den Vater nun unsere beiden schwarz-weißen Dzos spannte. Reihe um Reihe gruben sie tiefe Furchen in die dunkle feuchte Ackererde. Gefolgt von Onkel Angchuk, der mit jedem zweiten Schritt hinter seine Schulter griff, eine Handvoll Körner aus dem Sack auf seinem Rücken holte und in die Furchen streute. »Möge die Muttererde dich nähren.« Gefolgt von Tenzin, der die Furchen mit einem Rechen schloss. Zügig arbeiteten sie, denn die Krähen kreisten in großen Schwärmen wie schwarze Wolken über dem Feld, ihre lauernden Augen hatten längst entdeckt, wie die Körner auf die Erde fielen.

Auf Vaters Anweisung hin sollte ich mit meinen Freunden diese Räuber vertreiben, und nun durften wir unsere Steinschleudern benutzen, ohne von Api oder unserem Dorfmönch, dem Geshe Meme, Schelte zu befürchten.

Kurz vorher hatte Vater mir ein Messer geschenkt, auf das ich sehr stolz war. Es hing immer an meinem Gürtel, damit jeder es bewundern konnte; ein Tibeter hatte es meinem Vater geschenkt als Dank, weil wir ihm nach seiner Flucht aus Tibet in unserem Haus Unterschlupf gewährt hatten. Er wohnte einen Sommer bei uns und half auf dem Hof, bis er eines Tages verschwand. Manchmal zog ich vorsichtig meinen Zeigefinger über die lange Klinge und malte mir schaurige Geschichten aus, wozu er während seiner Flucht dieses Messer gebraucht hatte. Ich schnitzte gerade an einem Weidenzweig herum, als ich eine vertraute Stimme hörte: »Holen wir einen Vogel vom Himmel runter? Was meinst du?«

Ich fuhr herum und schaute direkt in die Augen von Tundup. In seiner rechten Hand wedelte er mit seiner Steinschleuder, während er mich mit trockenem Grinsen musterte. Er war wieder da, in seiner alten Goncha und mit der Stofftasche um die Schulter, in der er seine Utensilien auf die Sommerweide mitgebracht hatte. Tundups Gleichgültigkeit auf Yangchens Hochzeit hatte mich verwundert, und jetzt wusste ich nicht, ob ich ihn ignorieren sollte. Dabei klopfte mein Herz vor Freude.

»Na, wie ist es? Bist du dabei?«, wiederholte er.

»Lange nicht gesehen«, entgegnete ich lahm und ärgerte mich zugleich, weil mir kein besserer Satz eingefallen war.

»Ich bin zufällig in der Gegend.« Er hob einen Stein auf und brachte seine Schleuder in Stellung, die anderen Jungen machten es ihm nach und suchten ebenfalls nach Steinen. Tundup beachtete sie nicht einmal. Es war klar, dass zu diesem Wettkampf keiner antreten würde als er und ich. Das war immer so gewesen.

»Das muss ein richtiges Geräusch geben, wenn der Stein durch die Luft pfeift!«

Da war er wieder, dieser Stich in meinem Herzen. Wie sehr er mir fehlte. Ich nahm ebenfalls einen Stein auf und spannte den Riemen. Tundup positionierte seine Schleuder. Er war hochkonzentriert, kniff das rechte Auge zu, als eine Krähe über das Feld segelte und auf eine Handvoll Gerstenkörner zuhielt, die auf der Ackerkrume lagen. Tundup ließ los, der Stein flog durch die Luft.

Schwer fiel die Krähe zu Boden. Noch bevor ich geschossen hatte, ließ ich meine Schleuder sinken. Die anderen Jungen klopften Tundup anerkennend auf die Schulter.

»Was ist los, Norbu, schläfst du?«, grinste er mich an.

Es machte mir nichts aus, dass er schneller gewesen war. Rigzin spendierte eine Flasche Buttermilch und für eine wunderbare Stunde schien alles zu sein wie damals.

Weniger schön war das Entleeren der Latrinen, die am Ende eines Winters schier überquollen. Obwohl man die Exkremente nach jedem Toilettengang mit Erde bedeckte und sie keinen schlimmen Geruch absonderten, mochte ich die Arbeit nicht. Aber Schwänzen war natürlich nicht erlaubt. Die Erzeugnisse der Toiletten waren, gemischt mit dem Mist unserer Tiere, bester Dünger. So schaufelten wir durch die schmale Tür von der Rückseite unseres Toilettenhäuschens den Dung ins Freie, transportierten ihn auf Eseln zu den Feldern und schütteten das Ganze auf einen Haufen, der eine beträchtliche Größe haben konnte. Leider schätzten die frei laufenden Esel und Kühe diese Latrinenprodukte als Leckerbissen. So mussten wir Kinder davor Wache halten und die Exkremente vor den gefräßigen Tieren verteidigen, bis alles auf den Feldern ausgebracht war. Manchmal bestach ich kleine Kinder mit einem Bonbon, damit sie für mich die Stellung hielten.

Ein jährliches Ritual war auch das sogenannte Mantra-Sammeln vor dem Dorftempel. Dabei ging es darum, möglichst oft das *Om Mani Padme Hung* aufzusagen – Oh, du Juwel in der Lotosblüte. Dieses Sammeln von Mantren versprach mehrere Verdienste zugleich: Erstens sollten wir uns dabei an die Lehren von Buddha erinnern, zweitens sammelten wir karmische Verdienste an, und drittens unterstützten wir damit sogar das Wohl unseres Dorfs. Jeder musste sich nämlich unter Zuhilfenahme seiner Mala, der Gebetskette, die Zahl seiner gemurmelten Mantren merken und sie in eine Liste eintragen lassen. Am Ende wurde alles zusammengerechnet und auf einer handbetriebenen Druckerpresse das *Om Mani Padme Hung* entsprechend oft auf Endlospapier gedruckt. Heraus kam eine lange dicke Papierrolle mit gedrucktem Göttersegen. Sie wurde in einen hohlen Zylinder gesteckt und darin den anderen Gebetstrommeln an der Klostermauer hinzugefügt.

Ein weiterer, nicht zu unterschätzender Grund, an diesem Mantra-Sammeln teilzunehmen, war der gesellschaftliche Aspekt. Der Versammlungsplatz war dann bestens besucht, und keine Frage, dass Api und ich bei diesem Ereignis dabei waren. Hier trafen wir auch Tante Palmo, mit der Api gleich ins Plaudern kam, und bald sprachen sie über meinen schrecklichen Cousin Gonbo. Als ich hörte, wie sein Name fiel, nahm ich meine kleine Schwester Dolkar, auf die ich aufpassen sollte, auf den Arm und setzte mich zu den beiden.

»Hat der Astrologe schon einen Termin genannt?«, hörte ich Api fragen. Vermutlich spielte sie auf die geplante Hochzeit an.

Tante Palmo murmelte ein paar *Om Mani Padme Hung.* »Er hat immer neue Ausreden, warum er nicht heiraten kann. Einmal heißt es, wir sollten bis zum nächsten Winter warten. Dann wieder meint er, das Mädchen passe nicht zu ihm. Ich weiß wirklich nicht, was der Junge will. Die Eltern des Mädchens sind schon ungeduldig. Das alles ist wirklich peinlich.«

»Sie kommt aus einer guten Familie, man sollte sie nicht vor den Kopf stoßen.« Api schüttelte den Kopf. »Welche Flausen der Junge in seinem Kopf hat!«

»Oder in seinem Herzen«, überlegte Tante Palmo, »aber er redet ja nicht.«

Ich konzentrierte mich so aufs Lauschen, dass ich Dolkar vergaß, die ein Stück weggekrabbelt war und sich gerade mit ihren winzigen Händen Staub in den Mund stopfte. Während ich meine Schwester zurückholte, überlegte ich, ob Api und Tante Palmo etwa wussten, dass Gonbo und Angmo ein Liebespaar waren. Oder sprachen sie aus der Erfahrung ihrer eigenen Jugend?

Die Nachricht rauschte durch das Dorf wie ein Herbststurm: Der Dalai Lama kommt nach Ladakh! Der Dalai Lama!

»Verbrennt euch bloß nicht die Zunge. Wenn das mal stimmt!« Api hatte schon vieles erlebt, aber der Dalai Lama war noch nie in Ladakh gewesen.

»Doch, doch, Api, in Leh reden alle Leute darüber. Er wird im Sommer kommen«, erwiderte Vater. Er hatte die Nachricht schließlich aus der Stadt mitgebracht.

Ab diesem Tag überschlugen sich die Diskussionen. Man überlegte und plante. Wer sollte sich um die Felder kümmern, um die Tiere, um die Ernte? Alle waren unglaublich aufgeregt und insgeheim hoffte wohl jeder, dass ein Nachbar seine Tiere versorgen würde, während er selbst zum Dalai Lama ging. Allerdings war schnell klar, dass jeder reisen wollte, womit das Dorf praktisch unbewohnt wäre. Eine ungeheuerliche Vorstellung! Rigzins Vater berief den Ältestenrat auf dem Versammlungsplatz ein. Die Männer hatten vieles erlebt, aber dieses

Problem stellte sie vor neue Herausforderungen. Nach einigem Hin und Her stand der Beschluss: Aus jeder Familie musste wenigstens ein Mitglied zu Hause bleiben, um die nötigsten Aufgaben zu erledigen. Außerdem brauchte man nächtliche Patrouillen als Wache vor Wölfen, Schneeleoparden und Dieben. In unserer Familie fiel die Wahl auf meinen Bruder Tenzin, der erwartungsgemäß heftig protestierte. Aber dieses Mal blieb Vater hart, es gab niemand anderen als ihn. Wir anderen Geschwister waren zu jung für eine solche Verantwortung und meine Eltern sowie Api beanspruchten ihr Anrecht auf die Reise.

Ein anderes Problem blieb uns erspart, nämlich die Frage, wo man in dieser Zeit wohnen konnte. Der Dalai Lama würde seine Belehrungen in Choglamsar geben, das war ein tibetisches Flüchtlingsdorf in der Nähe von Leh. Dort sollten Militärzelte aufgebaut werden, in denen die Besucher übernachten konnten. Wir würden es komfortabler haben. Meine Api hatte nämlich eine Schwester in Choglamsar. Sie hatte als junge Frau in eine muslimische Familie eingeheiratet, und obwohl das Zusammenleben zwischen buddhistischen und muslimischen Ladakhis damals weitgehend unbelastet war, hatte es viel Gerede gegeben, weil sie die Gattin eines Muselman werden würde. Da dieser Muselman aber aus wohlhabenden Verhältnissen stammte und ihre Tochter, wie er beteuerte, aus ganzem Herzen liebte, hatten ihre Eltern der Verbindung schließlich zugestimmt. Bei der Muselman-Api würden wir also wohnen.

Am Tag vor unserer Abreise steckte Mutter unser Gepäck in ein paar Säcke. Für jeden eine Goncha, eine zweite Hose, Decken sowie Proviant für die Fahrt. Mit meinen

Eltern, Api, Dolma, der kleinen Dolkar und mir waren wir zu sechst. Yangchen hatte einen dicken Bauch und wollte mit ihrem Mann und den Schwiegereltern anreisen. Sie hoffte, dass das Baby nicht unterwegs kommen werde.

In der Nacht vor der Reise konnte ich vor Aufregung nicht schlafen. Noch bevor es hell wurde, stand ich am Bach und wusch gründlich mein Gesicht, meine Ohren und schrubbte sogar meinen Hals sauber.

Durch Vaters berufliche Kontakte durften wir auf einem Lastwagen seiner Straßenbau-Einheit mitfahren, und als wir auf die Ladefläche kletterten, die normalerweise mit Zementsäcken, Steinen und Eisenstangen befüllt war, saß da schon eine Traube Passagiere. Bereitwillig rückte man zusammen. In den folgenden Stunden fuhren wir durch Dörfer und Täler, die ich noch nie gesehen hatte. Ein mildes Lüftchen strich über mein Gesicht und am liebsten wäre ich immer weitergefahren, direkt bis nach Leh. Denn ehrlich gesagt interessierte der Dalai Lama mich nicht sonderlich. Ich wollte vor allem endlich die Hauptstadt sehen. Api hatte es mir fest versprochen. Als die Sonne hoch am Himmel stand und uns auf den Kopf brannte, hielt der Lastwagen an. Wir waren in Choglamsar angekommen.

»Es ist nur noch ein Stückchen, Api«, bettelte ich, »fahren wir nach Leh! Bitte!«

»Nicht jetzt, Nunu!«, erwiderte Api streng. »Wir richten uns erst bei meiner Schwester ein.« Sie zeigte auf ein großes frei stehendes Haus, das sich deutlich von den anderen unterschied. Es war das Haus von wohlhabenden Leuten.

»So große Glasfenster!« Mutter zeigte sich beeindruckt. »Glas ist teuer.«

»Sie haben es aus Srinagar mit dem Lastwagen kommen lassen«, erwiderte Api voller Stolz auf ihre Schwester. Wir trugen unsere Säcke über die Straße, als die Muselman-Api uns schon mit ausgebreiteten Armen entgegeneilte und jeden fest in ihre kräftigen Arme schloss. Im nächsten Moment platzierte sie uns in ein großes helles Zimmer auf dicke Teppiche, ein dunkelhäutiger Junge aus Indien servierte Tee mit Kondensmilch und auf einem zarten Porzellanteller Kekse. Die Muselman-Api war sehr rundlich, von gutmütiger Natur und ausgesprochen gesprächig. Kein Wunder, dass meine Großmutter ihre Schwester liebte!

Allerdings fingen die beiden bald, ich hatte kaum den ersten Teller Kekse geleert, einen Zank an, wie wir es noch häufiger erleben sollten. Die Muselman-Api wollte ihr nämlich mehr Tee eingießen, während meine Api schnell ihre Hand über die Tasse hielt, sodass sie sich fast die Haut verbrüht hätte.

»Genug jetzt mit deinem langweiligen Tee! Immer Tee Tee Tee!« Resolut zog Api eine Flasche Chang aus ihrem Beutel, woraufhin ihre Schwester leise, aber sehr aufgebracht auf sie einredete. Natürlich wusste Api genau, dass sie in einem muslimischen Haus keinen Chang trinken durfte. Sie hatte uns manchmal erzählt, dass ihre Familie ein solches ihrer Meinung nach unreligiöses Verhalten nicht dulden wollte. Api drohte mit vorzeitiger Abreise, was wiederum ihre Schwester in Aufregung versetzte. So drückte die Muselman-Api nun beide Augen zu, solange ihr Mann und ihre Söhne nicht in Sichtweite waren. Übrigens schlief ich in jener Nacht zum ersten Mal in einem großen weichen Bett unter bunten flauschigen Decken aus Synthetikfasern. Ein Glücksgefühl, das ich nie vergessen werde.

Weil der Dalai Lama erst in zwei Tagen eintreffen würde, fand Api die Gelegenheit für unseren Besuch in Leh gekommen. Der Sohn ihrer Schwester, Abdullah, besaß ein Ambassador-Taxi und bot Api und mir an, uns in die Stadt zu bringen. Vater hatte keine Lust mitzukommen und Mutter wollte bei Yangchen bleiben, die abends zuvor überraschend eingetroffen war. Soweit ich die flüsternden Frauen verstand, hatte Yangchen die Fahrerei nicht gut vertragen und wollte nun in dieser unangenehmen Situation bei Mutter sein. Meine Schwestern spielten ohnehin von morgens bis abends mit den Mädchen in der Nachbarschaft. Als ich neben Api auf dem Rücksitz von Abdullahs Taxi, tief eingesunken in die schwarzen Samtpolster, dem majestätisch über der Stadt thronenden Königspalast entgegenrollte, war mir übel vor Aufregung.

Zu meiner Überraschung bewegte Api sich in der Stadt genauso selbstverständlich wie in unserem Dorf und es war merkwürdig, sie in dieser mir fremden Umgebung zu erleben. Fest umgriff ich ihre Hand, als sie mich durch die engen verwinkelten Gassen führte. In den Geschäften gab es ein unvorstellbares Angebot an Kleidung, Geschirr und Schmuck. Außerdem zählte ich vier Metzgereien, die ihre Fleischwaren auf einer von Blut verschmierten klebrigen Holzplatte in der prallen Sonne ausgelegt hatten. Ich sah Gedärme, Klauen und Schädel von Kühen und Ziegen, über all dem schwirrten fette schwarze Fliegen.

In einem Laden entdeckte ich Stoffschuhe, wie Tundup sie trug, sogar in verschiedenen Farben. Wenn er wüsste, wie gewöhnlich seine tollen Schuhe hier in der Hauptstadt erschienen! Schließlich fand ich in einem winzigen Laden das allerschönste Spielzeug: Im Türrahmen hing an einer Schnur ein Ball. Es war ein roter Ball aus glänzendem Plastik mit weißen Kreisen. Ich bettelte Api an, aber sie blieb hart. Weder für Schuhe noch für diesen roten Ball würde sie Geld ausgeben. Ein Rundgang in der Stadt sei Belohnung genug, fand sie.

Die zahllosen Eindrücke überrollten und verwirrten mich bald. Dazu kam der Schmutz. Abfälle und Bratfett, von Restaurants auf die Straße geworfen, modriges Wasser in den Rinnsteinen und widerlicher Gestank aus Hinterhöfen.

Als wir endlich bei der Jora-Familie ankamen, hatte ich heftige Kopfschmerzen. Das Haus der Jora-Familie lag außerhalb der Stadt, wo es ruhig, fast schon ländlich war. Sie besaßen einen großen Gemüsegarten, einige Kühe, Schafe und Ziegen. Diskit Lhamo, die jüngste Tochter der Familie, war in meinem Alter; sie trug ihre Haare zu zwei Zöpfen geflochten und hatte ein lautes, ungebändigtes Lachen, das mir auf der Stelle gefiel. Wie jeden Abend sollte Diskit Lhamo die Milch in die Stadt zu ihren Stammkunden bringen. Da ich mich inzwischen halbwegs erholt hatte, durfte ich sie begleiten.

Diskit Lhamo stellte die Milchflaschen vorsichtig in ihren Korb, setzte ihn auf den Rücken und ich bot ihr an, den Korb zu übernehmen. Die meisten Kunden waren Beamte, die schließlich ihre Tage im Büro mit Teetrinken vertrödelten. Jetzt am Abend zeigte sich die Stadt viel freundlicher und ich bewunderte den Königspalast, wie er von einem rosafarbenen Abendlicht überstrahlt auf dem Hügel stand.

Während wir die Milchflaschen vor Haustüren abstellten, erzählte ich meiner neuen Freundin von der Sommerweide und von meinem besten Freund Tundup.

Ich stellte es so hin, als wäre zwischen Tundup und mir nie dieser Zwist passiert. Beeindruckt zeigte sich Diskit Lhamo von meiner Verantwortung für unsere Herde. In diesem Moment war ich unbeschreiblich stolz darauf, dass ich ein Hirtenjunge war. Sie wiederum erzählte, dass sie und ihre Geschwister in Leh zur Schule gingen. Nach ihrem Abschluss würde sie in Indien auf eine weiterführende Schule gehen. Wobei mit Indien immer das heiße Flachland unterhalb des Himalaya gemeint war. Ihre Eltern legten Wert darauf, dass alle ihre Kinder eine gute Ausbildung haben sollten.

Dieser Plan beeindruckte mich. Eine weiterführende Schule in Indien! Ich war begeistert, so ein Mädchen aus der Stadt zu kennen.

Am nächsten Tag ging ich mit Api noch einmal auf den Markt. Sie wollte für Yangchens Baby weiche Tücher einkaufen. »Schließlich werde ich bald meinen ersten Urenkel bekommen. Das Kind soll nicht immer in den Dung von Steinböcken pinkeln«, meinte sie zufrieden, während sie drei teure weiße Tücher aus Baumwolle einpackte. Außerdem kündigte sie geheimnisvoll an, dass wir jemanden besuchen würden, den auch ich kannte.

Es war Ani Sonam, jene junge Frau, die zusammen mit ihrer Tochter jeden Sommer in unser Dorf kam und bei der Ernte half. Hier in Leh nannte sie sich allerdings Ani Sonam Jolly. Sonam hatte, damit es moderner klang, ein englisches Jolly angehängt. So wurde sie das Fröhliche Fräulein Sonam. Vom Jora-Haus mussten wir ein ganzes Stück laufen, über den Markt bis unterhalb der Stadt. Schließlich bogen wir in eine kleine Seitenstraße ein. Es roch nach Urin. Das Haus war nicht nur von außen schäbig, sondern schaute auch drinnen unordentlich und schmuddelig aus. Als wir eintraten, waren noch zwei andere junge Frauen da, und mehrere Kinder sprangen herum, zwischen denen ich auch Ani Sonams Tochter erkannte. Ani Sonam stieß einen lauten Freudenschrei aus, fiel meiner Api in die Arme und platzierte uns dann auf eine der harten Matratzen, die auf schmalen Pritschen lagen und als Sitzgelegenheit dienten. Aus dem Radio dudelte Musik und bald kamen drei Männer herein. Sie setzten sich selbstverständlich dazu und die Frauen brachten ihnen Chang aus dem Nebenzimmer. Api fühlte sich hier an diesem merkwürdigen Ort offensichtlich wohl. Sie spielte mit den Männern Karten, trank mit ihnen und schien ganz vergessen zu haben, dass ich dabei war. Ich war schon neben Api auf der Matratze eingeschlafen, als endlich alle Gäste gingen und Ani Sonam Jolly uns hinausbegleitete. Api musste versprechen, sie bald wieder zu besuchen.

»Was macht Ani Sonam hier?«, fragte ich Api, während ich den tiefen Schlaglöchern auswich. »Das war ein merkwürdiges Haus, nicht wahr?«

Api überlegte eine Weile. »Nunu, das verstehst du noch nicht. Vergiss, dass du hier warst.« Ihr strenger Ton machte mir klar, dass ich nicht weiterfragen durfte. »Das nächste Mal, wenn Ani Sonam zu uns kommt, wirst du diesen Abend nicht erwähnen. Kein Wort zu deiner Mutter. Hast du verstanden?«, wiederholte sie nachdrücklich. Damit war das Thema erledigt.

»Natürlich, Api.« Ich war stolz, dass sie mich in ein weiteres ihrer Geheimnisse eingeweiht hatte.

Die Menschen kamen nach Choglamsar auf Pferden, Mulis, Yaks und in überfüllten Bussen und Lastwagen. Schnell breitete sich über der weiten Grasebene ein Teppich von Gerüchen, Farben und Geschäftigkeit aus. Für den Dalai Lama wurde an der Stirnseite ein Häuschen gebaut mit einer breiten Holztribüne davor. Der Dalai Lama war für uns immer eine heilige, nie erreichbare Instanz gewesen: ein Gottkönig. Manifestation von Avalokiteshvara mit seinen tausend Armen und dreizehn Köpfen, voller Mitgefühl für alle Lebewesen. Ein lebender Buddha. Nun war er also leibhaftig hier.

Ich hatte keine Vorstellung gehabt, dass es so viele Menschen auf der Erde gab.

Mutter schärfte uns ein: »Haltet einander immer fest und bleibt zusammen.«

So schlängelten wir uns Hand in Hand durch die Menge, bis wir eine freie Stelle fanden. Dann musste ich dringend auf die Toilette, aber da war weit und breit kein Ort, um auszutreten. Als ich es nicht mehr aushielt, entwischte ich, bevor Mutter es bemerkte, zwischen Decken und Menschen, immer weiter weg, bis ich ein Bäumchen abseits der Wiese fand. Es bot keinen Sichtschutz, aber ich hatte keine Wahl. In meiner Not stellte ich mich dahinter und verrichtete mein Geschäft. Wie mein Blick über diese Menschenmenge glitt, bekam ich Panik. Wie sollte ich hier meine Familie wiederfinden? Blind vor Angst stürzte ich geradewegs hinein, ich lief und lief, bis Mutter mich auffing und in ihre Arme schloss.

Als der Dalai Lama sein Podest bestieg, war er in so weiter Ferne, dass ich ihn nur als kleinen roten Punkt erkannte. Die Menschenwoge erhob sich wie auf ein geheimes Zauberwort. Auch Api, Mutter und mein Vater murmelten *Om Mani Padme Hung,* verrichteten ihre Verneigungen zum Dalai Lama hin, der uns über kratzende Lautsprecher begrüßte:

»Ich freue mich, hier in Ladakh zu sein, in diesem Land der größten Yogis und Gelehrten.« Weil er Tibetisch sprach, gab ein Übersetzer die Rede über Mikrofon auf Ladakhi an uns weiter. Trotzdem verstand ich von dem folgenden Vortrag kein Wort.

»Was erzählt der Dalai Lama da?«, murrte ich und machte es mir auf der Decke bequem. Die anfängliche Euphorie war schnell gewichen.

»Das ist ein klassischer Text aus den buddhistischen Sutren. Eine Belehrung von Shariputra«, erwiderte Api geduldig.

»Aber was soll mir das nützen, wenn ich nichts verstehe?«

»Es nützt dir sehr wohl. Allein die Anwesenheit des Dalai Lama ist ein Segen«, entgegnete Mutter und stellte sich ausnahmsweise auf Apis Seite.

Ich fand bald einige Jungen zum Spielen, sodass uns die Zeit nicht lang wurde. Die Menge richtete sich auf ihren Plätzen ein, man verneigte sich zum Dalai Lama hin, faltete die Hände, hörte zu, verneigte sich ein ums andere Mal, picknickte und plauderte.

In diesen Tagen spielte das Wetter verrückt. Es regnete ungewöhnlich heftig, sodass die Erde sich in ein Schlammbett verwandelte, der nahe Bach schwoll an zu einem Fluss, und schließlich zeigte sich als Höhepunkt, direkt über dem Sessel des Dalai Lama, ein prächtiger Regenbogen. Er spannte sich von einem Ufer des Indus bis zu den Bergen des Stok Kangri hinüber. Die Menschen erzählten später noch lange davon, wie dieser Glück verheißende Regenbogen prachtvoll über dem Sitz des Dalai Lama leuchtete.

Glück verheißend war auch, dass Yangchen in dieser Zeit ihr Baby bekam und dieses vom Dalai Lama persön-

lich seinen Segen und ein rotes Bändchen um sein Handgelenk erhielt.

Lebensspuren

Sonja nippte an ihrem Whisky, es war ihr dritter. Es war spät geworden. Lobsangs Mutter saß in einem komfortablen Armsessel und trug die neuen wollenen Schuhe, die ihr Sohn ihr vor Kurzem mitgebracht hatte. Eines der Hündchen schlief zusammengerollt auf ihrem Schoß. Erwartungsvoll schaute sie Sonja an.

»Das Päckchen dieses netten Mannes neulich, war das ein schönes Geschenk?«

»Mutter, du bist zu neugierig!«, tadelte Lobsang in englischer Sprache seine Mutter.

»Na hör mal, warum soll ich nicht fragen? Sonja ist meine Tochter, nicht wahr?« Sie tätschelte Sonjas Arm.

Sonja hatte bisher mit niemandem über Citta gesprochen. Jetzt sagte sie ausweichend: »Er ist ein früherer Freund von mir. Er hat ein Buch geschrieben, das war dieses Geschenk.« Dass dieser frühere Freund das Buch nur für sie, Sonja, geschrieben hatte, erwähnte sie nicht.

»Das ist doch schön«, antwortete Api.

»Ja, schon. Allerdings schreibt er über Dinge, die mich seitdem beschäftigen.«

Api streichelte den Hund und wartete, bis Sonja weitersprach.

»Schwierig, das jetzt zu beschreiben. Zusammengefasst sieht es so aus: Ich bin einundfünfzig Jahre alt. Damit habe ich rein statistisch noch etwa fünfunddreißig

Jahre vor mir. Meine nächsten zehn können noch sehr gute Jahre sein. Dann folgen zehn weitere Jahre, in denen sich das Alter möglicherweise mit allerlei Beschwerden zeigen wird. Was danach kommt, könnte äußerst unangenehm verlaufen. Im Übrigen machen sich bereits jetzt erste Veränderungen bemerkbar. Meine Augen werden schwächer, zum Lesen brauche ich seit Kurzem eine Brille. Außerdem entwickle ich eine Neigung zu Bluthochdruck.«

Mutter streichelte das Hündchen. »Das ist die Vergänglichkeit, Sonja. Die Essenz von Buddhas Lehre. Wenn du morgens in den Spiegel schaust, denkst du, du wärst dieselbe wie noch am Abend vorher, als du in den Spiegel geschaut hast. Das stimmt nicht. Wir verändern uns in jedem Augenblick. Ein ewiger Wandel.«

»Ich will gar nicht daran denken.«

»Sonja, mach dein Wissen um die Vergänglichkeit zu deinem Verbündeten. Es soll dich jeden Moment begleiten. So bleibst du achtsam und dankbar für jeden Tag, den das Karma dir schenkt.«

»Ich habe eine große Sehnsucht, diese guten Jahre bestmöglich zu gestalten. Nur wie?« Sie überlegte und fuhr dann fort: »Manchmal stelle ich mir vor, wie ich am Ende meines Lebens zurückschaue und den jetzigen Moment betrachte. Was wäre aus dieser Rückschau das Richtige zu tun?«

»Hör auf dein Gefühl und gib dir Zeit. Im rechten Moment wirst du es wissen.«

Die Amerika-pa kommen

»Hört mal! Die Amerika-pa kommen!«

Es war ein Tag im Frühling des Jahres 1974, als Onkel Angchuk auf unser Feld kam. Amerika-pa! Wie oft hatten wir über Amerika-pa, diese Menschen aus Amerika, gesprochen. Für uns war jeder, der aus dem Westen kam, weiße Haut und gelbe Haare hatte, ein Amerika-pa. Dabei war schon schwierig, sich ein solches Wesen überhaupt vorzustellen, allerdings war dies auch unwichtig. Einen Amerika-pa würde ich ohnehin niemals sehen. Das jedenfalls dachte ich bis zu jenem Vormittag, als ich mit Vater auf dem Ma-shing arbeitete.

»Dein Geist ist verwirrt, Onkel«, erwiderte Vater freundlich und legte die Schaufel zur Seite. »Bis jetzt sind nie Fremde zu uns gekommen!«

Onkel Angchuk war entrüstet. »Ich habe es in den Nachrichten gehört!«

Das überzeugte selbst meinen Vater. Nachrichten aus Onkel Angchuks Radio hatte noch keiner infrage gestellt.

»Die politische Lage mit Pakistan und China ist jetzt entspannt«, sagten sie, »unsere Gegend wurde als friedlich erklärt. Daher meint die Regierung in Delhi, dass Touristen jetzt ohne Gefahr kommen können.«

Auf diesen Schreck setzten sich Onkel Angchuk und Vater an den Feldrain und gossen Chang in ihre Becher, die sie in der Brusttasche ihrer Gonchas stets griffbereit hatten.

»Der Schnee auf dem Zoji-Pass ist schon geräumt. Das bedeutet, die Amerika-pa können jeden Moment eintreffen«, stellte mein Onkel sachlich fest, während Vater befand:

»Wir müssen die Amerika-pa gebührend empfangen, schließlich reisen sie von sehr weit an, sogar über ein Meer.«

Die beiden überlegten hin und her, doch bevor sie einen Entschluss fällen konnten, kam Onkel Angchuks Tochter Diskit.

»Mutter lässt ausrichten, du sollst heimkommen. Und zwar gleich!« Sie schlug einen strengen Ton an, der an ihre Mutter erinnerte. Diskit grinste mich an. »Komm mal wieder zu uns, Nunu Norbu.« Ich wusste, ich war ihr Lieblingscousin.

»Wenn Arbeit ansteht, ist kein einziger meiner Brüder da«, knurrte Onkel Angchuk gutmütig. Er trank seinen Becher leer und steckte ihn in seinen Mantel zurück.

Seit dieser Stunde erwartete unser Dorf die Amerika-pa.

Als die ersten Touristen bald darauf tatsächlich eintrafen, war trotzdem niemand darauf vorbereitet. Es war an einem Vormittag und ich hatte zwei Körbe überreife Aprikosen gesammelt. Die Früchte waren in der Nacht vom Baum gefallen, nun sollte ich sie ausbreiten, damit sie nicht matschig würden. Ich kletterte gerade mit dem vollen Korb auf das Hausdach und überlegte. Sollte ich sie auf den Strohballen ausbreiten oder wäre es besser, wenn ich das große Leintuch aus der Küche holte und die Früchte darauf zum Trocknen legte? Da war es: Ein seltsames Objekt kroch zielgenau auf unser Dorf zu. Es war ein sehr großer hellgelber Käfer. Ich kniff die Augen zusammen. Das Gefährt legte sich in eine Kurve, der

Motor sackte ab, wurde dunkler und ich fürchtete schon, er würde jeden Moment stehen bleiben, als er in der nächsten Geraden tapfer wieder Fahrt aufnahm.

Bis dahin hatte ich etliche majestätische Autos der Marke Ambassador, made in India, außerdem natürlich die bunten Lastwagen gesehen. Aber niemals war ein so knuffiges kleines Fahrzeug wie dieses zu uns heraufgekommen.

Mein Korb fiel zu Boden und ich sprintete zur Straße, wo schon viele Schaulustige versammelt waren.

»Es ist ein Tier, ein sehr, sehr großes Insekt«, stellte Rigzin fest. »Füttern wir es mit Getreide, dann fährt es schneller.«

»Unsinn, das ist ein Fahrzeug!«, widersprach ich. Rigzin war wirklich nicht sonderlich schlau.

»Ich werfe einen Stein darauf, dann sehen wir, was passiert«, beharrte er.

Diese Idee fand ich doch verlockend.

»Da kommt Mister Badar!« Tundup schubste mich an und zeigte auf den Dorflehrer, der uns entgegenschlenderte und mit einer lässigen Handbewegung zu dem Auto deutete.

»Hier sind sie, die Amerika-pa«, erklärte er mit wichtiger Stimme und zwirbelte seinen Schnurrbart zwischen den Fingern. »In Amerika fährt man solche Wagen.« Als wüsste er alles über Autos in Amerika! Mister Badar schnippte den Stummel seiner Zigarette zur Seite, während das Automobil herankroch, und noch bevor wir seine Insassen sehen konnten, schrien wir »Amerika-pa, Amerika-pa!« und rannten neben dem Käfer her. Als er bremste, kamen auch wir mit einem Schlag zum Stehen, und zwar genau vor dem Teashop von Tante Dolma.

Wir wichen auseinander, als die Autotüren geöffnet wurden. Zwei Gestalten stiegen aus. Der eine trug seine Haare noch länger als Vater, allerdings waren diese Haare tatsächlich gelb, heute würde ich sagen hellbraun. Wirr hingen sie über seine Schultern, sogar sein Gesicht war von Haaren umwuchert.

»Ein sehr wilder Mensch«, raunte Rigzin mir zu, als der nächste Schreck mir nun endgültig die Sprache verschlug.

Die andere Person, die jetzt ausstieg, war eine Frau, das erkannte ich sofort. Allerdings war diese Frau so entblößt, wie ich noch nie eine Frau gesehen hatte. Nicht Api, nicht Mutter, selbst mein Vater würde sich am Bach beim Waschen niemals so unbedeckt zeigen. Diese Frau aber hatte ebenfalls langes offenes Haar und trug eine sehr kurze Hose und ein Oberteil, das nur knapp ihren Körper bedeckte. Ich starrte sie an und spürte im selben Augenblick, dass ich wegschauen müsste, als beobachte ich soeben etwas Unerlaubtes.

Vorsichtig hob ich meine Augen. In diesem Moment lächelte die Frau uns an, sie winkte uns sogar zu – so lange, bis ich endlich Mut fasste und zu ihr zurückwinkte. Dann sagte sie zu unserer allgemeinen Überraschung:

»Julley! Julley!«

Nun lachten wir erleichtert. Wir alle fingen an zu reden und jedem fiel eine andere Merkwürdigkeit bei diesen seltsamen Gelbköpfen auf.

Am wenigsten überrascht war ich übrigens von ihrer Hautfarbe. Unter Weiß hatte ich mir ein richtiges Weiß vorgestellt, etwa ein frisch gekalktes Haus. Tatsächlich aber war ihre Haut nicht heller als die mancher Ladakhis. Gelbe Haare hatten wir allerdings noch nie gesehen und deshalb hießen die Ausländer seit dieser ersten Begegnung Goserpo, Gelbköpfe.

Rigzin, der sich – ebenso wie ich – von seinem ersten Schreck erholt hatte, kam mit einem neuen Vorschlag. Dieses Mal schwang Mitgefühl in seiner Stimme: »Die arme Frau hat nichts anzuziehen. Wir müssen ihr etwas bringen, womöglich friert sie.«

Aber da beide Amerika-pa ständig lächelten und es ein warmer Tag war, entschieden wir, dass sie wohl doch nicht froren, sondern dass sie kein Geld mehr für Kleidung übrig gehabt hatten. Kein Wunder bei der weiten Anreise.

In den nächsten Minuten nahm Tante Dolma eine Bestellung entgegen, von der sie später unzählige Male berichten würde. Die Tante hatte natürlich längst vor ihrem Teashop Position bezogen und erwartete ihre ungewöhnliche Kundschaft.

Der männliche Gelbkopf führte seinen Daumen und Zeigefinger an den Mund. »Chai?«

Sofort nickte Tante Dolma voller Stolz. Er hatte das indische Wort für Tee gebraucht, Chai, das auch sie selbstverständlich kannte. Wir kicherten, während sie eifrig mit dem Ärmel ihrer Jacke die wacklige Holzbank abwischte, auf die sie ihre Gäste nun einlud.

Auf diesen Moment hatte Mister Badar gewartet. Würdevoll und sehr aufrecht trat er den Amerika-pa entgegen, die offensichtlich froh waren, dass es in dieser verlassenen Gegend einen Menschen gab, mit dem sie reden konnten. In dieser Stunde lauschte ich zum ersten Mal dem Klang der englischen Sprache. Wie Menschen aus verschiedenen Ländern der Welt auf diese Weise miteinander kommunizierten, faszinierte mich. Es schien, als würde die Frau Fragen stellen, die Herr Badar unglaublich ausführlich beantwortete. Er tat so, als gehörte ihm das ganze Dorf, was mich ärgerte, weil er ja kam und ging, wie er wollte, und sich nun so aufspielte. Der gelbhaarige Mann war sehr freundlich und ließ währenddessen die kleinen Kinder an seinen Haaren ziehen.

Rigzin und mir wurde doch bald langweilig und wir wollten diesen gelben Käfer genauer inspizieren. Auf der hinteren Sitzbank lagen Kleider, buntes Papier, Zigaretten und Kekse durcheinander.

»Es kippt ganz leicht um, pass auf.«

Rigzin drückte gegen eine Tür. Das Auto schaukelte nur leicht. Als er stärker gegen das Auto drückte, bewegte es sich ein klein wenig mehr. Schließlich stemmten wir uns gemeinsam dagegen und drückten dabei unsere nackten Füße in die Erde, bis Onkel Angchuk uns entdeckte und wegscheuchte.

An diesem Abend definierte ich für meine Zukunft drei Ziele. Ich wollte: die Schilder auf den Lastwagen lesen können, Englisch sprechen und die Welt hinter den hohen Pässen sehen.

Ich hatte keine Ahnung, wie ich das verwirklichen sollte. Allerdings war mir klar, dass ich mein Dorf verlassen musste, um die englische Sprache zu lernen. Erst wenn ich fließend Englisch beherrschte, würde ich nach Hause zurückkommen.

Der gelbe Käfer öffnete die Tür für westliche Besucher. Manche reisten mit einem großen Bus an, allerdings hielten sie nicht in unserem Dorf, sondern winkten uns durch schmutzig trübe Fenster zu; wir winkten vom Straßenrand zurück und bettelten um Bonbons und one pen. Andere kamen im Taxi, dessen Fahrer bei Tante Dolma süßen weißen Tee und ein großes Omelette bestellte, während seine ausländischen Passagiere vor dem Teashop herumstanden, die Berge genossen und erste Bekanntschaft mit uns Einheimischen machten.

Bald hängte ein Nachbar neben der Straße ein Schild »Camping« auf. Der Pfeil führte direkt in seinen Aprikosengarten. Hier standen jetzt immer kleine Zelte unter den Bäumen, manche Touristen hatten Luftmatratzen dabei und wir Kinder wetteiferten darum, wer sie am schnellten aufblasen konnte. Einige Gelbköpfe fotografierten uns und wir starrten auf den schwarzen Apparat, wenn ein Bild sich aus dem Schlitz auf der Vorderseite herausschob. So kam ich zum ersten Foto von mir. Mein Abbild zeigte einen zierlichen Jungen. Mondrundes Gesicht, kurz geschorene Haare, neugieriger Blick. Vater stellte das Foto in unsere Küche neben den Spiegel.

Die Touristen trugen eine Atmosphäre ins Dorf, die eine Sehnsucht in mir weckte. Woher kamen sie? Wie sah ihr Land aus? Welches Leben führten sie?

Eine Sache stand jedoch fest: Diese Gelbköpfe mussten reich sein, unglaublich reich. Wie sonst könnten sie von so weit her mit einem Flugzeug zu uns kommen?

Einmal bekamen Rigzin und ich von einem Taxifahrer einen, wie er geheimnisvoll sagte, Tipp unter Freunden:

»Jungs, ich verrate euch, wie ihr Kontakt zu ihnen bekommt. Seht ihr die Frau dort drüben? Geht einfach hin und sagt zu ihr: ›Won facking.‹«

Wir hatten natürlich keine Ahnung, was das bedeutete. Aber wir suchten Kontakt! Also übten wir die zwei Wörter immer wieder, probierten sie aus in verschiedenen Tonhöhen. Schließlich war ich so weit: Ich stellte mich vor die nett lächelnde Frau, holte tief Luft und dann sprach ich die magischen Wörter: »Won facking.«

Die Frau schaute überrascht, hielt fragend die Hand an ihr Ohr.

Geduldig und deutlich wiederholte ich die beiden Wörter, dann schrie sie:

»Yu gou! Gou awäi!« Mit einer wütenden Handbewegung jagte sie uns davon, als wären wir Diebe!

»Habe ich etwas Falsches gesagt?« Ich zitterte vor Schreck.

Rigzin zuckte die Schultern. »Keine Ahnung, wo das Problem war. Ich finde, du warst gut!«

Vorsichtshalber hielten wir uns allerdings für eine Weile vom Campingplatz fern.

Damals war Tante Dolma mein Maßstab in puncto englische Sprache. Oft saßen Amerika-pa auf der Bank vor ihrem Teashop, während wir aus angemessener Entfernung horchten, wie sie Unterhaltungen führte. Tante Dolma hatte uns nämlich verboten, ihren Kunden zu nahe zu kommen, seit ein kleiner Junge so heftig an den Haaren eines Amerika-pa gerupft hatte, dass dieser wütend in sein Auto gesprungen und weggefahren war, ohne zu bezahlen. Meiner Meinung nach sprach Tante Palmo fließend:

»bläck tii«,

»milk tii with or nou schugger«,

»omlett or boild egg«,

»yes«,

»no«,

»thank you«.

So wurde Tante Dolma bald zur angesehenen Frau im Dorf. Jeder wollte wissen, was sie mit den Amerika-pa gesprochen hatte, doch daraus machte sie ein großes Geheimnis. Die Amerika-pa waren ihr persönliches Privileg.

Von ihrer nächsten Reise aus Leh kehrte meine Api niedergeschlagen zurück. Während sie sonst vor Abenteuerlust sprühte, von Ereignissen in der Stadt berichtete und, um Vater zu ärgern, ausführlich von ihrem Besuch bei ihrer Freundin, der Hunde-Esserin, erzählte, kam dieses Mal kein Ton von ihr. Nicht einmal für mich hatte sie ein Wort übrig. So lange ich Api auch den Nacken kratzte, ihre Laune wurde nicht besser. Bis eine Cousine auf der Durchreise bei uns einkehrte. Die beiden alten Damen hatten ausreichend Chang getrunken und sich auf ihrem Nachtlager niedergelassen, als ich hörte, wie Api von einem Vorfall in Leh berichtete. Sie hatte besonders gute Preise für ihre Aprikosen bekommen: dreihundert Rupien, ein kleines Vermögen. Am Abend wollten die Händler ihre guten Geschäfte feiern, und natürlich ließ Api sich diesen Umtrunk nicht entgehen. Erst viel später bemerkte sie, dass ihr gesamtes Geld verschwunden war. »Dabei hatte ich es ganz tief in meiner Goncha versteckt!«, jammerte Api.

»Jemand hat es gestohlen oder du hast es verloren«, hörte ich die Cousine flüstern.

»Wenn ich das wüsste«, flüsterte Api zurück. »Ich erinnere mich nicht einmal daran, wie ich heimgekommen bin.«

»Api, du trinkst zu viel«, stellte die Cousine in strengem Ton fest, und dann begannen die beiden alten Frauen zu kichern. Sie konnten nicht mehr aufhören damit und bald lachten sie so laut, dass ich befürchtete, meine Schwestern würden davon aufwachen.

Mit dem Entschluss, das Dorf zu verlassen, wartete ich auf eine Gelegenheit für ein Gespräch mit meinem Vater.

Wie viele Familien besaßen auch wir in den Bergen, knapp unterhalb des Hausgletschers, eine Hochweide, die im Sommer von einem farbigen Teppich aus Blumen, Kräutern und sattgrünem Gras übersät war. Dort hinauf wurden im Frühling die Tiere gebracht, mit Ausnahme der alten, schwachen und der Jungtiere. Unsere Hütte bewirtschaftete Onkel Sonam, ein entfernter Verwandter von uns. Eines Tages schickte Onkel Sonam uns die Nachricht, wir müssten ein junges Kälbchen abholen, bevor ein Wolf, Schneeleopard oder Steinadler es erbeuten würde.

Zwischen unserem Haus und dieser Berghütte herrschte ein reger Austausch, immer gab es etwas hinaufzubringen oder mitzunehmen. Jungtiere wurden, sobald sie kräftig genug waren, auf die Hochweide geführt. Oder wir bekamen die Nachricht, dass frischer Käse fertig war. Selbst für Kuhfladen nahmen wir die lange Wegstrecke in Kauf, denn an der Hütte gab es kaum Platz zum Lagern. Besonders freute es mich, wenn ein Tier auf der Hochweide verendete, denn dann hatten wir viele Tage Fleisch zu essen.

Vater und ich brachen an diesem Morgen früh auf, bevor die Bäche, die wir überqueren mussten, sich in hüfthohe Gewässer verwandeln würden. Wir beluden die Esel mit Proviant für Onkel Sonam: Obst und Gemüse aus dem Garten, Tsampa, ein paar Flaschen Chang, Zigaretten und eine Flasche Rum. Es war noch dunkel, aber die kühle klare Luft ließ mich schnell munter werden. Schweigend liefen wir die Straße entlang, überquerten den Indus über eine Holzbrücke, die unsere Esel mit ihren zierlichen Hufen achtsam und vorsichtig betraten.

Ich hatte beschlossen, mein Anliegen erst auf dem Rückweg vorzutragen, um die Freude über diesen Ausflug nicht zu trüben, und genoss die Zeit mit Vater.

Als wir den Aufstieg geschafft hatten, machten wir Rast. Vater inspizierte die feste Schnur um seine Hüfte, die als Gürtel fungierte, prüfte, ob alle Dinge ordentlich daran hingen. Es war ein vollständiger Hausstand, den er unterwegs immer mitführte: ein Sortiment von Messern in unterschiedlichen Größen; Holzlöffel aus einem Pappelzweig; spitze Nägel aus Apfelholz, sollte bei der Feldarbeit eine Holzstange am Pflug abbrechen; ein Löffel aus Kupfer; Feuersteine; ein Lederbeutel mit von unserem Dorfschmied gefertigten Nadeln, der Größe nach sortiert; eine Steinschleuder aus den Haaren eines Yak; ein Fingerhut aus Leder zum Nähen von Gurten, Sätteln, Stoffen; eine Pinzette zum Auszupfen von Vaters Barthaaren; eine Handvoll Ziegenwolle, um im Bedarfsfall schnell eine Schnur zu spinnen; ein Stück Holz als Spindel zum Aufrollen jener Schnur aus Ziegenhaar; ein Zylinder aus Bronze, gefüllt mit Sand oder Steinchen, als Waffe.

Unsere Steinhütte stand zusammen mit einem Dutzend anderer Hütten in einer windgeschützten Senke und war eingerichtet mit dem Nötigsten, was ein Hirte benötigte: eine Feuerstelle, ein Brett mit je drei Tellern und Tassen, zwei Kochtöpfe, zwei Schlafmatten. Während Vater nach den Tieren schaute, half ich Onkel Sonam bei der Zubereitung von Joghurt. Er schüttete Milch in den großen eisernen Kochtopf, der über der Feuerstelle hing, und erhitzte sie, bis sie kochte. Anschließend füllte er die Milch in kleine Schalen aus Ton, goss etwas Joghurt vom Vortag dazu und bedeckte alles mit einem sauberen Tuch. Am nächsten Morgen würden wir frischen säuerlichen Joghurt haben. Den Joghurt vom Vortag stellte Onkel Sonam nun auf den Tisch und mit dem Brot, das wir von zu Hause mitgebracht hatten, und frischem

Käse genossen wir eine wunderbare Mahlzeit. Bis Onkel Sonam einfiel, dass er uns Butter mitschicken wollte, aber ich war so müde und bat Onkel Sonam, diese Arbeit auf den nächsten Morgen zu verschieben.

Als ich erwachte, rührte er schon in einem Tontopf den Joghurt vom Vortag mit einem Holzquirl. Jede feste Schicht Butter, die sich auf dem Joghurt bildete, schöpfte er ab, bis er ein großes Stück Butter hatte.

Ich war froh, dass Vater bald aufbrechen wollte. Sosehr ich die Hochweide auch liebte, dieses Mal wartete ich ungeduldig, bis wir endlich mit dem Kalb an der Schnur ins Tal zurückliefen und ich mit Vater sprechen konnte.

»Vater, ich bin schon groß und gehe noch immer nicht zur Schule. Ich will etwas lernen.« Ich hielt meinen Atem an und starrte auf die Erde.

»Nunu, hast du noch immer diesen Unsinn in deinem Kopf?«, antwortete er. Es war genau die Antwort, die ich immer gehört hatte. »Hast du nicht genug Arbeit?« Er blieb stehen und schaute mich an. »Kümmere dich um unsere Tiere, sammle Dung und gib acht, dass kein Steinadler ein Zicklein holt.« Freundlich sprach er, nicht so ungeduldig wie oft zu Hause. Aber was änderte es, das Ergebnis war doch dasselbe.

Tränen schossen mir in die Augen. Weshalb interessierte sich, außer Api, niemand für meine Sehnsüchte? War ich ihnen egal?

»Yangchen durfte zur Schule gehen, auch Dolma. Tenzin darf sogar einen großen Bus lenken. Das ist nicht gerecht!« Zornig stampfte ich mit dem Fuß auf.

»Still jetzt, Nunu! Es ist Zeit, dass du diese Flausen ablegst«, fuhr Vater mir über den Mund.

Natürlich glaubte Vater, dass ich nun schweigen würde. Immer hatte ich mein Temperament gegenüber den Eltern gezügelt, Respekt und Angst vor ihnen hatten mir den Mund verschlossen. Jetzt aber spürte ich, wie mein Körper steif wurde. Eine Wut kochte hoch gegen meinen Vater, wie ich sie nie zuvor empfunden hatte. Ich war überrascht, als ich meine eigene laute Stimme schreien hörte:

»Das sind keine Flausen! Ich will die Sprache der Amerika-pa lernen! Ob es dir gefällt oder nicht gefällt. Aber ich werde es schaffen. Du wirst sehen!«

»Wie sprichst du gegen deinen eigenen Vater!«

»Weil ich die Welt sehen will.« Ich hörte mein Herz rasen, als ich diese Worte aussprach. Seltsam, plötzlich hatte ich keine Angst mehr. Ich war sehr ruhig. Es war die Ruhe nach dem Sturm. Er musste meine Entschlossenheit gespürt haben, die mir eine innere Stärke gab. Er schaute mich an, überrascht von seinem eigenen Sohn, bis er schließlich sagte:

»Lass uns gehen!«

Den Rest des Wegs legten wir schweigend zurück. Vater lief mit schnellen Schritten vorneweg, während ich das Kälbchen an der Schnur hinter mir herzerrte, damit ich ihm folgen konnte. Zu Hause brachte ich das Jungtier in den Stall, versorgte es, und als ich die Treppe zur Küche hochstieg, hörte ich Vater, wie er von unserem Streit berichtete.

»Dieser Junge ist störrisch und eigensinnig. Er braucht eine harte Hand«, fasste er die Angelegenheit zusammen.

»Diese Amerika-pa machen alles noch schlimmer«, seufzte Mutter. Bis Api sich einmischte. Für sie war die Sache ganz einfach.

»Wenn der Junge unbedingt auf diese Schule will, lasst ihn gehen.«

Verschlungene Pfade

Sonja genoss die Ruhe im Hotelgarten und lehnte sich in ihrem Liegestuhl zurück. Sie hatte recht behalten mit ihrer ersten Einschätzung: Die Gruppe war wirklich angenehm. Günter stellte sich mit seinen Eskapaden nur noch selten in den Mittelpunkt; er bekam offensichtlich von Heidrun genügend Aufmerksamkeit, die sein Selbstwertgefühl nährte. Herr Schneider nahm die neu gewonnene Lebhaftigkeit seiner Frau billigend hin, ließ sich in kurzen Momenten sogar anstecken, allerdings überholten alte Muster ihn schon bald. Wiederum zum Missfallen von Frau Schneider, die ihren Mann dann stirnrunzelnd musterte. Die Volkers waren unerschütterlich in ihrer Gelassenheit und genossen es sichtlich, durch die Tage zu bummeln und zu staunen. Die unkonventionelle Jule ging zufrieden ihrer eigenen Wege, blühte von Tag zu Tag mehr auf und ließ keine Gelegenheit aus, Samtens Nähe zu suchen.

Einen kleinen Zwischenfall hatte es am Vormittag gegeben. Sie hatten eine Reifenpanne und Herr Schneider murrte, weil man nun wertvolle Zeit an dieser schmutzigen Straße vertrödelte. Samten rettete die Situation, indem er die Gruppe auf eine Wiese brachte, Kräuter zwischen den Fingern zerrieb und jedem unter die Nase hielt, während der Fahrer den Reifen wechselte.

Was war schon ein platter Reifen, dachte Sonja, erst seit wenigen Jahren fuhren auf dieser Strecke überhaupt

Autos. Vorher musste man zu dem Dorf laufen. Trotzdem, im Großen und Ganzen war die Stimmung entspannt, und eigentlich lief alles bestens.

»Störe ich dich?« Sonja fuhr zusammen, sie hatte nicht bemerkt, wie Heidrun gekommen war.

Heidrun nahm ihren breitkrempigen Sonnenhut ab und wedelte damit vor dem Gesicht. »Puh, diese Hitze, ich war gerade auf der Shanti Stupa, so viele Stufen!«

»Du störst keineswegs, möchtest du dich setzen?« Gerade Heidrun! Allerdings hatte Sonja schon eine ganze Weile ihre privaten Befindlichkeiten zu sehr in den Vordergrund gestellt. Dies hier war Arbeit. Höchste Zeit, sich um ihre Kunden zu kümmern.

Heidrun zog sich einen Korbsessel heran. »Der Blick von der Shanti Stupa auf die Berge ist faszinierend. Diese Weite hier, auch die Klöster. Ich liebe den Himalaya einfach!« Sie durchkämmte mit den Fingern ihr kurzes Haar und öffnete ihren Rucksack. »Schau mal, außerdem habe ich diesen Rosenquarz für meinen Mann gekauft. Ist er nicht wundervoll?«

Sonja nickte und begutachtete den Stein, als Heidrun fortfuhr: »Ich sehe hier viele großartige Menschen. Ich finde es so unterstützend, Leuten zu begegnen, die …«, sie überlegte einen Moment, »… die Herausforderungen gut bewältigen können!«

Sonja fragte sich, worauf Heidrun hinauswollte.

»Weißt du, Sonja, mein Mann interessiert sich überhaupt nicht für Kristalle. Er wird ihn mir zuliebe auf den Schreibtisch stellen, aber er hält das ganze esoterische Zeugs, so nennt er das, für Quatsch.« Heidrun wirkte mit einem Mal fast verletzlich.

Sonja schaute sie überrascht an. »Ihr seid sehr unterschiedlich«, stellte sie vorsichtig fest.

Heidrun nickte. »Mein Mann ist Manager bei einem aktiennotierten Unternehmen. Seine Welt dreht sich um Geld und Karriere.« Sie nahm einen Schluck von der Cola, die der Hotelboy hingestellt hatte. »Außerdem hat er andere Frauen.«

»Er betrügt dich?«

»So nennt man das wohl. Aber der Begriff Betrug ist nicht ganz richtig, schließlich verheimlicht er es nicht. Das geht schon lange so. Wir haben eine Abmachung: Ich begleite ihn bei seinen gesellschaftlichen Verpflichtungen, gebe ihm quasi seinen Rahmen. Dafür unternehme ich Reisen nach Asien, und einmal im Jahr mache ich eine Ayurvedakur.«

»Ich weiß nicht, ob ich das aushalten könnte.« Sonja war von Heidruns Offenheit überrascht und wunderte sich zugleich über ihre klare Haltung.

»Warum denn nicht? Ich lasse ihn, er lässt mich. Vielleicht zieht es mich deshalb immer wieder hierher. Begegnungen sind mir eine Inspiration, um meine Sichtweise auszuweiten.«

Sonja nickte. »Da fällt mir ein junger Mann ein, den ich vor vielen Jahren in Indien kennengelernt habe. Er hatte Lepra, seine Beine, Arme, alle Gliedmaßen waren nur kurze Stümpfe. Er bewegte sich auf einem einfachen Brett mit Rollen voran, das er mithilfe seiner Armstümpfe anschob. Ich traf ihn jeden Tag vor einem Tempel, wo er um Almosen bat. Aber er hatte dieses Strahlen in seinen Augen, wenn er die Passanten anschaute. Ohne Erwartung, ob jemand ihm eine Münze in die Schale einwarf oder nicht. Sein Blick kam aus einer reinen Seele, die eben in einem verkrüppelten Körper wohnte.«

Heidrun war still geworden. Dann sinnierte sie: »Der arme Mann. Und doch: Wie weit sind wir weg von diesem Zustand innerer Freiheit, unabhängig von Situationen und Bedingungen.«

»Deshalb denke ich oft an ihn. Er ist auch mir immer eine Inspiration«, fuhr Sonja fort.

»Du hattest gestern recht, als du sagtest: Wir schauen immer durch den Filter unserer begrenzten Wahrnehmung.«

Sonja nickte. »Möglicherweise hatte er überhaupt keinen Filter mehr. Erleuchtete Menschen kommen manchmal als Bettler, um uns einen Spiegel vorzuhalten.«

»Interessant. Es heißt ja, im Zustand der Erleuchtung ist die gewöhnliche Sichtweise aufgelöst«, überlegte Heidrun.

Sonja wählte sorgfältig ihre Worte. »Buddha sagte: Jeder Mensch hat das Potenzial, dauerhaft inneren Frieden zu erreichen. Seine ganze Lehre dreht sich um die Aufhebung und Beseitigung unserer emotionalen Leiden. Deshalb heißt Erleuchtung auch Erwachen aus Illusionen und selbst gemachten Konzepten.«

Als Jule in den Garten kam, winkte Heidrun ihr zu. »Komm doch her zu uns, Jule. Wir führen gerade ein interessantes Gespräch, nicht wahr, Sonja?«

Sonja wunderte sich wieder einmal, wie Heidrun funktionierte. Sie konnte sich diese gepflegte Frau gut vorstellen in gehobener Gesellschaft an der Seite eines erfolgreichen Mannes. Selbstverständlich würde sie ihre Rolle perfekt erfüllen.

»Wir sprechen über Erleuchtung«, wandte sich Heidrun an Jule.

»Ihr habt ja Themen. Ich verstehe nicht mal, was genau das bedeutet.« Jule setzte sich und hielt das Gesicht in die Sonne. »Aber in der letzten Zeit habe ich den Begriff häufiger gehört.« Sie wandte ihren Blick zu Sonja.

»Ja, Erleuchtung ist noch viel mehr: die Befreiung aus dem endlosen Kreislauf des Leidens und der Wiedergeburten. Ein erwachter Mensch hat alle Ursachen von Leid in seinem Geist aufgelöst und empfindet daher unendlichen Frieden. Man sagt auch, er hat Nirvana erlangt. Dabei ist Nirvana kein Ort, eher ein Zustand, der unabhängig ist von Zeit und Raum, von Leben und Tod.« Sonja machte eine Pause und fuhr fort: »Erleuchtung entsteht mit der Erkenntnis von der wahren Natur aller Erscheinungen. Die Illusion von unserem sogenannten Ich, das wir als das Zentrum allen Geschehens wahrnehmen, zerplatzt.«

»Das war jetzt viel«, meinte Jule.

Heidrun ergänzte: »Wir müssen aufmerksam und ehrlich sein mit uns selbst, um alte Muster und Konzepte unseres Geistes zu erkennen, seien es Verhaltensweisen, die die Gesellschaft uns vorlebt, oder das, was Partner, Eltern oder sonst wer von uns erwarten, um solche Muster aufgeben und uns verändern zu können. Wir brauchen Achtsamkeit und eine konzentrierte Wahrnehmung für das, was wirklich geschieht.«

Als sie Sonjas überraschtem Blick begegnete, lachte Heidrun. »Ich habe viele Bücher gelesen. Aber was hilft das schon. Buddha sagte schließlich: *Ich zeige euch den Weg, aber tun müsst ihr es selbst. Man kann viel darüber wissen und Belehrungen von großen Meistern hören. Doch da fängt der eigene spirituelle Weg erst an.«*

»*Was heißt, keiner nimmt uns die Arbeit der Erkenntnis ab*«, ergänzte Jule trocken. »Ich wär schon froh, wenn
ich entspannt im Stau stehen könnte.«

»Eine gelassene Haltung bei Kleinigkeiten ist schon
mal ein guter Anfang«, bestätigte Heidrun gutmütig.

»Sag das Herrn Schneider mal«, kicherte Jule, ruderte
aber gleich zurück und knüpfte wieder an das Gespräch
an. »Das Problem ist, dass mir dieses Annehmen so
schwerfällt.«

Sonja nickte. »Alles sollte so stattfinden, wie wir das
möchten. Wie ein kleines Kind, das immer mehr haben
will von dem, was ihm gefällt, und weint, wenn es das
nicht bekommt. Passiert dagegen etwas, das es nicht
mag, schreit es ebenfalls«, fasste Sonja zusammen.

»Eigentlich stressig«, überlegte Jule. »Und trotzdem:
Jeder will doch die Dinge entsprechend seiner Vorstellung hinkriegen. Was meinst du?«, fuhr sie fort, an Samten gewandt, der dazugekommen war. »Möchtest du uns
Gesellschaft leisten? Wir sprechen von Erleuchtung und
wie man mit unangenehmen Situationen klarkommt.«

»Schwierig!« Samten verzog das Gesicht auf eine
komische Weise, sodass alle lachten.

»Also, was denkst du über Erleuchtung?«, fragte Jule.

»Mein Lehrer beschreibt Erleuchtung als einen
Seinszustand, der sich mit Worten nicht erklären lässt.
Es wäre, wie einem Blinden eine Farbe zu beschreiben.
Ein erwachter Mensch sieht die Dinge, wie sie wirklich
sind, nicht gefiltert durch seine persönliche Brille, weil
er die begrenzende Dualität von ›Ich‹ und dem ›Ande-
ren‹ aufgelöst hat. Er schaut hinter den Schleier äußerer
Erscheinungen und erfährt damit eine vollkommene
Befreiung des Herzens und aller emotionalen Blockaden.

Zusammengefasst ist Erleuchtung durch drei Qualitäten gekennzeichnet: tiefgründige Weisheit, grenzenloses Mitgefühl mit allen Wesen und unerschöpfliche Energie.«

»Na ja, davon sind wir weit weg, nicht wahr?« Jule schaute in die Runde. »Klingt aber wundervoll.«

»Buddha erreichte diesen Zustand, nachdem er lange Zeit unter einem Bodhibaum meditiert hatte. Hast du schon einmal meditiert?«

Jule schüttelte den Kopf. »Einmal einen Yogakurs an der Volkshochschule gemacht, das war aber nicht so mein Ding.«

»Es gibt mehrere Methoden. Wenn du möchtest, zeige ich dir ein paar Atemübungen, als Einstieg.«

»Ehrlich gesagt, deine Einstellung zu deinem Mann überrascht mich, Heidrun«, fing Sonja an, nachdem die beiden anderen in den hinteren Teil des Gartens gegangen waren, um Atemübungen machen.

»Als die Kinder noch im Haus waren, wollte ich die Familie zusammenhalten. Heute könnte ich gehen. Eine Scheidung würde mir sogar eine ordentliche Unterhaltszahlung einbringen. Doch weshalb sollte ich ihn verlassen? Wir sprechen hier von Eifersucht und anderen emotionalen Verletzungen. Alles Gefühle, die durch das Ego entstehen. Du sagtest es gerade selbst. Insofern ist meine Ehe das perfekte Übungsfeld. Ob Schwierigkeiten in der Beziehung, durch den Beruf oder eine Krankheit auftreten, irgendwas ist immer«, setzte sie hinzu. »So gesehen habe ich es nicht schlimm erwischt, finde ich.« Heidrun lächelte, nahm ihren Rucksack und erhob sich; sie wollte in der Lobby das WLAN nutzen, um sich bei ihrem Mann zu melden.

Plötzlich wieder allein, ging Sonja die Unterhaltung noch einmal durch den Kopf. Samten hat recht, dachte sie. Es ist nicht fair, dass ich mich über Herrn Schneiders Verhalten wegen der Reifenpanne geärgert habe. Schließlich hat er sich auf diesen Besuch in Lamayuru gefreut und war enttäuscht, weil er dadurch kürzer ausfiel als geplant! Es ist die Brille meiner Wahrnehmung, dachte sie, und es ist die Brille seiner Wahrnehmung. Jeder beurteilt die Dinge aus seiner eigenen eingeschränkten Sicht. Und vergisst, dass der andere ebenso Bedürfnisse hat.

Späte Rache

Das Karma, das meine Zukunft bestimmen sollte, reifte unbemerkt. Manchmal schlich ich in die Schule und setzte mich möglichst unauffällig in die hinterste Reihe. Dem Lehrer war meine Anwesenheit mittlerweile gleichgültig, Prüfungen durfte ich ohnehin nicht ablegen, da er nur Schüler zuließ, die ihm Reis, Mehl oder andere »Geschenke« mitbrachten. Je besser dem Lehrer diese Mitbringsel gefielen, umso besser fielen die Noten aus. Da mein Vater keine Rupie für meine Bildung vergeuden wollte, hatte ich also keine Chance weiterzukommen. Heute denke ich, womöglich hätte mir der Unterricht in meiner Dorfschule genügt und ich wäre zufrieden gewesen. So wie die Dinge jedoch standen, wollte, ja musste ich weg.

Eines Tages im Spätherbst schien mein Schicksal Gestalt anzunehmen. Der Mann stammte aus unserem Dorf, lebte jedoch in Südindien bei einem buddhistischen Mönch als dessen Sekretär. Ich war ihm nie begegnet, aber es wurde viel über ihn geredet. Wer sonst kam so weit herum. Nun berief er eine Versammlung ein, bei der es um »wichtige Nachrichten über Schulbildung« gehen solle, wie es hieß.

Api erklärte sich natürlich bereit, diese Versammlung mit mir zu besuchen. Auf den Dorfplatz waren an diesem Tag nur wenige Nachbarn gekommen, hauptsächlich aus

Neugierde und um zu plaudern. Ich dagegen war sehr aufgeregt, als ein freundlicher älterer Herr vor unsere kleine Runde trat. Was er nun sagte, war genau das, worauf ich so lange gewartet hatte.

»Liebe Nachbarn! Mein Meister, der ehrwürdige Mönch, hat mich geschickt, um euch eine Nachricht zu überbringen. Er sagt, jedes Kind soll die Chance haben, Lesen, Schreiben und Rechnen zu lernen. Er sagt außerdem, erst Bildung ermögliche es einem Menschen, sein Leben in eigener Verantwortung zu führen.«

Der Mann ließ die Worte auf uns wirken und fuhr fort: »Deshalb hat mein Meister, der ehrwürdige Mönch, im Süden des Landes eine Schule gebaut. Nun frage ich: Wer von euch möchte sein Kind mit mir nach Südindien senden?«

»Wir haben eine Schule im Dorf«, rief Rigzins Vater dazwischen, »weshalb sollte ich mein Kind so weit weg schicken?«

»Onkel, du weißt, dass die Lehrer selten ihre Pflicht erfüllen«, entgegnete der Mann geduldig. »Die Kinder gehen nur zur Schule, wenn sie Lust und Zeit haben. Was sie aber brauchen, sind tüchtige Lehrer und eine liebevolle Disziplin.«

»Ich weiß nicht einmal, wo Südindien liegt!«, warf eine Nachbarin ein. Sie nahm ihren kleinen Jungen schützend in den Arm.

»Es ist weit, Ani, vier Tage Fahrt. Aber du musst keine Sorge haben, dein Junge wird im Internat wohnen und eine Hausmutter kümmert sich um dein Kind wie um ihr eigenes. Glaub mir, Ani, mein Meister ist ein aufrichtiger und guter Buddhist. Außerdem kennst du mich und du weißt, dass ich aus einem angesehenen Haus dieses Dorfs komme. Deinem Kind wird es gut gehen, das verspreche ich dir bei der Ehre meiner Familie.«

»Nein!« Die Frau zog den Jungen enger an sich. »Mein Kind werde ich nicht hergeben. Niemals!«

Beifälliges Nicken ging durch die Runde. Keiner sagte mehr etwas, das Interesse an dieser weit entfernten Schule erlosch sichtlich, und ich hatte schon Sorge, dass die Versammlung nun vorüber war. So schnell aber gab der Mann nicht auf.

»Bedenkt auch, Nachbarn, das Internat und die Schule werden euch keine einzige Rupie kosten. Mein Meister kommt für alle Kosten auf.«

Als ich das hörte, klopfte mein Herz vor Freude. Vater würde keine einzige Rupie bezahlen müssen.

»Dies ist eine große Chance für eure Kinder«, fuhr der Mann fort. »Denkt bitte darüber nach.«

Unruhe breitete sich auf dem Platz aus und schließlich erhob meine Api ihre Stimme. Diese tiefe laute Stimme, die immer für mich gesprochen und mich in Schutz genommen hatte.

Nun endlich würde sie mich, ihren kleinen Nunu, in Anwesenheit all dieser misstrauischen Nachbarn anmelden für diese wunderbare Schule. Mein Blut rauschte so heftig, dass mir schwindlig wurde, und wohl deshalb hatte ich ihre ersten Worte nicht verstanden. Ich hörte erst wieder, wie Api sagte: »… und liegt diese Schule am Meer?« Falls ja, fuhr sie fort, sei dies definitiv der falsche Ort für Menschen aus den Bergen wie uns.

»Südindien ist vom Meer umgeben, werte Api. Unsere Schule aber befindet sich weit davon entfernt, genau im Landesinneren«, beruhigte der Mann sie. »Dein Enkel wird das Meer selbst von ferne nicht sehen können.«

Die Diskussion nahm noch einmal Schwung auf, während Api sehr still wurde.

Schließlich fragte der Mann erneut, und in meiner Erinnerung ruhten seine Augen in diesem Moment besonders auf mir: »In zwei Tagen reise ich ab. Es bleibt nicht viel Zeit, um eure Entscheidung zu treffen. Hat denn jemand Interesse?«

Hilfesuchend schaute ich zu Api; sie musste doch endlich die Hand für mich heben.

Stattdessen stieß sie mir ihren Ellbogen in die Rippen und herrschte mich leise an: »Sprich für dich selbst, mein Junge. Mach schon!«

In diesem Moment habe ich nicht überlegt, was ich aufgeben würde und dass meine Kindheit vorbei wäre, wenn ich ginge. Mein Herz war voller Ungeduld, und ich spürte ein brennendes Verlangen, für das es keine Worte gab. Die Gewissheit, dass meine Zukunft nicht im Sammeln von Dung und vertrockneten Dornenzweigen lag, sondern dass eine Chance jenseits dieser Berge auf mich wartete. Kurz: Ich war bereit für die Welt.

So erhob ich mich, glättete meine Goncha und stellte mich sehr aufrecht hin. Und gab mit fester lauter Stimme bekannt: »Ich werde mitkommen in diese Schule. Mein Name ist Norbu Namgyal.«

Einen Moment war es vollkommen still, bis jeder begriffen hatte, was ich da gesagt hatte. Mit einem Mal redeten alle auf Api ein.

»Das kannst du nicht zulassen!«

»Dein Enkel ist wieder einmal frech und vorlaut.«

»Wer wird eure Tiere hüten?«

Api hörte sich die Schelte mit stoischem Blick an und sagte schließlich: »Lasst den Jungen in Ruhe. Er wird schon wissen, was er will.«

»Der Norbu Nunu ist aus demselben Holz wie du, Api, er schafft das«, hörte ich jetzt Tante Dolma Tsering sagen.

Sie stand auf meiner Seite! Ich warf ihr einen dankbaren Blick zu. Vielleicht hoffte sie aber auch nur, dass damit eine Nervensäge weniger vor ihrem Teashop herumlungerte.

Während die sensationelle Nachricht von meiner Schulanmeldung die Runde machte, hatte Api alle Mühe, meinen erzürnten Vater und meine ängstliche Mutter zu besänftigen.

Ich bettelte Vater an, mich gehen zu lassen, schließlich würde er für meine Schule keine Rupie bezahlen müssen. Sollte er jetzt noch immer zögern, dann nur aus Sorge um mich, seinen kleinen Jungen, und weil ich dann weit weg von zu Hause wäre. Der Gedanke gefiel mir sogar ein wenig.

Selbst Api war unwohl. »Nunu, dieser Ort liegt gefährlich nahe am Meer. Wenn du hineinfällst, werden die Wassergeister dich in tiefe finstere Welten hinunterzerren.«

»Aber der Mann hat gesagt, die Stadt liegt nicht am Meer!«, wollte ich widersprechen, als Vater mir das Wort abschnitt. »Nie wieder will ich etwas hören von dieser Schule. Wir brauchen dich hier bei den Tieren. Und jetzt kein Wort mehr darüber!«

Dafür meldeten sich in den nächsten Tagen drei Jungen aus Nachbardörfern an. Es war ein schrecklicher Moment, als sie in den großen Bus in Richtung Srinagar einstiegen. Ich stand nicht an der Straße wie meine Freunde, um sie mit Sprüchen und Schulterklopfen zu verabschieden und ihnen das Gepäck in den Bus zu heben. In diesem Moment saß ich in der Küche, schaute auf die Straße hinunter, hörte Johlen und Rufen und wie der Bus schließlich wegfuhr.

Doch ich gab meine Pläne nicht auf. Eines Tages würde auch ich im Bus sitzen. Hatte der Geshe Meme nicht zu meiner Geburt wunderbare Qualitäten in mir gesehen? Wenn es jemanden gab, der meinen Vater umstimmen könnte, dann er.

Geshe Meme lebte allein und »vogelfrei«, also ohne einem Kloster anzugehören, in einem Häuschen oberhalb des Dorfs. Er war eine moralische Instanz, der uns an wichtige Dinge des Lebens erinnerte, die wir im Alltag oft vergaßen. Bevor chinesische Truppen im Jahr 1959 in Tibet einmarschierten, hatte der Geshe Meme dort im Kloster Sera die Lehre Buddhas studiert. Er war aber nicht nur ein Gelehrter, sondern strahlte auch eine Heiterkeit und tiefes Mitgefühl aus und jene im Herzen wohnende Leichtigkeit. Oft saß er viele Monate in Meditation, und während dieser Zeit durfte lediglich sein Assistent zu ihm.

»Der Geshe ist in tiefer Versenkung und breitet seinen Segen über uns«, sagten wir dann ehrfürchtig. Wir bemühten uns in dieser Zeit besonders, gut zu sein. Wenn der Geshe Meme in Versenkung weilte, schoss selbst Tundup nicht mit der Steinschleuder auf Vögel.

Auch außerhalb seiner Meditationszeiten achteten wir ihn. Wenn wir ihn kommen sahen, brachten wir schnell unsere Gonchas in Ordnung und wuschen uns Gesicht und Hände. Die Erwachsenen verneigten sich vor ihm. Der Geshe Meme war streng, aber es war eine sanfte, freundliche Strenge, vor der wir keine Angst hatten. Oft mahnte er:

»Schau auf deinen Weg, sodass du kein Insekt zertrittst.«

»Sei gut zu deinen Eltern, deinen Freunden und auch zu Fremden. Schließlich willst du auch, dass man gut ist zu dir.«

»Wenn du jemandem Schmerz zugefügt hast, besinne dich künftig eines Besseren.«

»Haltet den Bach sauber, aus dem ihr euer Wasser holt.«

Und zu den Männern sagte er: »Trink nicht zu viel Chang. Wenn du betrunken bist, erkennst du nicht einmal deine eigene Mutter.«

Geshe Meme war freundlich selbst zu den Wanzen, die im Sommer unsere Häuser überfielen. Er zerquetschte diese Plagegeister nicht, sondern sammelte sie in einem Glas und setzte sie am Morgen vor seiner Tür wieder aus.

Welche Belehrung er auch erteilte, am Ende erinnerte er uns immer daran, dass wir eines Tages sterben würden und deshalb unser kostbares Leben bestmöglich nutzen sollten.

Nun lief ich den Weg zu seiner Klause hinauf. Schlug zwei Steine, die vor der Tür lagen, gegeneinander, um meinen Besuch anzukündigen, und nachdem er mich mit seiner tiefen Stimme hineingerufen hatte, brachte ich umgehend mein Anliegen vor:

»Verehrter Geshe Meme, du sagst uns immer, wir sollten fleißig sein und zur Schule gehen. Wie du weißt, hüte ich unsere Ziegen und Schafe. Dabei möchte ich unbedingt Lesen und Schreiben lernen, aber mein Vater verbietet es mir.«

»Er verbietet dir, zur Schule zu gehen?« Der Geshe Meme schaute mich überrascht an und schüttelte den Kopf. »Dorje Puntsog ist ein Esel, er ist stur und einfältig!«

Er schüttelte den Kopf und ich musste lachen. Mein Vater war sehr stolz auf seine Freundschaft mit dem Geshe Meme, und er wäre entsetzt, wenn er hörte, wie der Geshe, wenn auch im Spaß, über ihn sprach.

Dann hatte er eine Idee: »Teile deine Arbeit mit den Geschwistern. Es sollte jeder einmal in der Woche auf die Weide, immer abwechselnd. Dann kannst auch du zur Schule gehen. Damit muss dein Vater einverstanden sein.«

»Nein, verehrter Geshe, ich möchte in den Süden auf diese Internatsschule.« Ich fasste Mut. »Dort bekomme ich nicht nur eine Schulbildung, sondern lerne auch die Lehre von Buddha.«

Geshe Meme horchte auf. »Nunu Norbu, wenn du auf diese Schule gehen möchtest, dann muss dein Vater das erlauben! Wo die Lehre Buddhas gelehrt wird, ist ein guter Ort.«

Er überlegte, ließ seine Gebetskette durch die Finger gleiten. Dann fragte er mich: »Was sagt deine Api dazu?«

»Sie ist einverstanden, aber sie kann Vater nicht umstimmen.«

Der Geshe schüttelte den Kopf. »Du hast von mir den Namen Namgyal Norbu erhalten, weil ich um deine Qualitäten weiß. Richte Dorje Puntsog aus, er soll mich baldmöglichst besuchen!«

Ich rannte, so schnell ich konnte, nach Hause und überbrachte Vater, dass er baldigst zum Geshe Meme kommen möge. Den Grund für diese Einladung erwähnte ich nicht.

»Hat er das gesagt?« Mein Vater freute sich aufrichtig über diese Ehre und lief noch am selben Abend zu Geshe Meme hinauf. Natürlich hatte er eine Unterhaltung über Buddhas Lehren erwartet, wie sie die beiden oft führten.

Dieses Mal aber kehrte mein Vater früher als sonst zurück, voller Zorn, weil ich nun sogar diesen heiligen Mann mit meinen verrückten Ideen angesteckt hätte.

Als ich den Geshe Meme bald darauf zufällig traf, strich er sanft über meinen Kopf. »Junge, deine Zeit ist noch nicht reif. Du musst dich in Geduld üben.«

Wieder wurde es Herbst, dem ein langer Winter folgte. An jenem Tag, es war klirrend kalt, Häuser, Hügel und Wege lagen farblos graubraun da, fiel mir auf meinem Weg durchs Dorf an der Bretterwand von Onkel Sonams Laden ein knallig buntes Plakat auf. Grüne saftige Reisterrassen waren da zu sehen, im Vordergrund ein weites Feld mit wogenden hellgelben Halmen. Nie hatte ich eine so verschwenderische Vegetation gesehen. Dazwischen entdeckte ich Menschen, wie sie mit zufriedenen Gesichtern auf großen Traktoren saßen und scheinbar nichts weiter tun mussten. Und dann sah ich im Hintergrund dieser Szene einen Sack, auf dem in großen Lettern ein Wort zu lesen war. Onkel Sonam buchstabierte es laut und deutlich für mich: »Uria heißt das.«

»Was ist Uria, Onkel?« Er zuckte mit den Schultern. »So genau weiß ich das auch nicht.«

»Jedenfalls ist das ein wundervolles Bild.«

»Ein Beamter aus Kaschmir kam gestern und hat es aufgehängt.«

»Aber das Bild ist wunderschön«, beharrte ich.

»Ja, schon«, räumte Onkel ein, »aber er hätte mich fragen müssen, wenn er schon meine Ladenwand benutzt. Diese Beamten erlauben sich ja alles, wie immer.«

Bald machten erste Informationen über Uria, die Onkel Angchuk aus dem Radio hatte, die Runde im Dorf. Neugierig scharten wir uns um ihn. »Sie sagen, Uria sei für die Felder wie Medizin. Wenn wir es säen, werden wir viel mehr Gerste ernten. Es heißt, doppelt so viel.«

Ein paar Tage später brachte Onkel Angchuk ausnahmsweise sein Radio mit zum Bach. »Hört mal, da kommt jetzt ständig diese Werbung.« Er drehte an den Knöpfen. Zwischen entferntem Rauschen und Musik hörten wir eine klare Stimme, allerdings in indischer Sprache, und da keiner der Nachbarn Hindi verstand, übersetzte Vater.

»Sie sagen: Uria bedeutet groß, viel, schnell! Außerdem sagen sie: Mit Uria bekommen wir eine bessere Ernte, die Ähren werden viel schwerer sein und auch unser Gemüse wird größer, farbiger und schöner sein.«

Ein Nachbar meinte: »Dann haben wir keine Plackerei mehr mit unserem Kuh- und Eseldünger.«

»Unglaublich!« Rigzins Vater war wie alle tief beeindruckt. »Wenn wir diese Medizin auch bekommen könnten, wäre das ein Segen.«

»Außerdem ersparen wir uns viel Arbeit«, freute sich ein anderer Nachbar, »wir müssen dieses Uria nur aus dem Sack holen und auf den Boden streuen. So einfach ist das!«

Alle waren begeistert, nur mein kluger Onkel Angchuk schüttelte den Kopf. »Unsere Latrinen und Ställe werden dann überlaufen«, gab er zu bedenken. »Außerdem habe ich noch einen anderen Bericht gehört. Darin sagten sie, die Halme wachsen mit Uria zwar höher, aber viel zu dünn. Weil das Korn so schwer wiegt, knicken die Halme, wenn ein starker Wind aufkommt. Damit wäre die ganze Ernte zerstört.«

Trotzdem hörte keiner auf Onkel Angchuk, die Gier hatte das Denken bei den Nachbarn ausgeschaltet. Sie wollten nur noch Uria haben.

Uria begegnete uns auf nun auf Schritt und Tritt. Immer neue Plakate erschienen an Hauswänden mit verlockenden Motiven: Bilder von Kartoffeln, Karotten und Kohl in solcher Größe, dass mir das Gemüse in unserem Garten mit einem Mal mickrig erschien.

Jenes Motiv aber, das an Onkel Angchuks Laden gepinnt war, gefiel mir besonders wegen des Traktors noch immer am besten; deshalb nahm ich es ab und hängte es in unsere Küche zwischen Kalenderbildern von Indira Gandhi und Pandit Jawaharlal Nehru auf.

Wenig später reisten abermals zwei hohe Beamte aus Kaschmir an. Wir stellten den hohen Gästen zwei Stühle hin und setzten uns im Halbkreis vor ihnen auf den Boden.

»In diesem Jahr wird die Regierung von Indien euch ein Geschenk machen.« Der Jüngere der beiden eröffnete die Runde und lächelte zu uns herunter. »Obwohl ihr von der Hauptstadt weit entfernt lebt, hat euer Mutterland euch nicht vergessen. Es gibt ein Wundermittel, das euer Leben besser und leichter machen wird.«

»Wahrhaft ein Wundermittel!«, fiel der ältere Beamte seinem Kollegen ins Wort. »Es wird euer Leben verändern. Ihr werdet es bald für wenige Rupien kaufen können. Aber zuerst sollt ihr es natürlich testen und euch selbst überzeugen. Eine ganze Ladung wird euch bald geliefert, kostenlos!«

Ich erinnere mich daran, wie wir uns geschmeichelt fühlten. Endlich beachteten sie uns, behandelten uns höflich und mit Respekt. Der jüngere Beamte reichte einen Beutel in die Runde. Wir durften Uria sehen! Jeder steckte seine Hand tief in den Sack hinein. Griff, fühlte, staunte. Als ich an der Reihe war, ertastete ich kleine harte Kügelchen. Wie sie raschelten und knisterten. Locker und leicht glitten sie durch meine Finger. Uria fühlte sich wundervoll an.

Nach diesem Besuch erwarteten wir sehnsüchtig die versprochene Lieferung – und tatsächlich hielt wenige Tage später ein Lastwagen vor dem Kooperative-Laden. Die Säcke, die sie abluden, sahen exakt aus wie die Säcke auf den Plakaten: bunte ländliche Szenen mit der Aufschrift Uria. Berühren durften wir sie allerdings nicht. Wir mussten uns gedulden, bis der Ausrufer mit lauter Stimme seine Runde durchs Dorf machte.

»Heute Nachmittag ist Versammlung! Es wird Uria an alle verteilt! Anwesenheit ist Pflicht. Wer nicht kommt, bezahlt zwei Rupien Strafe.«

Dieses Mal hätte es die übliche Strafandrohung nicht gebraucht. Keiner würde versäumen, seinen Anteil abzuholen.

Während ich mit Api und meinem Bruder zum Kooperative-Laden lief, überlegten wir, nach welchen Regeln dieses kostenlose Uria gerecht verteilt werden konnte. Dasselbe fragten sich natürlich alle, und als wir auf dem Platz eintrafen, waren schon heftige Diskussionen im Gange. Welche Familie würde wie viele Säcke bekommen? Oder sollte jeder die gleiche Menge erhalten?

»Viele von euch haben guten Boden und viel Wasser. Ihr werdet nicht viel Uria brauchen. Ich dagegen habe eine magere Erde und sollte entsprechend mehr bekommen«, meldete sich jemand zu Wort.

»Wir haben wenige Felder, deshalb hätten wir gern viel Uria. Bisher war die Ernte knapp für unsere große Familie«, sagte ein anderer.

»Jede Familie soll gleich viel haben«, mischte sich Rigzins Vater ein, »nur das ist gerecht.«

So ging das Gespräch weiter, bis Gonbo mit seiner lauten Stimme die Diskussion unterbrach. Gonbo war noch hochmütiger geworden, seit er eine leitende Position bei der Armee innehatte. Allerdings wurde er allgemein nicht sonderlich geschätzt, zumal er nicht über die Qualitäten seines Vaters verfügte. Ich ging Gonbo, der keine Gelegenheit ausließ, mich mit größter Herablassung zu behandeln, nach wie vor aus dem Weg.

»Wir werden Uria entsprechend der Größe unserer Felder verteilen.«

»Gonbo, das ist am wenigsten gerecht. Das sagst du nur, weil dein Ma-shing das größte und fruchtbarste Feld im Dorf ist. Außerdem habt ihr ausreichend Wasser direkt aus der Quelle«, rief Rigzins Vater zornig. »Jede Familie soll die gleiche Menge erhalten, egal wie viele Felder sie besitzt.«

Er wandte sich zu Onkel Angchuk. Dessen Meinung war immer ein Maßstab gewesen, nun aber schwieg er. Er wollte sich nicht gegen seinen eigenen Sohn stellen.

»Gonbo, lass doch alle eine gute Ernte haben, damit sie viel Chang machen können«, rief jetzt meine Api dazwischen, und die Leute lachten über ihren Scherz.

Ich nicht. Ich starrte Gonbo an. Wie er mich immer als dummen kleinen Jungen herabgesetzt hatte. Wie Angmo vom Amchi Meme wertvolle Goldpillen erhalten hatte für ihre Lebenskraft. Wie ich Tundup, meinen besten Freund, verlor. Gonbo dagegen! Immer hatte er sich genommen, was er wollte. Die warmen Schuhe. Den weichen, dicken Schlafsack. Angmo. Und jetzt wollte er mehr Uria bekommen als die anderen. Mehr! Mehr! Mehr!

Die nächsten Momente habe ich in klarer Erinnerung. Daher war es nicht Mut, was jetzt folgte. Es war eher ein Ventil, das sich öffnete, als ich nun auf Gonbo zuging und mich aufrecht vor ihn hinstellte. »Ashang Gonbo, das ist nicht gerecht. Du darfst von Uria nicht mehr Vorteile bekommen als die anderen. Immer willst du nur das Beste haben!«

Gonbo lachte auf. Dieses hochmütige laute Lachen, das mir zutiefst zuwider war. »Der kleine Norbu mit seinen Eseln und Ziegen. Weder lesen kann er noch rechnen. Und gerade er will mir Vorschriften machen.« Gonbo lachte wieder spöttisch und siegesgewiss und blickte mich voller Verachtung an.

Da hörte ich mich mit fester lauter Stimme sagen: »Cousin Gonbo, du hast dich mit Angmo, dem Mon-Mädchen, getroffen. Ich habe euch gesehen. Oben an der Quelle.«

Ich schaute ihm gerade ins Gesicht. Dabei wusste ich nicht einmal, ob die beiden sich noch immer trafen. Schließlich waren fast zwei Jahre seit dieser Nacht vergangen.

Aber ich wollte Gonbo verletzen und ihn bestrafen. Meine ganze Wut und die Scham, die ich stets in seiner Gegenwart empfunden hatte, brachen aus mir heraus.

Gonbo erwiderte kein Wort. Ich genoss diesen Augenblick, wie sein Gesicht versteinerte und er keine Worte fand. Endlich hatte ich ihn in der Hand, wenn auch nur kurz.

»Was redest du dummer kleiner Kerl da?« Er fand seine Fassung wieder und wandte sich den anderen zu. »Schaut her! Der Hirtenjunge lügt! Er ist nicht nur ungebildet und dumm, jetzt lügt er sogar!«

Hirtenjunge hatte er mich genannt, obwohl er doch meinen Namen wusste. Die Beleidigung feuerte mich

noch an. »Meine Freunde haben euch auch gesehen.«
Das war nun wirklich eine Lüge, aber egal.

»Stimmt das, Gonbo?«, mischte sich Onkel Angchuk
mit strenger Stimme ein. Er fixierte seinen ältesten Sohn
mit eisiger Miene. »Du und das Mon-Mädchen! Stimmt
das?«

Schließlich lachte Gonbo hart auf. »Ach, das Mon-
Mädchen. Ja, vielleicht. Meine Güte, das ist lange her. Ich
erinnere mich nicht mehr.«

»Lange her oder nicht: Du gibst es also zu!« Er schaute
seinen ältesten Sohn an mit einem Blick, der Traurigkeit,
Zorn und Entsetzen ausdrückte. Onkel Angchuk tat mir
leid, wie er sich schweigend einen Weg durch die Menge
bahnte und wegging. Die Leute waren aus ihrem Schreck
aufgewacht und nun redeten sie alle durcheinander.

»Eine Schande für unser Dorf.«

»Armer Onkel Angchuk!«

»Was Gonbo seiner Familie angetan hat!«

»Deshalb wollte er dieses Mädchen aus Likir damals
nicht heiraten!«

Ich versteckte mich, bis es dunkel wurde und ich mich
nach Hause schleichen musste. In der Küche hagelten die
Vorwürfe auf mich nieder.

»Warum hast du das gesagt?«, fuhr mich Vater an.
»Du hast unserer ganzen Familie Schande gebracht.«

»Gonbo hat es doch zugegeben«, verteidigte ich mich
schwach.

»Du hast es im ganzen Dorf ausgeplaudert!«

»Was ist eigentlich passiert?«, mischte Api sich endlich ein. »Weißt du überhaupt, was du da erzählst, Junge?«

So berichtete ich von meinem Erlebnis an der Quelle. Wie sie sich geküsst hatten und dass die beiden sich auch bei Yangchens Hochzeit zugezwinkert hatten.

»Ah, deshalb hat Gonbo seine Hochzeit immer wieder verschoben.« Api grinste. »Er ist in Angmo verliebt. Sie ist wirklich ein bezauberndes Mädchen.«

Ich war Api dankbar, dass sie Angmo nicht als Mon-Mädchen bezeichnete, sondern sie bei ihrem Namen nannte.

Am selben Abend erklärte Vater, dass ich nun doch nach Südindien gehen würde, und zwar möglichst bald. Nicht, weil er meinen Wunsch erfüllen wollte. Nein! Es war ihm peinlich, dass ich Onkel Angchuks Familie und damit auch unsere Familie bloßgestellt hatte. Mit einem Wort: Er wollte mich loswerden.

Es war ein kläglicher Sieg. Einerseits hatte ich mein Ziel endlich erreicht. Andererseits um den Preis, dass Vater mich verstieß.

»So hat alles sein Gutes, mein Junge«, meinte Api mit einem augenzwinkernden Grinsen.

Damit ging es mir schon viel besser. Allerdings bekam ich zugleich Angst. Schon der Ausflug nach Leh hatte mich verunsichert. Wie sollte ich mich in einer noch größeren Stadt zurechtfinden, allein und weit weg von zu Hause? In Südindien. Außerdem würde ich die Sprache nicht verstehen. Bei der Vorstellung wurde mir nun doch bange.

Vor meiner Abreise fuhr ich noch mehrmals nach Leh, um die nötigen Formalitäten zu erledigen. Ich brauchte außer dem Fragebogen, in den ich mein ungefähres Geburtsdatum eintrug, auch Passfotos und zwei Garnituren der Schuluniform: dunkelrote kurze Hosen und weiße Oberhemden mit Stehkragen. Den Schneider bezahlte Api, denn Vater weigerte sich sogar, dafür Geld auszugeben.

Je öfter ich mit dem Bus nach Leh reiste, umso näher erschien mir die Stadt. Sie war jetzt lange nicht so unerreichbar, wie ich noch vor Kurzem geglaubt hatte.

Endlich war es so weit. Alle waren sie da, um Abschied von mir zu nehmen. Vater, Mutter, meine Schwestern und natürlich Api. Selbst mein Bruder Tenzin hatte sich aufgerafft und knuffte mich in die Rippen. Dann Tante Dolma vom Teashop und mein Freund Rigzin. Onkel Angchuk und Tante Palmo fehlten, auch Tundup war nicht gekommen. So stand ich an dieser staubigen Straße, an der ich meine Kindheit verbracht hatte, umringt von aufgeregten Menschen, und wartete auf den Bus. Als ich einstieg, hörte ich zwischen all dem aufgeregten Gerede nur eine einzige vertraute raue Stimme:

»Kleiner Nunu, du schaffst das. Denk an deinen edlen königlichen Namen. Norbu Namgyal. Deine Qualitäten werden dir Kraft geben. Aber fall nicht ins Meer! Hörst du?«

Der Bauer und sein Pferd

In einem Dorf lebte vor langer Zeit ein Bauer. Er besaß ein Pferd, das sehr wertvoll für ihn war. Da er der einzige Bauer im Dorf mit einem Pferd war, sagten die Leute: »Oh, so ein schönes Pferd, welch ein großes Glück du hast!« Der Bauer jedoch antwortete: »Ob das Glück ist oder nicht, lässt sich jetzt noch nicht sagen.«

Eines Tages brach das Pferd aus seiner Koppel aus und lief weg. Der Bauer sah noch, wie es davongaloppierte, konnte es aber nicht mehr einfangen. Am Abend standen die Leute am Zaun der leeren Koppel und riefen: »Was für ein Unglück, wie schrecklich. Jetzt hat er kein Pferd mehr, der Arme!« Der Bauer erwiderte wiederum: »Ob das ein Unglück ist oder nicht, wer weiß das schon. Vielleicht ist es gar nicht so schlecht!«

Etliche Wochen später kam das Pferd zu dem alten Mann zurück. Es war nicht allein. Eine wundervolle Stute aus den Bergen war ihm gefolgt, und nun tollten die beiden Pferde gemeinsam auf der Koppel. Diese Wildpferde waren sehr wertvoll, da sie als schnell und wendig galten. Groß war der Neid der Nachbarn, die sagten: »Oh, was hat der Bauer doch für ein Glück!« Aber dieser erwiderte nur: »Man weiß nicht, wie es am Ende ausgehen wird. Ob es Glück oder Unglück bedeutet.«

Eines schönen Tages im Sommer stieg der Sohn des Bauern, es war sein einziges Kind, auf die Stute, um sie zu reiten. Das halbe Dorf schaute ihm zu, wie er auf dem schönen Pferd seine Runden drehte. »Ah, hat der es gut!«, sagten sie, und manche waren neidisch. Plötzlich aber scheute das Pferd, es erhob sich auf die Hinterbeine und der junge Mann stürzte und brach sich das Bein. Nun schrien die Nachbarn: »Oh, der arme Bauer! Sein einziger Sohn! Ob er jemals wieder richtig gehen kann? So ein Pech!« Der Bauer sagte nur: »Im Moment sieht es wie ein Unglück aus, aber wer weiß, wozu es gut ist, dass mein Sohn sein Bein gebrochen hat.«

Bald darauf wurden alle gesunden jungen Männer in einen Krieg einberufen und viele von ihnen starben in den schrecklichen Kämpfen. Nur der Sohn des alten Mannes wurde nicht geholt, da sein Bein noch immer nicht geheilt war. Deshalb war unser Bauer einer der wenigen, denen der Sohn geblieben ist. So mancher Nachbar saß einsam in seinem Haus und seufzte: »Was hat der für ein Glück!« Aber der Bauer erwiderte nur: »Wer weiß!«

»So könnte die Geschichte immer weitergehen«, schloss Lobsang. »Es ist ein altes Märchen.«

Sonja nickte. »Eine wunderbare Geschichte, der Bauer ist ein weiser Mann. Wir müssen vorsichtig sein mit unserem Urteil darüber, was gut oder schlecht ist, was vermeintliches Glück oder Unglück bedeutet.«

Sonja und Lobsang liefen den schmalen Weg vom Hotel in eine Seitengasse hinein. Ruhig war es, nachdenklich zupfte Sonja ein Blatt von einem Rosenbusch ab und zerrieb es zwischen ihren Fingern.

»Als junge Frau meinte ich, das Leben sei unendlich lang. Ich dachte, ich hätte genug Zeit, um alle meine Pläne zu verwirklichen, alle Ziele zu erreichen. Früher oder später. Jetzt ist die Zeit doch dahingeflogen. Was wäre wohl geworden, hätte ich einen anderen Weg im Leben eingeschlagen? Aber es wird schon gut sein, so wie es ist.«

Gerade allerdings drohte ihr der Lebensplan zu entgleiten. Dieses Konzept, das bis vor wenigen Tagen noch rundum gepasst hatte, ihr so stimmig erschienen war, geriet mit einem Mal ins Wanken. Sie schaute einem Schwarm Spatzen nach, die sich in einer Reihe nebeneinander auf einem Kabel niederließen und aufgeregt zwitscherten.

»Weißt du, Lobsang, ich mag meinen Beruf noch immer, nach all den Jahren. Das Leben hat es gut gemeint mit mir. So ein Glück habe ich. Wenn eigentlich alles passt, warum sollte man sich nicht zufriedengeben mit dem, was man hat?« Sie dachte an das Gespräch mit Heidrun zurück.

Lobsang schien nicht zu verstehen, was sie meinte.

»Aber Sonja, du steigst nie zweimal in denselben Fluss, auch wenn es dir so vorkommt. Denk daran, was meine Mutter zu dir gesagt hat – du bist heute nicht dieselbe wie noch am Abend zuvor. Alles verändert sich in jedem Moment. Du kannst scheinbar dasselbe tun, aber es ist doch immer anders. Es hängt ab von deiner Achtsamkeit, wie du die Dinge wahrnimmst und wie du mit ihnen umgehst.«

Sonja lachte. »Du hast recht, Lobsang. Und trotzdem, irgendetwas liegt in der Luft, das spüre ich.«

Weitermachen wie bisher als Reiseleiterin, aber mit neuer Achtsamkeit? Oder ein ganz anderes Kapitel aufschlagen?

Sie verabschiedeten sich bald, da Lobsang Erledigungen in der Stadt machen wollte. Er bot ihr an, sie im

Wagen mitzunehmen. Sonja lehnte ab. Sie war gern noch eine Weile allein.

Es überraschte sie, wie bedeutsam ihre Gefühlslage, einmal laut in Worte gefasst, wirkte. Sie versuchte, ihre Verwirrung zu ordnen, im Moment ein Ding der Unmöglichkeit. Gedanken kreisten, jagten vorneweg, um doch wieder am Startpunkt anzukommen. Was wollte sie in ihrem Leben?

Und dann war da noch Citta. Sie hatten sich nur kurz gekannt. Damals gab es nicht die Frage nach einer gemeinsamen Perspektive. Es war jener ganz besondere Moment gewesen, ein Treffen in der Magie der Gegenwart. Ohne Vorstellungen von einer Zukunft.

Etwas mehr Zeit noch, womöglich während ihrer Reise nach Alchi, und sie hätte Erwartungen an Citta entwickelt, daran, wie Dinge und Situationen sein sollten. Dazu war es nicht gekommen, die Sehnsucht nacheinander konnte ungehindert vom Alltäglichen weiterglimmen. Und nun? Es war zu früh für irgendwelche Entscheidungen. Sie wusste ja nicht einmal, ob ihre Unruhe irgendetwas mit Citta zu tun hatte. Alles war durcheinandergeraten. Wohin sollte das führen?

Man kann nur eine leere Schale füllen. Der Spruch kam ihr in diesem Moment wieder in den Sinn. Das war es wohl: Sie brauchte einfach innere Ruhe und Geduld.

Während Sonja in solche Gedanken vertieft die inzwischen dunkle Straße entlanglief, schoss ein heller Punkt über den samtblauen Himmel. Noch bevor ihr ein Wunsch einfiel, war die Sternschnuppe verschwunden – so schnell, wie sie erschienen war. In den nächsten Sekunden überlegte sie, welcher Wunsch sich erfüllen sollte, aber sie zögerte. Alles war doch in Ordnung, alles hatte seinen Platz. Es ging um etwas anderes, um den großen Plan, den wir nicht kennen, überlegte sie.

Die Berge atmeten Ewigkeit über dieses Tal hinweg, im blauschwarzen Schatten des Flusses strömte Wasser. Sonja vermochte keinen Wunsch auszusprechen. Diese Berge hier, das ruhige Gewahrsein des Universums, erschien ihr gewichtig und essenziell. Wie ließe sich ihr Leben auf einen kleinen einfältigen Wunsch reduzieren? Bevor sie einen klaren Gedanken fassen konnte, schoss eine weitere Sternschnuppe über den Himmel. Und verglühte.

In der Fremde

Meine Abreise war zur Flucht geworden. Endlos spulten meine Gedanken immer dieselben Szenen ab, wenn ich nachts im Bett lag. Gonbos hasserfüllte Miene. Der Zorn meines Vaters. Mutters Verzweiflung. Ich schämte mich zutiefst, dass ich meine Familie, den gutmütigen Onkel Angchuk und meine Tante Palmo in diese peinliche Situation gebracht hatte. Meine Api jedoch hatte ich am meisten verraten. Sie hatte gewollt, dass ich unser Dorf mit Stolz verlassen würde, so aber war ich davongerannt wie ein Dieb. Außerdem quälte mich die Sorge um Angmo und Tundup. Lebten sie noch im Dorf? Was wäre, wenn Tundups Vater, der große Trommler, keine Aufträge mehr bekäme? Ich hatte unbedingt auf diese Schule gehen wollen, doch jetzt wurde ich in Südindien nicht glücklich. Jedenfalls nicht in diesen ersten Monaten.

Mein Plan, zurückzukommen, wenn ich ordentlich »Amerikanisch« sprechen könne, scheiterte letztlich an anderen Dingen. Schließlich war Englisch die Unterrichtssprache und mein »Amerikanisch« bald fließend. Dass es dann bis zu meiner Rückkehr sieben Jahre dauern sollte, hatte einen ganz anderen, sehr einfachen Grund: Mir fehlte das Geld für die Reise. Vater hatte mir tatsächlich keine Rupie geschickt. Meine Freunde im Internat luden mich ein, wenn wir an jedem ersten Samstag im Monat in die Stadt gehen durften. Abgesehen davon bekam ich alles, was man zum Leben brauchte. Nur kein Geld, um nach Hause zu fahren. Seltsam, nie hatte ich überlegt, ob es anderswo besser wäre als im Dorf bei meiner Familie. Ich hatte mich nicht gegen mein bisheriges Leben entschieden, doch ich musste dieser brennenden Sehnsucht folgen. Was, wenn ich zu Hause geblieben wäre, mich den Erwartungen meiner Familie gefügt hätte? Über diese Frage habe ich oft nachgedacht. Gewiss hätte ich meine mir zugewiesene Rolle erfüllen können, wahrscheinlich hätte ich es sogar gut gemacht. Aber ich glaube, es wäre ein unglückliches Leben geworden. Obwohl, wer weiß das schon?

In meinem neuen Leben war ich nur mir selbst verpflichtet. Ich musste morgens um vier Uhr aufstehen, anschließend gab es eine gemeinsame Meditation mit allen Kindern in der großen Versammlungshalle. Den Tag verbrachte ich mit Unterricht, Lernen, Arbeiten im Internat und im Gemüsegarten. Immer ging es um Bildung und Disziplin. Meine Schuluniform legte ich abends sorgsam gefaltet über das Kopfteil meines Bettes. Einmal im Monat bekam jeder Schüler ein Stück Seife, eine Zahnbürste und eine Dose Hautcreme – Kostbarkeiten, die ich in meinen schmalen Spind einschloss. Probleme machte mir das Essen, welche Ironie. In Ladakh war Reis ein Luxus gewesen, absichtlich hatte ich einzelne Körnchen auf meiner Goncha und am Mundwinkel hängen lassen, damit die Nachbarn sahen, dass es bei uns Reis gegeben hatte. Nun, da ich jeden Tag Reis und Linsen aß, stellte ich fest, dass das meiner Verdauung nicht bekam und ich ständig Magenbeschwerden hatte. Das feuchtheiße Klima verursachte auf meinen Armen und Beinen schmerzhafte Eiterbeulen. Manchmal träumte ich von Angmo mit ihrem wundervollen Lächeln. Auch an Diskit Lhamo aus Leh dachte ich, und die Erinnerung daran, wie wir eng nebeneinanderher in die Stadt gelaufen waren, ließ mein Herz klopfen.

Trotzdem dachte ich keine Sekunde an Rückkehr. Ich las Shakespeare, lernte Chemie und Physik, bereiste in Geografie die ganze Welt. Wie trockene Erde, die sich mit Wasser vollsaugt, lauschte ich den Lehrern. Und ich bekam einen anderen altindischen Namen aus dem Sanskrit: Aus Norbu wurde ich zu Citta.

In dieser ersten Zeit weinte ich manchmal aus Sehnsucht und Einsamkeit. Ich dachte daran, wie Tundup und ich jungen Löwenzahn sammelten, wie wir schwarze Wölfe mit Steinschleudern verjagten. An unsere Lagerfeuer, an meine Schafe und Ziegen, die ich morgens durch die frische Luft in die Berge führte. Erinnerte mich an Mutter, wie sie ihr Kopftuch über Mund und Nase zog, wenn sie an der Feuerstelle Essen kochte. An meinen Lieblingsstein auf der Sommerweide. Besonders oft aber dachte ich an Api. Immer verknüpfte ich meine Sehnsucht mit ihrem speziellen Geruch nach Aprikosenöl, Butter und feuchter Erde. Dieser Geruch haftete an ihrer Goncha, in ihren dünnen Haarzöpfen und auf der rauen Haut ihrer Hände. Nun war Api unerreichbar. Besonders traurig war ich während der Sommerferien, wenn die Schule für drei Monate geschlossen war. Der Sommer war jetzt schwer zu ertragen. Fast alle Kinder fuhren nach Hause, und das Internat war wie ausgestorben, sodass ich unser Zimmer, das ich sonst mit fünf Jungen teilte, allein bewohnte. Auch meine Freunde aus Ladakh und Zanskar hatten genug Geld, um der strikten Disziplin für eine Weile zu entrinnen. So blieb ich mit einigen wenigen Pechvögeln im Internat zurück. Während der Ferien durfte ich zwar, sooft ich wollte, in die Stadt gehen, aber auch diese Freiheit brachte unter solchen Umständen wenig Freude. Manchmal lief ich durch die engen Gassen, zwischen Ständen mit hoch aufgetürmten Ananas, Bananen, Jackfruits, farbigen Plastikarmreifen, zwischen bunten Stoffballen, fliegenden Zigarettenverkäufern und Buchhändlern umher.

Ich bestaunte die überdimensionalen Kinoplakate. Weil ich aber nicht einmal das billigste Ticket in der »Gandhi-class«, der vordersten Reihe, kaufen konnte, trat ich bald den Heimweg an. Nach solchen Ausflügen plagten mich Kopfschmerzen. Zu Hause in meinem Dorf hatte ich alle Wahrnehmungen klar definieren können. Unsere Luft war kristallklar in der Natur, rauchig-beißend in der Küche und süß-würzig im Kloster. In Indien hingegen verwoben sich tausend Gerüche in einer verwirrenden Mischung.

Meine Erfahrungen in erotischen Dingen blieben äußerst zaghaft, schließlich lebte ich in einem Internat für Jungen. Natürlich sah ich im Laufe der folgenden Jahre Liebesfilme im Kino, die meine Fantasien beflügelten und eine unbestimmte Sehnsucht nach großer Liebe nährten. In der Wirklichkeit gab es allerdings nur ein paar Küsse mit einem Mädchen. Es waren hastige Begegnungen mit der Tochter des Kochs im Restaurant neben dem Internat, wenn ich Küchendienst leistete.

So verging die Zeit. Mit dem Küchendienst in jenem Restaurant hatte ich endlich genug Geld für die Reise gespart. Niemand wusste von meinem Besuch und ich hatte keine Ahnung, wie man mich empfangen würde.

Ich war neunzehn Jahre alt, als ich mich auf den Weg zu meinem Elternhaus machte.

Tage und Nächte saß ich auf harten Zugbänken, eingekeilt zwischen Menschen, die ein- und ausstiegen, Gemüsecurrys, gebratene Hühnerbeine und Brotfladen mit mir teilten. Mütter übergaben mir ihre Kinder, die auf meinen Beinen vertrauensvoll dösten.

In Delhi nahm ich eine Fahrradrikscha zum Busbahnhof und löste eine Fahrkarte nach Srinagar. Ich fuhr über sanfte, mit Nadelhölzern bewaldete Hügel, später über kahle steile Pässe. Die letzte Etappe bewältigte ich in der bequemen Fahrerkabine eines Lastwagens.

Dann der vertraute Anblick meines Dorfs. Unerschütterlich und zeitlos. Die Häuser standen zwischen gelben Gerstenfeldern, in den Bäumen leuchteten reife Früchte. Als ich ausstieg, tauchte die Sonne unsere Hügel in ein weiches Goldbraun.

Auf der Treppe zur Küche hoch machte ich an der dritten Stufe einen großen Schritt, die Holzdiele wackelte an dieser Stelle noch immer. Es dauerte einen Moment, bis meine Augen sich an den dunklen Raum gewöhnten, so blieb ich still und geduldig an der Türschwelle stehen. Ich atmete den Geruch von erloschenem Feuer, genoss die Kühle des Holzbodens. Dann sah ich Vater. Er saß auf seinem Platz, die heiligen Bücher aufgeklappt, und murmelte seine Texte. Zwischendurch fiel er in einen Singsang. Seine Gebetsmühle in der Hand quietschte leise und gleichmäßig. Ich ließ mir Zeit, diese Szene in mich aufzunehmen.

»Vater!« Es war eher ein Murmeln, das ich hervorbrachte, da mir plötzlich ein seltsamer Kloß in der Kehle saß. »Julley, Vater.«

Während Vater noch in seine Meditation versunken war, stürzte meine jüngere Schwester Dolkar herbei. »Norbu, du bist es! Vater, unser Norbu ist hier.«

Norbu! Wie lange hatte ich diesen Namen nicht mehr gehört!

Endlich schaute mein Vater hoch. Er rückte die Brille zurecht und musterte mich still, bis ein Lächeln auf seinem Gesicht erschien. Dann widmete er sich wieder seinem Text. Erst als er auf der letzten Seite angekommen war, klappte er die Blätter zusammen, wickelte sie sorgsam in ein Tuch und wandte sich zu mir.

»Groß bist du geworden und stark. Trink Buttertee, Junge, du bist gewiss durstig.«

Er schien keineswegs überrascht, mich zu sehen. Während wir unseren Tee schlürften, berichtete Vater von unserem Quellefeld und dem unbeständigen Wetter in diesem Jahr. Er wollte wissen, ob Schnee auf dem Zoji-Pass gelegen habe, und ich fragte mich die ganze Zeit, ob er mir verziehen hatte. Aber ich traute mich nicht zu fragen, nicht an diesem Abend. Lieber genoss ich, wie die vertraute Geborgenheit dieses Hauses mich umfing, als sei ich niemals fort gewesen.

Tenzin war träge wie eh und je, seine Frau jedoch machte einen selbstbewussten Eindruck und kümmerte sich um alles. Api war steinalt geworden. Zur Begrüßung drückte sie ihre Stirn fest gegen meinen Kopf und ich roch ihr Aprikosenöl.

»Du bist als Junge gegangen und als Mann wiedergekommen.« Zufrieden musterte sie mich. »Jetzt bist du zum Norbu Namgyal geworden, zum wertvollen Edelstein. Ich habe es gewusst!«

Vater verschwendete kein Lob an mich. Dafür zog er einen zerknitterten fleckigen Zettel von der Fensterbank und hielt ihn mir vor die Nase. »Kannst du das lesen? Das ist Englisch!« Sein Schalk blitzte auf.

Es war das Schreiben irgendeiner Behörde. Ich las den kurzen Text laut vor, und obwohl er natürlich kein Wort verstand, nickte er zufrieden.

Inzwischen berichtete Dolma, was in den vergangenen Jahren passiert war. »Stell dir vor, Tante Palmo lebt jetzt nicht mehr mit Onkel Angchuk und seinen Brüdern zusammen. Sie hat sich entschieden, nur mit Onkel Chigmed zusammenzuwohnen. Die beiden anderen bekamen ihren Anteil an Feldern.«

»Das war falsch von Tante Palmo«, knurrte Api. »Dass die Leute ihr Land aufteilen, ist nicht gut.«

»Dafür hat Gonbo geheiratet.«

»Ach ja?«, erwiderte ich möglichst beiläufig.

»Eine sehr brave Frau«, gab Dolma bereitwillig Auskunft. »Sie macht die ganze Arbeit, während Gonbo ständig unterwegs ist und ein leichtfertiges Leben führt.«

»Er hat das Mädchen doch nur geheiratet, damit er seine Freiheit in vollen Zügen auskosten kann«, bestätigte Mutter. »Onkel Angchuk findet das auch nicht richtig.«

Ein solch schlechtes Verhalten sah Gonbo ähnlich. »Da hat sich in dieser Familie wirklich einiges verändert«, meinte ich.

»Aber eines ist geblieben«, Vater lächelte endlich. »Das Radio von Onkel Angchuk. Es funktioniert noch immer.«

Bald stellte ich fest, wie die Zeit, mein beständiger Begleiter im Internat, an Bedeutung verlor. Ich legte meine Uhr beiseite. Solange ich hier war, wollte ich mich wieder am Stand der Sonne orientieren.

Zuerst fiel mir diese unglaublich reine Luft auf. Kristallklar war sie, transparent und frisch. Ich atmete tief durch, sog die Kraft der Natur ein, als erwachten schlummernde Nervenzellen in mir zu neuem Leben. In diesem Augenblick begriff ich, was ich in den vergangenen Jahren vermisst hatte.

Als Erstes besuchte ich meinen alten Freund Rigzin. Ich lud ihn ein in Tante Dolma Tserings Teashop. Anstelle der wackeligen Holzbänke standen da bunte Plastikstühle, alles andere war wie früher. Ich bestellte süßen Milchtee und Omelette für uns beide. Zufrieden lehnte ich mich in meinem Stuhl zurück. Solch eine Bestellung war der Traum meiner Kindheit gewesen. Dolma Tsering freute sich, mich wiederzusehen. Sie berichtete von den ausländischen Gästen, die noch immer bei ihr haltmachten; außerdem spreche sie jetzt noch besser Amerikanisch als damals. Rigzin war nie aus Ladakh herausgekommen und horchte neugierig, was ich von dem Menschengewimmel auf Indiens Straßen, seinen unglaublichen Farben und Gerüchen berichtete. Bis er mich unterbrach.

»Norbu, ich werde nach Leh gehen!« Seine Augen blitzten.

»Was willst du denn in Leh?« Ich war ehrlich überrascht.

»Mal sehen«, er zuckte die Schultern, »Geld verdienen eben. Ich war fünf Jahre in der Schule, das reicht, um dort Arbeit zu bekommen.«

»Was sagt deine Familie dazu?«

»Das fragst gerade du.« Rigzin grinste.

»Aber ich bin nicht der Älteste, wie du es bist«, entgegnete ich. Rigzin war immer so unscheinbar gewesen. Nun suchte er seine Zukunft außerhalb des Dorfs.

An diesem Abend kletterte ich über die steile Holzeiter aufs Hausdach, wo Api ihre Knochen in der Sonne aufwärmte. »Da bist du wieder, mein Junge. Ich habe nicht gedacht, dass ich dich in diesem Leben noch einmal sehen darf. Lange Jahre waren das ohne dich.«

Wir schauten auf die Berge und über den Indus, und ich schluckte meine Rührung hinunter, als Api mit einem Mal kicherte.

»Welch ein Aufruhr war das, Nunu. Weißt du eigentlich, dass Gonbo wegen dieser Geschichte sein Gesicht verloren hat? Nicht nur wegen Angmo. Schlimmer war seine Lügerei. Ach, eigentlich mochte ihn ohnehin keiner. Gonbo hatte nie einen guten Charakter. Was ich sagen wollte: Ich habe dir damals geglaubt.«

Dankbar lächelte ich sie an. »Ich mache mir Sorgen um Angmo. Und um Tundup. Das alles tut mir so leid.«

»Du hast das Karma beschleunigt. Durch deinen Mut haben mehrere Menschen eine neue Richtung eingeschlagen. Wohin dieser Weg führt, zeigt die Zukunft. Jedenfalls hast du diesem Großmaul Gonbo die Stirn gezeigt. Du bist wirklich der edle Löwenkönig, Nunu. Geshe Meme hatte recht.« Api grinste mich schelmisch an und ihr müder Blick traf mich mitten ins Herz. »Deine Angst war berechtigt, Nunu. Nach dem Vorfall rief man Tundups Vater nur noch selten zu Hochzeiten oder zum Losarfest. Alle Aufträge bekam seitdem der kleine Trommler.«

Da nahm Api meine Hände in die ihren, diese vertrauten Hände. »Du kennst die Menschen. Sie haben ein kleines Herz und einen sturen Kopf.«

»Ich frage mich nur, wie es Tundup gehen mag. Ob er mir verzeihen kann. Was meinst du, Api?«

»Er hat die Natur einer Ziege. Er wird auch in Leh seinen Weg finden. Ob er dir verziehen hat, musst du ihn selbst fragen.«

»Wenn du in Leh bist«, schärfte Vater mir später ein, »wirst du bei dem Amchi Meme wohnen. Sein Laden ist in der Altstadt, unweit der großen Gebetsmühle. Komm nicht auf die dumme Idee, unser gutes Geld in ein Restaurant zu fremden Leuten zu tragen.«

Mutter nickte. »In der Fremde muss die Familie zusammenhalten. Die Leute würden hinter unserem Rücken sagen, Amchi Meme kümmert sich in der Stadt nicht um seine eigene Familie.«

»Nunu, gib auf deine Tasche acht. In Leh sind viele Diebe!«, schaltete sich jetzt Api ein.

Ich musste lachen. Schließlich war sie vor vielen Jahren dort um ihr Geld gebracht worden. Unser kleines Geheimnis! Ich lehnte mich gegen die kühle Küchenwand. Die Geborgenheit dieses Hauses und meine wunderbare Familie umgaben mich wie ein Kokon, hier fühlte ich mich sicher. Nach vielen Jahren hatten sie mich empfangen, als sei ich nie weg gewesen. Und trotzdem: Während mein Blick über diesen großen Herd glitt, über das Wandregal mit den glänzenden Tellern, über die Menschen, die ich so innig liebte, war mir klar: In diesem Haus, in diesem Dorf wollte ich nicht mehr leben. Diese Welt war mir zu eng geworden.

Der Bus füllte sich, je näher wir der Stadt kamen. Endlich erschien der Königspalast und darunter ergoss sich das Häusergewusel der alten Stadt, in fließendem Übergang folgten die akkuraten Straßenmuster der neueren Ansiedlungen. Auf dem Weg von der Bushaltestelle in die Neustadt lief ich durch enge Gassen. Vertraute Gerüche von Staub, Hitze, Ausdünstungen. Daneben Schmuck, ziselierte Silberstücke, Teetassen aus Walnussholz, bunte Stoffballen.

Der Markt war noch immer derselbe wie einst, als ich mit Api zum ersten Mal die Gassen durchstreift hatte. Doch gab es jetzt auch Kerosinkocher aus Indien und Dampfkochtöpfe aus China.

Das Reisebüro, in dem Tundup nach Rigzins Informationen arbeitete, befand sich im neuen Teil der Stadt. Hier waren die Hauptstraßen asphaltiert, allerdings übersät mit Schlaglöchern. An den bröckelnden Fassaden zweistöckiger Häuserzeilen wurden auf großen bunten Schildern »Restaurant« und »travel agency« proklamiert, andere Läden versprachen »antiques«, Kunsthandwerk, manche gar »real antiques«. Eine Überraschung aber waren die vielen Touristen.

Während ich durch die Straßen streifte und überlegte, wie ich die Begegnung mit Tundup einfädeln sollte, sah ich ihn geradewegs aus der Tür eines Reisebüros treten. Vermutlich war ich noch mehr erschrocken als er. Tundup hatte wohl von meiner Rückkehr gehört. Mit seinem trockenen spöttischen Grinsen, das ich allzu gut kannte, musterte er mich.

»Bist du wieder da.«

Seine Art war dieselbe und doch, dieser erwachsene Tundup hatte neue Züge angenommen, da war eine Härte in seinen Augen und er wirkte noch verschlossener. Zugleich bewegte er sich so selbstverständlich auf den Straßen von Leh wie damals auf der Sommerweide.

Im Restaurant saßen ein paar Touristen, ein anderer Tisch war besetzt von jugendlichen Ladakhis. Aus ihrem Gespräch entnahm ich, dass sie mit einem Reisebüro zu tun hatten. Sie redeten über die Beschaffung von Zelten und der Organisation von Ponys.

»Ladakh hat sich verändert«, sagte Tundup mit einem Nicken zum Nachbartisch hinüber. Der Himalaya ist jetzt Mode.« Hinter seiner Fassade wusste man nie genau, was in ihm vor sich ging.

Ich musste lachen. »Jetzt arbeitest du mit Touristen. Ist auch nicht schlecht.«

»Dabei warst du es, der immer mit den Amerika-pa zusammensein wollte.«

Ich zuckte mit den Schultern und erzählte, dass ich die Schule abschließen wollte, danach würde ich weitersehen. Dass ich vorhatte, Medizin zu studieren, sagte ich nicht.

Dafür berichtete Tundup, dass er Kunden auf ihren Trekkingtouren begleitete. »Jetzt bin ich wieder in den Bergen und verdiene Geld dabei. Das ist doch gut, nicht wahr?«

»Das ist sehr gut«, bestätigte ich.

»Bald werde ich ein eigenes Reisebüro aufmachen«, fuhr er sachlich fort.

»Du wirst ein guter Geschäftsmann«, erwiderte ich aufrichtig. Er würde den anderen zeigen, wie erfolgreich ein Mon-Junge sein konnte. Mit derselben Konzentration und Entschlossenheit, mit der er die Tiere gehütet hatte, würde er ins Reisegeschäft einsteigen. Ich hatte ihn als Kind bewundert, nun bewunderte ich ihn wieder, wie er geradlinig und unbeirrt seinen Weg ging. Ich nahm meinen ganzen Mut zusammen, während Tundup einen großen Löffel Zucker in seinen Tee schüttete.

»Wegen damals, das tut mir leid. Wirklich!« Endlich war es heraus. Wie in einem Vakuum von Zeit und Raum fühlte ich mich. »Ich habe euch große Schwierigkeiten gemacht.«

Tundup starrte auf den klebrigen Zuckerstreuer auf dem Tisch, und schließlich sagte er lapidar: »Ich wäre sowieso nach Leh gegangen, eines Tages.« Er überlegte einen Augenblick. »Allerdings hätte ich den Zeitpunkt gern selbst bestimmt.«

»Wir haben einander versprochen, dass niemand es erfahren sollte. Und ich habe es öffentlich gemacht«, murmelte ich.

Er rührte ausgiebig in seinem Tee. »Angmo und Gonbo trafen sich übrigens bis zu diesem Tag, als du Gonbo verraten hast. Irgendwann wäre es ohnehin rausgekommen.«

»Und du, Tundup, was war mit dir?«

»Ich bin noch eine Weile zur Schule gegangen, obwohl ich von Onkel Angchuk natürlich keine Unterstützung mehr hatte. Das letzte Schuljahr brach ich ab und kam hierher nach Leh.«

Einen Moment lag eine Stille zwischen uns, wir betrachteten einander. Schließlich grinsten wir uns wie auf ein geheimes Zeichen an.

»Norbu, ich mache dir keinen Vorwurf, falls du das denkst. Alles ist gut, wirklich. Hier kümmert es keinen Menschen, dass ich der Sohn eines Trommlers bin. In Leh hat jeder eine Chance.« Er winkte zwei Touristen zu, die ins Lokal getreten waren, bevor er fortfuhr: »Jetzt kann ich meinen Vater unterstützen. Er ist allein im Dorf, seit Mutter gestorben ist.«

Dann erzählte er, seine Schwester Angmo hätte bald nach dem Vorfall einen indischen Soldaten geheiratet, der in Ladakh stationiert war.

»Diese Geschichte mit Gonbo war auch für meine Familie eine Schande, weißt du. Angmo hätte sich nicht so ... so hergeben dürfen.«

»Was glaubst du«, ich wagte es kaum zu fragen, »ist Angmo glücklich, wenigstens ein klein bisschen?« Wieder betrachtete mich Tundup spöttisch.

»Sie hat einen Mann und zwei Kinder. Ob sie glücklich ist, keine Ahnung. Ihr Mann ist gut zu ihr. Das ist alles.«

Beim Abschied knufften wir uns gegenseitig an den Oberarm, wie wir es als Kinder gemacht hatten. Ich war erleichtert, dass Tundup meine Entschuldigung angenommen hatte. Trotzdem spürte ich eine Beklemmung in meinem Herzen. Er war mir noch fremder geworden. Er führte ein so ganz anderes Leben als ich. Während ich bald in ein Internat zurückgehen und mich den strengen Hausregeln unterordnen würde, lebte er hier selbstbestimmt und verdiente Geld.

Später fand ich den Amchi Meme, wie Vater es beschrieben hatte, in seinem winzigen Laden. Er saß zwischen Kisten und vollgestopften Regalen auf einem Schemel und wartete auf Kundschaft. Umgeben von einem Sammelsurium, wie es in jedem Laden angeboten wurde: Lifeboy-Seife, Waschpulver, staubige Kekspackungen, offene Säcke mit Salz und Zucker, graue Gummistiefel, bunte Pullover aus Acryl. Eine Besonderheit waren seine Spezialitäten aus dem Changtang: Säcke mit Wolle, fette Yakbutter, harter Käse. Unser Amchi Meme! In meiner Kindheit war er mit seinen Yaks, Pferden und Eseln über die Berge nach Changtang ins Nomaden-Hochland gewandert. Heute brachten Lastwagen die Wolle der Paschmina-Ziegen, Yakbutter und Käse nach Leh.

Memes Karawane war arbeitslos, und so verkaufte er seine Waren direkt in Leh.

Auch der Meme war gealtert, aber wie meine Api noch immer sehr rüstig. Misstrauisch schaute er mich an, nachdem wir uns überschwänglich umarmt hatten.

»Du warst hoffentlich nicht in einem dieser schmutzigen Restaurants in der Stadt.«

Ich schüttelte entrüstet den Kopf, dabei hatte ich gerade zwei große Portionen Momos gegessen, eines meiner Lieblingsgerichte.

Der Amchi Meme nickte zufrieden, zog seinen Kerosinkocher unter einem Regal hervor und begann zu kochen. Während wir zwischen diesem kuriosen Sortiment auf der Erde saßen, erzählte Meme, wie froh er sei um diesen kleinen Laden.

»Ich habe noch immer Freude am Handel. In meinem Herzen aber bin ich Amchi. Die Medizin ist ein Geschenk Buddhas, und deshalb nehme ich nie Geld von meinen Patienten. Das wäre eine Sünde! Aber von etwas leben muss ich schließlich«, meinte er augenzwinkernd.

»Weißt du, Nunu, für weite Reisen in den Changtang bin ich inzwischen zu alt. Hier ist der perfekte Platz: Ich kann meine Waren verkaufen und auch Patienten behandeln. Außerdem bekomme ich viel Besuch. Wenn ich Lust habe, schließe ich ab und fahre mit dem Bus nach Hause ins Dorf.«

Dunkel und still war es in der Gasse geworden, die Geschäfte waren mit Holzverschlägen verriegelt. Ein paar dürre Hunde schnüffelten in den Rinnsteinen. Wir redeten lange. Als ich ihm, eingewoben in uraltes Vertrauen, von meinen Plänen erzählte, nickte der Meme.

»Folge immer deinem Herzen, mein Junge. Es ist der Weg, um glücklich zu werden.«

Tashis Teashop

Die letzten zwei Tage hatten sie keinen Schritt weiter-
gebracht. Warum hatte Citta ihr diese Briefe geschickt?
Gerade jetzt? Diese Frage bohrte in ihrem Gehirn und
wurde umso drängender, je mehr Sonja wieder die Verbindung zu ihm spürte.

Es blieben nur wenige Tage bis zum Ende dieser Reise. Eine Exkursion ins Hochland der Nomaden noch,
zwei Tage in Leh mit kleinen Unternehmungen. Dann
würden sie zurückfliegen. Die nächsten Kunden erwarteten sie bereits.

Die Lektüre der Briefe teilte sich Sonja gewissenhaft
ein. Erst kurz vor der Abreise wollte sie das letzte Kapitel
lesen, sie mochte sich nicht verabschieden von dem Jungen Norbu, der ihr ans Herz gewachsen war. Nun saß sie
in Tashis Teashop.

»Erinnerst du dich an Citta?«

Tashi schaute Sonja überrascht an. Die wenigen Gäste waren bedient, sie stellte ihr Tablett am Nebentisch ab
und setzte sich auf den Stuhl Sonja gegenüber.

»Du denkst noch immer an ihn? Nach all den Jahren!«
Tashi nahm Sonjas Hände und hielt sie fest. »Es ist lange
her. Du hattest immer Minztee, er trank heiße Zitrone.«

»Das weißt du noch …«

»Na hör mal, ihr habt schließlich oft hier gesessen.
Und eure Liebesgeschichte war schon besonders.«

»Liebesgeschichte?« Sonja musste lachen. »So weit kam es gar nicht. Wir haben uns ja aus den Augen verloren.«

»Ihr wart glücklich«, beharrte Tashi, »jedenfalls hatte ich diesen Eindruck.«

Fast wollte Sonja von seinen Briefen erzählen, blieb stattdessen aber lieber auf neutralem Boden.

»Weißt du eigentlich, was aus Citta wurde?« Es war die brennende Frage, die sie hierhergeführt hatte.

»Nicht genau«, antwortete Tashi mit aufrichtiger Miene, grinste aber im nächsten Moment. »Aber er trinkt noch immer heiße Zitrone.«

Damit hatte Sonja nicht gerechnet. Sie zog die Hände zurück und beugte den Oberkörper weiter über die Tischplatte zu Tashi.

»Er kommt hierher? Sag schon, was weißt du?« Da war sie wieder, ihre Ungeduld. Dieses Mal brauchte sie zwei, drei Atemzüge mehr als sonst, bis sie sich entspannen konnte.

»Frag ihn doch selbst. Zurzeit ist Citta jeden Vormittag hier. Komm vorbei, wenn du willst.«

»Wir reisen bald ab. Ja, mal sehen, vielleicht klappt es.« Sie war keineswegs sicher, ob sie ihn überhaupt treffen wollte.

»Viel kann ich dir nicht sagen.« Tashi schaute Sonja überrascht an. »Ist das jetzt Zufall?«

Sonja zuckte die Schultern. In dieser ganzen Zeit war sie Citta nie in der Stadt begegnet, obwohl sie mehrmals bei Tashi gewesen war.

»Warum hast du nie erwähnt, dass Citta hier ist?«

»Ich wollte mich da nicht einmischen. Tut mir leid, Sonja. Ich weiß nur, dass er in Delhi lebt. Oder gelebt hat.«

»Er ist verheiratet, habe ich recht?« Sonja trank einen Schluck Tee, um die Frage beiläufig erscheinen zu lassen. Aber die kluge Tashi durchschaute sie natürlich.

»Du willst es also wirklich wissen. Seine Frau stammt aus Leh aus einer alteingesessenen Familie. Irgendwo oberhalb der Stadt.«

Natürlich war er verheiratet. Was hatte sie denn erwartet? Dass er auf sie gewartet hatte?

»Heißt sie zufällig Diskit Lhamo?«, fragte sie, einer spontanen Eingebung folgend.

Tashi überlegte kurz. »Ja, Diskit Lhamo. Kennst du sie?« Verwundert schaute sie Sonja an.

»Nein, nein. Citta und Diskit kannten sich schon als Kinder. Er sprach einmal von ihr.« Eine kleine Notlüge. Sonja hatte den Namen Tage zuvor zum ersten Mal gelesen.

Tashi nahm wieder Sonjas Hände. »Vor ungefähr drei Monaten war er einmal da und fragte nach dir. Ob du noch immer nach Ladakh kommst.«

»Was hast du gesagt?«

»Die Wahrheit. Sonja, Leh ist ein Dorf und die Leute kennen dich. Ich wusste, dass du jedes Jahr hier bist. Und auch, in welchem Hotel du mit deiner Reisegruppe wohnst. Oder hätte ich es nicht verraten dürfen?«

»Ist schon in Ordnung.«

Längst waren neue Gäste ins Lokal gekommen und Tashi nahm ihr Tablett wieder auf. Bevor sie in Richtung Küche eilte, flüsterte sie ihr noch zu: »Er ist noch immer attraktiv. Sehr smart, Sonja, wirklich!«

Jedem sein Shangri-La

Der einstige Karawanenort Leh war zu einem Magneten für Touristen geworden. Ein Weltenbummler aus Deutschland eröffnete die erste German Bakery. Sein Vollkornbrot, die Energiekugeln und der Käse waren sündhaft teuer, fanden aber reißenden Absatz. Bauernfamilien vermieteten ihre schönsten Zimmer mit den großen Panoramafenstern. Mit jedem Frühling schossen neue Hotels, Restaurants und immer mehr Antiquitätenläden aus dem Boden.

Da ich nach meinem Schulabschluss keinen Studiengang bezahlen konnte, weder Medizin noch irgendein anderes Fach, wurde ich Reiseleiter. Der Tourismus würde mir über die Sommermonate eine zeitlich begrenzte, aber lukrative Einnahmequelle verschaffen; junge Leute, die Englisch sprachen und eine gute Bildung hatten, waren als Reiseleiter gefragt. Also lernte ich in einem Schnellkurs die Geschichte meines Landes in Daten und Zahlen, merkte mir die Legenden von buddhistischen Mystikern und studierte die Ikonografie der wichtigsten Gottheiten. Bald konnte ich die einundzwanzig Manifestationen der Muttergöttin Tara an ihren Sitzhaltungen und Handgesten unterscheiden. Ich wusste, in welchen friedlichen und zornvollen Formen Padmasambhava erscheint, und konnte die Bedeutung des Lebensrades erläutern. Es half wenig, dass ich die Lehre Buddhas

schon mit der Muttermilch aufgenommen und in Mitgefühl für alle Lebewesen und mit den Gottheiten der Erde
und des Himmels gelebt hatte. Touristen wollten Fakten
hören, erklärte mir Tundup, der mittlerweile sein eigenes
Reisebüro hatte und mein Arbeitgeber wurde. Tundup
gab mir Sicherheit, genau wie früher auf der Sommerweide. Sein Büro bestand aus einem Schreibtisch, einem
grauen Sessel mit Armlehne für ihn selbst sowie zwei
Plastikstühlen für seine Kunden. Auf dem Schreibtisch
stand ein schwarzes Telefon, das allerdings nicht ange-
schlossen war, weil er sich das Bakschisch für die Tele-
fontechniker nicht leisten konnte.

Flüge zwischen Delhi und Leh verkehrten täglich,
sofern nicht dichte Wolken oder eine gefährliche Wind-
strömung den Flugbetrieb kurzfristig unterbrachen.
Über den Landweg von Srinagar kamen junge Abenteu-
rer mit viel Zeit, wenig Geld und einer Sehnsucht nach
dem Leben. Bunte Tücher um Kopf und Nase gewickelt,
saßen sie auf den Ladeflächen von Lastwagen, ließen sich
auf staubigen Straßen und über halsbrecherische Pässe
zu ihrem Shangri-La fahren.

Meine ersten Kunden waren Lisa und Klaus. Sie ver-
wirklichten nach Lisas Worten mit dieser Reise ihren
großen Traum. In einem komfortablen Taxi besichtigten
wir alle Klöster im Industal, anschließend trekkten wir
durch abgelegene Täler, und auf einem Erntefest luden
die Dorfleute sie zum Bogenschießen ein. Eines Abends
saßen wir müde von einem langen Passaufstieg am Lagerfeuer, das die Küchenboys zu Lisas Begeisterung mit Yak-
dung in Gang hielten.

»Citta, weißt du, was mich hier beeindruckt, natürlich neben dieser unglaublichen Natur?« Klaus öffne-

te seine zweite Flasche Bier. »Bei euch hat jeder seinen Platz. Ihr steht alle zusammen.«

Ich verstand im ersten Moment nicht, was er meinte.

»Bei uns ist das so«, erklärte er: »Du musst mindestens so gut sein wie andere, eher noch besser, und dir deinen Platz im Leben wirklich erkämpfen.« Dann erzählte er, dass er die anderen Bewohner in seinem Wohnblock nur vom Sehen kannte, selbst zu seinen Nachbarn auf der Etage gab es keinen Kontakt.

Zwischen so vielen Menschen und doch allein. Diese Vorstellung schien mir unglaublich. Bei uns hielt das ganze Dorf zusammen. Wenn ich in Leh jemanden kennenlernte, der aus meiner Gegend stammte, kamen wir ins Gespräch. Auch in Südindien war meine Nachbarschaft wie eine Großfamilie gewesen. Selbst wenn kein enger Kontakt bestand, was natürlich auch vorkam, wusste man viel voneinander und sprang ein, wenn jemand Unterstützung brauchte. Eine solche Anonymität, wie Klaus sie beschrieb, fand ich schrecklich. Das klang nach einem einsamen Leben.

»Du hast es gut«, fuhr Klaus fort. »Alles, was ich bisher hier erlebt habe, lässt mich vermuten: Ihr Ladakhis müsst die glücklichsten Menschen der Welt sein.«

Ich erinnere mich an dieses Gespräch so genau, weil ich hier begriff, wie einzigartig mein Land war. Von so weit her kamen diese gebildeten Amerika-pa, um mir das klarzumachen. Ich empfand einen tiefen Stolz. Genau dieses Gefühl würde ich später noch häufig erleben.

Nach der Trekkingtour fuhren wir nach Temisgang, als mir einfiel, dass eine meiner zahlreichen Cousinen in dem Dorf lebte. Ich hatte sie lange nicht gesehen und fand es eine gute Gelegenheit, sie zu besuchen.

»Bist du sicher? Einfach hingehen? Noch dazu mit uns?«, wunderte sich Klaus.

Lisa überlegte weiter: »Gerade stelle ich mir vor, ich stehe vor der Tür einer Cousine, zu der ich seit zig Jahren keinen Kontakt mehr hatte. Einfach so. Ohne Anmeldung und mit zwei Fremden im Schlepptau.« Sie lachte. »Ein Unding! Überraschend will doch keiner gestört werden. Außerdem: privater Terminkalender und so.«

»Ich möchte auch nicht, dass meine Eltern unangekündigt kommen«, sagte Klaus.

»Aber – es sind deine Eltern!« Ich war verblüfft, wie konnten sie nur so denken? »Wenn schon sie nicht kommen dürfen, wer dann?«

Lisa überlegte. »Eher noch Freunde als meine Eltern. Aber im Grunde mag ich überhaupt keine spontanen Besuche.«

Umso mehr waren sie überwältigt, als meine Cousine, die mich im ersten Moment tatsächlich nicht wiedererkannte, uns sofort ins Haus zog und Tee für uns kochte. Sie war außer sich vor Freude, ihren in Südindien verloren geglaubten Cousin zu sehen. Besonders interessierten sie die ausländischen Gäste, woher sie kamen, und sie mussten doch unglaublich reich sein: Wer konnte schon eine so weite Reise bis in dieses Dorf bezahlen? Zugleich fiel mir auf, wie meine Cousine sich im Verlauf dieses Besuchs häufig entschuldigte: etwa für das »sehr einfache Essen«, die Thukpa, die sie uns kochte, und auch für ihr Haus, in dem sie uns von Herzen willkommen geheißen hatte, das aber »sicher schmutzig und nicht schön« sei.

Als wir gingen, hielt meine Cousine Lisas Hand fest und strich über ihren Handrücken. »So eine weiche Haut!« Während sie die Hand noch umschloss, sagte sie zu mir: »Deine Freunde haben es gewiss sehr hübsch zu Hause. Bei uns ist alles so einfach. Bitte sag ihnen das.« Ich übersetzte es nicht.

Am Ende unserer gemeinsamen Reise beteuerten Klaus und Lisa, sie hätten tatsächlich ihr Shangri-La gefunden. Glücklich und mit einem großzügigen Trinkgeld für mich flogen sie ab. Mich jedoch brachte dieses Erlebnis ins Grübeln. Was meine Cousine gesagt hatte, fiel mir später oft bei meinen Landsleuten auf. Alles, was ihnen erstrebenswert erschien, kam aus der Ferne. Anstelle der Unbefangenheit, mit der sie Touristen in der ersten Zeit begegnet waren, entschuldigten sie sich nun. Immer fühlten sie sich unterlegen, empfanden das Eigene als mangelhaft im Spiegel des Fremden. Und es ging auch darum: Man wollte mehr Geld, eine bessere Bildung, neue Häuser.

Wenn die Touristen aus den Taxis stiegen, ihre großen Fotokameras um den Hals gehängt, den Kindern klebrige Bonbons in die ausgestreckten Handflächen drückten, in solchen Momenten fühlten sich viele armselig neben diesen hellhäutigen Menschen. Umgekehrt trugen die Touristen eine romantisch eingefärbte Brille. Einer Französin, die schwärmte, wie freundlich und lächelnd wir stets seien, erzählte ich, auch wir hätten genug Probleme. Sie wollte nicht glauben, dass es Streitereien gab und auch wir mit Habgier und allen Geistesgiften kämpften – so wie jeder Mensch, egal welcher Kultur und welchem Zeitalter er angehörte. Die Französin schüttelte den Kopf und brach in Tränen aus. Kurz darauf reiste sie ab.

Zur selben Zeit entwickelte sich in Ladakh ein – heute würde ich sagen – erster Impuls von politischem Bewusstsein. Immer häufiger schimpften meine Landsleute über die Tatsache, dass wir Teil des indischen Bundesstaates Kaschmir waren, obwohl wir mit dem islamisch geprägten Kaschmir wirklich nichts gemeinsam hatten. Unsere Kultur und Sprache, unser ganzer Lebensstil, alles war anders. Doch wie die politischen Würfel gefallen waren, unterstanden wir dieser Regierung. Damit bestimmten Menschen über uns, die sich nicht im Geringsten um unsere Belange kümmerten, im Gegenteil: Alle wichtigen Posten waren besetzt von Beamten, die keine Ahnung, geschweige denn irgendein Interesse an Ladakh hatten. Kurzum: Wir hatten in unserem eigenen Land nichts zu sagen.

Dabei galten wir als sogenannte »backward area« und hatten somit ein offizielles Anrecht auf besondere Förderung durch die Zentralregierung in Delhi, etwa für den Bau von Straßen, Wasserkraftwerken, Versammlungshallen sowie von Mauern und Bepflanzungen. Arme Familien hatten Anspruch auf eine Schuluniform für ihre Kinder. Selbst für Reparaturen an den Wassertanks und Kanälen war finanzielle Unterstützung vorgesehen.

Das einzige Problem: Das Geld aus Delhi wurde über die Landesregierung in Kaschmir geleitet, und jeder, der mit dem Geldfluss in Berührung kam, zog einen Teil davon ab. Bei uns kam wenig an.

Neuerdings standen die Dorfleute oft auf dem Versammlungsplatz und beschwerten sich über diese Zustände. Ein Nachbar brachte es auf den Punkt: »Die Politiker, Ingenieure und Bauunternehmer lassen sich hierher versetzen, sie stopfen sich ihre Taschen voll und gehen nach ein paar Jahren reich und fett wieder weg. Nur für uns ist nichts passiert.« Viele kauften sich ihre Posten sogar mit Schmiergeld.

»Erinnert euch mal, als unsere Schule gebaut wurde. Vom Zement wurde ein guter Teil in Kaschmir einbehalten, einen Teil nahm der Vorarbeiter für sein eigenes Haus. Auf der Baustelle kamen nur ein paar Säcke an, die gerade mal für drei Klassenzimmer reichten«, fuhr der Nächste fort.

Schulbildung war ein anderes Reizthema: Die Lehrer aus Kaschmir sprachen kein Ladakhi und unterrichteten in ihrer Sprache Urdu, das dem Arabischen verwandt ist. Deshalb konnten die Schulkinder die ladakhische Schrift weder schreiben noch lesen.

Rigzins Vater berichtete folgende Begebenheit: »Der Pattawari, der Landvermesser aus Srinagar, war neulich bei uns einbestellt. Ich hatte doch ein Stück Land gekauft, das offiziell markiert werden musste. Bevor der Pattawari, dieser hochmütige Esel, sein Maßband aus der Tasche holte, verlangte er ein Mittagessen. Ich bot ihm Thukpa an. Jetzt stellt euch vor, was er antwortete: ›Ich mag deine eklige Thukpa nicht! Ich will ein Huhn essen.‹«

Rigzins Vater wandte sich an seine Zuhörer. »Ihr wisst, dass wir nur wenige Hühner im Dorf haben, nur der Saku-Bauer hält sich eine kleine Schar. Was sollte ich denn tun? Hätte ich seinen Wunsch abgeschlagen, wäre mein Land jetzt zu klein vermessen. Also bin ich zum Saku-Bauern gegangen und habe ihm ein Huhn abgekauft. Der Pattawari saß den halben Nachmittag in der Sonne, bis meine Frau das Huhn gekocht und ihm gebracht hat. Er fraß, bis er schier platzte. Dann erst machte er seine Arbeit.«

»Sie springen mit uns um, wie es ihnen passt«, pflichtete ihm ein anderer bei. »Kürzlich nannte mich ein Beamter in Leh einen dummen Bergmenschen.« Auf eine Beschwerde verzichtete er, denn höheren Instanzen zu widersprechen hätte keiner gewagt.

Auf dem Versammlungsplatz herrschte Einigkeit: Wir waren zu ungebildet und zu unterwürfig. Viel zu lange schon wurden unsere Gutgläubigkeit und Duldsamkeit ausgenutzt. Die Folge war ein Gefühl der Minderwertigkeit, das unser früheres Selbstbewusstsein untergraben hatte. Doch allmählich kippte die Stimmung. Angefeuert und verstärkt wurde dies durch junge Menschen, die von Hochschulen aus Indien zurückkehrten und die zornigen Nachbarn darüber aufklärten, wie man sich auf unsere Kosten bereicherte.

Mir fielen die klugen Worte meines Gurus in Südindien ein: Bildung ist der einzige Weg aus der Abhängigkeit. Nur wer lesen und schreiben kann, ist in der Lage, ein selbstbestimmtes Leben zu führen. Ein Mensch ohne Bildung wird leicht hintergangen. Ich erinnerte mich, wie Onkel Angchuk viele Jahre zuvor über die Tagelöhner im Straßenbau gesprochen hatte. Noch immer quittierten sie ihren Arbeitszettel mit dem Abdruck ihres linken Daumens. Ich erinnerte mich auch daran, wie meine Api immer über die Fahrer aus Kaschmir geschimpft hatte. Längst konnte ich ihren Zorn verstehen.

Besuch bei Nomaden

Wie eine Fata Morgana tauchten die Wildesel auf. Eine Truppe Balletttänzer, grazil und absichtslos. Ein jeder aus seiner Richtung. Dieser magische Moment, als jedes der etwa ein Dutzend Tiere seinen ihm zugeordneten Platz einnahm und sich fließend der Formation einfügte. So tänzelten diese bezaubernden Lebewesen schnurgerade in einer Reihe. Klobiger Kopf, rotbraune seidige Oberseite, weißer Bauch. Die festen Ohren aufgerichtet, linker Vorderhuf grazil vorgesteckt. Dann die ganze Truppe reihum nach rechts in perfekter Synchronisation. Ein letztes Mal noch drei Schritte nach vorn. Schließlich verschwanden sie in leichtfüßigem Trab hinter sanften, von zartem Grün bespannten Hügeln. All das auf einer Höhe von mehr als viertausend Metern. Das Hochland der Nomaden.

Allerdings gab es keine Garantie, dass man Nomaden begegnete; schließlich suchten sie auf dieser weitläufigen Hochebene ständig nach Futterplätzen für ihre Tiere und schlugen dem Wetter und generationenlanger Erfahrung folgend an wechselnden Plätzen ihr Lager auf.

Samten hatte erfahren, wo sich eine Nomadenfamilie aufhielt. So bogen sie nach diesem wundersamen Wildesel-Auftritt von der Hauptstraße auf eine steinige Ebene ab. Eine ansehnliche Ziegenherde kam in Sicht. Dickes lockiges Fell in Braun, Schwarz und Weiß. Gezwirbeltes

Horngewächs. Eine Frau und ein Mädchen liefen hinter den Tieren her und dirigierten sie in die Richtung von drei großen schwarzen und zwei weißen Zelten. Die beiden würden wohl eine halbe Stunde brauchen, bis sie die Zelte erreichten.

Inzwischen erzählte Samten im Auto: »Eine solche Herde ist ein Vermögen wert. Die Wolle der Ziegen ist sehr kostbar, besonders das weiche Unterhaar der Halspartie ist begehrt wegen seines Wärmevermögens.«

»Die Schals in den Läden sind meist mittlere Qualität«, merkte Sonja an.

»Und woran erkenne ich dann die hochwertigen?« Frau Volkers wollte ihrer Tochter einen dieser Schals mitbringen.

»An ihrer unglaublichen Luftigkeit. Ein solcher Schal lässt sich durch einen Fingerring ziehen. Allerdings kosten die einige tausend Euro.«

»Diese Leute leben abseits jeder sogenannten Zivilisation und stellen Kostbarkeiten her für die High Society der ganzen Welt. Das muss man sich mal vorstellen.« Jule grinste. »Auch eine Art Globalisierung.«

Um die Zelte lag verstreut Gestrüpp, Wäsche hing auf Schnüren zum Trocknen. Keine Spur von Zivilisationsmüll. Als die Wagen anhielten, trat ein Mann aus einem Zelt heraus. Samten hatte ihm offenbar eine Nachricht zukommen lassen, denn er wirkte keineswegs überrascht von dem nachmittäglichen Besuch. Obwohl es ein warmer Tag war, trug er eine schwere wollene Goncha, auf seinem Kopf saß schräg eine orangefarbene Strickmütze. Das Gesicht war ausdrucksstark und die Haut vom Wetter gegerbt.

»Wieso denken wir eigentlich, dass er neun fremde Menschen in sein Zelt einladen möchte?«, überlegte Jule laut, nachdem alle aus den Wagen gestiegen waren und sich streckten. »Ist das nicht zu viel an Gastfreundlichkeit erwartet?«

»Mir ist das, ehrlich gesagt, auch unangenehm.« Frau Volkers schaute Samten fragend an.

»Er ist ein entfernter Verwandter von mir. Das geht schon in Ordnung.«

»Ich habe fast den Eindruck, in diesem Land sind alle irgendwie miteinander verwandt ... Jedenfalls Danke, dass du uns das ermöglicht hast.«

Alle nickten und Herr Schneider lobte diesen Moment als einen weiteren Höhepunkt der Reise. Frau Volkers trat dann als Erste hinter Samten und dem Gastgeber durch den niedrigen Eingang in das Zelt.

Teppiche und bunte Decken auf der Erde und an den Wänden drapiert ließen das Zelt überraschend gemütlich wirken. Ein vollständiger Haushalt mit Matratzen, Truhen, ein Blechherd mit zwei Kochlöchern, ein Altar mit Buddhas und Butterlampen, einfach alles für den alltäglichen Bedarf war aufgebaut.

Eine Traube Kinder, die eben noch vor den Zelten getobt hatten, streckten ihre Köpfe zur Tür herein. Rote Wangen, triefende Nasen, große neugierige, eine Spur verängstigte Augen. Hellhäutige Besucher bekamen sie nur selten zu sehen, und zögernd nahmen sie von diesen Bleistifte und Luftschlangen entgegen. Einen Moment später begutachteten sie gegenseitig ihre Geschenke und zogen vor Freude kreischend die bunten Luftschlangen über den Boden.

Ein junger Mann trat von außen herein. »Mein Sohn«, stellte der Vater ihn vor. In seiner Stimme schwang Stolz. Der Sohn hatte das runde Gesicht und den kräftigen

Körperbau seines Vaters, allerdings trug er weder Goncha noch Schaffell der Nomaden, sondern eine moderne Jeans und einen voluminösen abgesteppten roten Anorak. Er begrüßte seinen Vater und die Gäste mit einer selbstbewussten Handgeste und holte aus seinem Rucksack Gemüse, Äpfel und Weintrauben hervor. Mitbringsel für die Familie. Mit dem Lastwagen sei er gekommen, berichtete er in gutem Englisch, und von der Hauptstraße hierhergelaufen; er gehe auf eine Internatsschule in Leh, und zwar auf Anweisung der Regierung, die auch den Kindern von Nomaden Bildung ermögliche.

»Die Zeiten, als ein Lehrer zusammen mit dem Clan durch das Hochland zog, sind vorbei. Leider«, erklärte Samten. »Bald geht auch seine Schwester nach Leh.« Er nickte zu dem Mädchen, das inzwischen mit ihrer Mutter eingetroffen war.

»Und du?« Sonja wandte sich an den jungen Mann. »Wirst du später zurückkommen?« Sie ahnte, in welche Richtung dieses Gespräch führen würde, es war immer dasselbe Dilemma.

Einen Moment lang war es still im Zelt, der junge Mann zupfte verlegen an seiner Jeans, während alle Blicke auf ihn gerichtet waren und sein Vater offensichtlich nicht begriff, was vor sich ging. Ein Besuch hier sei gut, sagte der Gefragte schließlich. So wie jetzt, für eine Woche.

»Ich meine, für immer. Möchtest du hier leben?« Jetzt schüttelte er den Kopf.

Sonja bedauerte, dass sie dieses heikle Thema angeschnitten hatten, die Spannung lag längst in der Luft, zumal Frau Volkers gleich nachhakte: »Was soll denn aus eurer Herde werden?«

Jetzt straffte der Junge die Schultern. »Vater soll unsere Tiere verkaufen. Für das Geld will ich ein Taxi kaufen.« Der Satz landete in dem Zelt wie ein Ufo aus einer fernen Galaxie. »Ich will Taxifahrer werden.«

Der Vater hatte vermutlich nur dieses eine Wort »Taxi« verstanden und wusste doch, wovon sein Sohn sprach.

»Der Junge kann nicht mit den Tieren umgehen. Er kann nicht einmal die Jurte aufstellen«, mischte sich die Mutter ein, »aber er will ein Taxi!«

Er warf ihr einen trotzigen Blick zu. »Die Schafe und Ziegen zu versorgen ist hart. Das hast du selbst immer gesagt, Mutter. Oft ist das Wetter zu trocken, es gibt einen Schneesturm oder das Futter ist knapp.«

So gerieten die Gäste in einen Streit zwischen beiden Eltern und ihrem Sohn, in dem gewiss dieselben Argumente fielen wie in allen Diskussionen zu diesem Thema vorher. Es war Sonja unangenehm, dem Disput beizuwohnen. Auch die anderen schwiegen.

Schließlich wandte sich der Junge zu den Besuchern: »Später werde ich in Leh ein Haus kaufen und meine Eltern dort hinbringen. Vater und Mutter sollen es bequem haben und warm, wenn sie alt sind.«

»Und wie denken sie darüber?« Frau Volkers schaute zu den beiden Menschen, die mit einem Mal verloren wirkten.

»Seine Mutter sagt, sie wird niemals in der Stadt leben«, sprang Samten ein. »Sie will hierbleiben, zusammen mit ihren Tieren. Sie befürchtet, in der Stadt seien die Luft und das Wasser schmutzig. Ein Haus mit harten Mauern würde sie ersticken. Auch sein Vater wird niemals seine Tiere verlassen. Er sagt: ›Die Tiere haben immer für uns gesorgt, uns ihre Milch, Wolle und Leder gegeben. Wie könnte ich sie da weggeben! Wir gehören hierher, egal was geschieht. Hier ist unser Zuhause.‹«

»Und nun will der Junge Taxi fahren.« Die Frau schaute anklagend abwechselnd auf ihren Sohn und die Gäste, so als könnten sie daran etwas ändern.

»Vielleicht studiere ich auch, meine Schulnoten sind gut. Ingenieur, Bauunternehmer, Lehrer oder so. Das wäre auch etwas.« Der Junge zuckte die Schultern. »Alles, nur kein Nomade.«

Als sie wegfuhren, rannte die Traube Kinder mit ihren bunten Luftschlangen neben ihnen her. Die Gastgeber, der Junge und seine Schwester standen gemeinsam vor dem Zelt. Sie winkten ihnen nach.

Das Karma reift

Der Sommer dieses Jahres 1989 stellte alle Weichen für mein weiteres Leben. Aber diese radikale Wendung erkannte ich freilich erst im Rückblick. Ich studierte in Delhi im dritten Jahr Master of Arts, ein nicht sonderlich angesehenes Fach auf einer drittklassigen Universität. Die Sommermonate verbrachte ich in Ladakh, wo ich noch immer als Reiseleiter arbeitete.

Tundup war längst in ein größeres Büro umgezogen. Sein Reisebüro galt als eines der besten in Leh. Wir waren nach wie vor ein Team, hatten allerdings die Nähe unserer Kindheit nie wiedergefunden. Ich kann nicht einmal sagen, ob wir noch Freunde waren.

Tundups unnahbares Verhalten machte es schwierig für mich, ihm ganz zu vertrauen, auch wurde ich das Gefühl nicht los, dass er mir nicht verziehen hatte. Wie könnte ich ihm das verübeln! Genau betrachtet, hatte ich seine Kindheit zerstört und die Familie auseinandergerissen. Seine trockenen, sperrigen Gesten betonten jene Überheblichkeit, die er neuerdings zur Schau stellte, eine schon an Arroganz grenzende Art, wie sie oft Menschen zeigen, die schnell zu Geld und Ansehen gekommen sind. Ich gestehe, dass ich Tundup in schwachen Momenten um seinen Erfolg beneidete.

Auch viele andere alte Freunde waren ins Tourismusgeschäft eingestiegen. Selbst Gyatso, der kleine Ziegenhirte von Onkel Angchuk, hatte eine Trekkinggruppe von Lamayuru nach Zanskar begleitet. Allerdings nur ein einziges Mal. Zwölf Tage lang mussten seine Esel Rucksäcke, Zelte, Gemüse und lebendige Hühner transportieren. Der arme Gyatso! Er verdiente zwar ordentlich Geld, mehr als sonst in zwei Monaten, aber er hatte Heimweh, und schlimmer noch: Er versäumte die Ernte, während seine Frau die Arbeit allein nicht schaffte und Helfer aus Nepal anwerben musste. Nach dieser Erfahrung lockte ihn kein Auftrag mehr aus seinem Dorf.

Dann kam dieser einzigartige Abend, Sonja. Niemals werde ich die Stunde vergessen. Ich hatte meine Kunden, zwei Ehepaare aus Österreich, nach einem Ausflug in das Kloster Phyang zu ihrem Hotel gebracht und war nun mit Tundup in einem Gartenrestaurant verabredet.

Damals kamen diese Restaurants gerade in Mode: Naturnah standen zwischen Weiden und Pappeln auf einer Wiese einfache Tische und Stühle, in den Bäumen hingen bunte Lampions, und abends brannten Kerzen, sobald der Strom ausfiel. Es war ein warmer Abend im Juni, das Restaurant war bestens besucht, als Tundup dich am Nachbartisch entdeckte. Er winkte dir zu, du nahmst dein Glas und kamst zu uns herüber. Tundup war erfreut, dich zu sehen. Du hast ihm gefallen, das fiel mir sofort auf. Wir plauderten eine Weile, und als du sagtest, du seist nie auf dem Königspalast gewesen, konnte ich es nicht glauben. »Du bist seit Wochen in Ladakh und warst noch nie am Königspalast?«

Du hast den Kopf geschüttelt und gelacht. Dann bot ich an, dich hinzuführen.

Ab diesem Tag trafen wir uns immer, sobald ich mit der Arbeit fertig war. Ich war überrascht, dass du echtes Interesse an mir hattest. Die Worte strömten nur so aus mir heraus, Gedanken und selbst tiefe Gefühle hörte ich mich zum ersten Mal ausdrücken. Ich habe mich von dir verstanden gefühlt. Vor jeder Verabredung befürchtete ich, es könnte dieses Mal weniger magisch sein, der Zauber zwischen uns würde sich auflösen. Ich hatte auch Sorge, dir nicht zu genügen. Ich, der Junge aus Ladakh, und du, die Weltreisende. In dem Moment jedoch, wenn wir zusammenkamen, waren wir einander vertraut wie zwei Menschen, die sich seit jeher kannten. Ein solches Gefühl hatte ich bis dahin nicht für möglich gehalten. Ich war bereit, mein Leben in deine Hände zu legen.

Dann wollten wir nach Alchi reisen. Am Abend vor der Fahrt verabschiedeten wir uns mit einem Kuss. Erinnerst du dich an diesen Kuss, Sonja? Behutsam, um nichts zu trüben, haben wir uns berührt. Für mich war dieser Kuss ein Versprechen. Ich war so voller Hoffnung und Aufregung, wohin diese Reise uns führen würde. Bitte entschuldige, wenn ich es ungeschickt formuliere. Ich bin es nicht mehr gewöhnt, meine Gefühle so direkt zu beschreiben. Die Reise mit dir war ein Versprechen, das, so glaube ich, wir beide spürten und nun einlösen wollten. In diesem glückseligen Zustand befand ich mich, als das Desaster passierte. Hier liegt zugleich die Erklärung dafür, dass du vergeblich auf mich warten musstest.

Nachdem wir uns getrennt hatten, kaufte ich Obst, Brot und Kekse. Ich wollte dich am Ufer des Indus mit einem Picknick überraschen. Während ich noch meine Tasche packte, kam mein Cousin ins Zimmer und überbrachte mir jene schicksalhafte Nachricht, die mein Leben und vielleicht auch deines mit einem Satz verändern sollte:

»Norbu, dein Bruder ist verschwunden. Seit einer Woche schon.«

»Was heißt das, er ist verschwunden?« Tenzin verließ nie länger als nötig das Haus, bestenfalls zu einer Party, aber auch die ging einmal zu Ende.

»Du musst ins Dorf fahren. Vater wird morgen eine Suchaktion nach ihm starten.«

Mein großer Bruder war weg. Ich hatte keine Wahl: Ich musste nach Hause.

So schrieb ich dir eine Nachricht. Es waren drei kurze Sätze, ich erinnere mich genau daran: »Mein Bruder ist verschwunden. Bitte warte auf mich. Ich bin bald zurück. In Liebe Citta«.

Ich war überzeugt davon, dass du meine überstürzte Abreise verstehen würdest. Deshalb machte ich mir keine Sorgen um uns. Wir verschieben unseren Ausflug einfach um einige Tage, dachte ich. Offen gesagt war ich sicher, dass dir und mir ohnehin ewig Zeit füreinander blieb.

Auf dem Weg zum Lastwagen-Rastplatz übergab ich Tundup diesen Brief mit der Bitte, ihn dir zu bringen, und zwar noch am selben Abend. Schließlich würdest du ja am folgenden Morgen sehr früh zum Busstand aufbrechen. Er versprach es.

Bald saß ich in einem Lastwagen, der zu dieser späten Stunde noch in Richtung Westen aufbrach. Der Fahrer versuchte, ein unverbindliches Gespräch anzufangen. Aber ich? Starrte auf den glänzenden Asphalt, und die ganze Landschaft verschwamm in diesem milchigen Vorabendlicht vor meinen Augen, bis ich nicht mehr wusste, ob ich zu blinzeln vergaß oder weinte. Auf dieser Straße hatte ich mit dir fahren wollen, Sonja. Nur wenige Stunden später. So senkte sich die Dunkelheit über das Land, und die im Mondlicht glänzende Straße brachte mich zurück zu meinem Elternhaus. Zurück zu meiner Familie, bei der ich seit zwölf Jahren nicht mehr wohnte, um nach meinem Bruder zu suchen, mit dem ich mich nicht verbunden fühlte.

In der Küche waren viele Leute versammelt, die sich an der Suche nach Tenzin beteiligen wollten. Vater teilte die Trupps ein, man würde in alle Richtungen ausschwärmen. Ich sollte das Flussufer absuchen. Unterhalb des Dorfs floss der Indus in einem breiten Bett, an seinen Seiten verlief ein schmaler Streifen aus Kieseln. Obwohl der mächtige Indus an dieser Stelle relativ träge war, hatte seine dunkle Tiefe mir immer Unbehagen eingeflößt. Jetzt lief ich an diesem Ufer entlang, kletterte über Felsen weiter und weiter, bis das Wasser in eine Klamm drängte, wo es tosend in wilden Strudeln verwirbelte. Wie in Trance hielt ich Ausschau nach meinem Bruder und hoffte zugleich, seinen Körper nicht entdecken zu müssen. Längst hatte ich das Gefühl für Zeit verloren, während ich mechanisch ging, immer weiter, bis ein steiler Felsvorsprung mir den Weg versperrte und ich umkehren musste. Hatte das Wasser seinen Körper hier vorbeigetragen? Oder war er an einem Hindernis am Ufer gestandet und lag nun dort? Beide Vorstellungen waren verstörend.

Als ich am Abend nach Hause kam, trafen nach und nach auch die anderen ein. Niemand hatte eine Spur gefunden. Auch an den nächsten beiden Tagen suchten wir weiter. Einmal lief ich hinter dem Felsvorsprung weiter, wo ich am ersten Tag abgebrochen hatte. Hatte unsere Suche überhaupt einen Sinn? Inzwischen bezweifelte ich das. Meine arme Api wurde schier verrückt bei dem Gedanken, die Wassergeister hätten ihn geholt; sie betete vom Morgen bis zum Abend und ließ die Perlen ihrer Gebetskette durch die Finger gleiten. Mutter litt auf ihre stille Weise, und ich glaube, sie wusste mit der Intuition einer Mutter längst, dass sie ihren ältesten Sohn freigeben musste. Dass sie nichts mehr ausrichten konnte für ihn.

Am Abend des vierten Tages beschloss Vater: »Hören wir auf, das bringt nichts mehr.«

Dieses Eingeständnis, dass man die Hoffnung aufgegeben hatte, Tenzin zu finden, versetzte uns in eine Art Lähmung. Eine tiefe stille Trauer überschattete das Haus. Am schlimmsten für meine Familie war die Ungewissheit. War Tenzin tot? Oder konnten sie auf seine Rückkehr hoffen?

In mir keimten allerdings völlig andere Gefühle auf. Nun, da er weg war, würde ich als der zweite Sohn die Verantwortung übernehmen müssen. Für die Familie, das Haus, die Tiere, für die Bestellung der Felder. Und für die Frau meines Bruders mit den beiden Kindern. Eine solche Zukunft schien mir unerträglich zu sein.

In jener Nacht, nachdem Vater die Suche aufgegeben hatte, machte ich kein Auge zu. Ich argwöhnte, Tenzin bereite mir selbst jetzt durch seine Abwesenheit noch Ärger. Hatte ich doch viele Jahre vorher beschlossen, dass ich nicht mehr hier leben mochte.

Außerdem wollte ich zu dir, Sonja. Ich wollte mit dir reden, zuhören, deine Augen, dein Lächeln sehen. Dich umarmen. Ich sehnte mich so sehr nach dir. Vielleicht auch danach, dass wir beide gemeinsam einen Weg finden würden. Diese Sehnsucht verlieh mir Kraft und Mut.

Ich glaubte fest daran, dass du auf mich warten würdest. Meinen Kummer wollte ich mit dir teilen, die Sorge um das, was meine Familie von mir erwartete. Dass ich mein Studium abbrechen und alles, wofür ich gekämpft hatte, nun aufgeben sollte.

Am nächsten Tag fuhr ich nach Leh, ich rannte vom Busstand zu deinem Guest House, ungeduldig und voller Hoffnung. Aber die Vermieterin sagte mir, du seist zwei Tage vorher abgereist. Wohin wusste sie nicht.

Auch Tundup konnte mir nicht weiterhelfen. Er gab sich sehr geschäftig, als ich ihn in seinem Büro aufsuchte. Er saß in seinen gepolsterten Sessel und schob konzentriert Zettel auf dem Schreibtisch herum.

»Ich hatte an dem Tag irre viel zu tun. Zelte organisieren, Kunden im Hotel besuchen, so etwas. Deswegen habe ich meinen Ponyjungen mit dem Brief zu ihr geschickt.«

»Und? Hat er ihn abgegeben?« Ich war entsetzt.

»Denk ich mal. Er ist mein bester Ponyjunge. Sehr zuverlässig. Aber ich habe ihn seitdem nicht mehr gesehen.« Er zuckte die Schultern.

»Ich muss ihn sprechen!«, rief ich. Damit hatte ich nicht gerechnet.

»Er ist auf Trekking nach Zanskar. In einer Woche sind sie zurück.« Tundup nahm einen Zettel vom Tisch, überflog ihn. Die Unterhaltung schien für ihn beendet, doch nicht für mich.

»Wie konntest du diesen Brief in fremde Hände geben?« Ich schrie ihn jetzt an.

»Komm schon, ist das jetzt wirklich schlimm? Glaub ich doch nicht.« Er legte den Zettel weg und klopfte mir grinsend auf die Schulter. »Du solltest dich jetzt um deine Familie kümmern.«

Ich wollte ihm glauben, schließlich war er doch mein bester Freund gewesen. Oder etwa nicht? Wieder war es diese seltsame Geste, mir auszuweichen. Bei Tundup wusste ich einfach nie, woran ich war.

Während ich dies schreibe, erinnere ich mich, wie ich an jenem Abend gezögert hatte, ob ich ihm den Brief übergeben sollte. Aber wenn nicht ihm, wem dann? Er war die einzige Verbindung zwischen dir und mir. Hat Tundup meine Nachricht mit Absicht unterschlagen, um uns auseinanderzubringen? Sein merkwürdiges Verhalten versetzte mir schon damals einen Stachel des Misstrauens. Vielleicht war es seine späte Rache. Auch das könnte ich ihm nicht verdenken.

Du hast Tundup gefallen. Bis zu dem Abend im Gartenrestaurant meinte ich, er mache sich nichts aus Frauen. In deiner Gegenwart jedoch zeigte er sich auf eine Weise unruhig, die ich an ihm nicht kannte.

Manchmal war ich sicher, dass du meinen Brief doch bekommen und mich verlassen hattest. Weil du es dir anders überlegt hattest, deine Liebe zu mir nicht ausreichte. Diese Fragen beschäftigten mich auch in den folgenden Jahren immer wieder.

Auf dem Weg von Tundups Büro durch die Stadt war ich so aufgewühlt, dass ich zunächst nicht bemerkte, wie anders die Atmosphäre war. Auf den sonst belebten Straßen waren nur wenige Leute unterwegs. Die meisten Läden waren geschlossen, die Rollos vor den breiten Glasfronten heruntergelassen. Eine irritierende Angespanntheit lag in der Luft.

Als ich am neuen Kloster ankam, war der Innenhof voller Menschen, die diskutierten, und schließlich verstand ich: Man forderte die Unabhängigkeit Ladakhs von Jammu und Kaschmir und verlangte einen eigenen

Bundesstaat. Die Zeit war gekommen! Zum Wortführer hatte sich die politisch engagierte Ladakh Buddhist Association, die LBA, gemacht, und sie rief nun zum Protest auf. Ich hörte kaum hin, Demonstrationen interessierten mich im Moment nicht. Stattdessen machte ich mich auf den Weg zum Busstand, um zurück in mein Dorf zu fahren. Was sonst hätte ich tun sollen?

Busse verkehrten in diesen Tagen nur sporadisch, auch die meisten Taxifahrer debattierten lieber über Politik, als auf Kundschaft zu warten. Ohnehin waren die meisten Touristen abgereist. Dies hier war nicht das Ladakh, nach dem sie gesucht hatten. Du, Sonja, wärst trotz allem oder gerade deshalb geblieben, dessen war ich mir sicher. Dir lag Ladakh am Herzen.

Im Dorf war mein verschollener Bruder natürlich das wichtigste Gesprächsthema, und die Mutmaßungen der Leute wurden immer verwegener. In diesen Tagen ging ich morgens nicht zum Bach. War er wirklich in den Indus gestürzt auf dem Heimweg nach jener Party? Freunde erzählten, er sei betrunken gewesen, als er das Fest verließ. Es gab auch Gerüchte, Tenzin sei nach Indien gegangen, um sich seinen familiären Verpflichtungen zu entziehen, die er, obwohl Vater es nicht zugeben mochte, nicht sonderlich gut erfüllte. Angesichts von Tenzins Trägheit fand ich die Theorie allerdings unwahrscheinlich. Wovon hätte er dort leben sollen? Zudem ärgerte mich die Vorstellung, dass wir nach ihm suchten, während er sich davongeschlichen hatte. Ich bevorzugte die Annahme, mein betrunkener Bruder sei irgendwo abgestürzt.

Die politischen Unruhen breiteten sich unterdessen von Leh in die Dörfer aus. Auch auf unserem Versammlungsplatz standen vor dem Serai inzwischen die Nachbarn und besprachen die Lage. Die Lehrer und der Arzt ließen sich selten blicken. Die Stimmung drehte sich gegen sie.

Aus Leh kam wenige Tage später eine schlimme Nachricht: Polizisten hatten mitten auf der Hauptstraße drei Ladakhis erschossen. Aus Notwehr, hieß es von offizieller Seite. Genaues wusste keiner, nur dass die Regierung eine Ausgangssperre über die Stadt verhängt hatte. Aber es war zu spät. Der schreckliche Vorfall löste im ganzen Land ein bis dahin nicht gekanntes Erdbeben aus.

Im Dorf unterstützen wir die Aufstände nach besten Kräften. Wir standen an der Straße und warteten auf die Lastwagen – dieses Mal aber nicht, um Obst zu verkaufen. Obwohl diese armen Fahrer mit der großen Politik natürlich nichts zu tun hatten, machten wir den wenigen, die überhaupt noch kamen, das Leben schwer. Wenn ein Lastwagen in Sicht kam, beschossen wir die Fensterscheiben mit Steinchen. Sobald der Fahrer notgedrungen das Fahrzeug zum Halten brachte, kletterten wir auf die Ladeflächen und plünderten, was wir bekommen konnten. Mit der Wut und auch dem Erfolg unserer spontanen Aktionen keimte ein neues Selbstbewusstsein auf und ja, wir feuerten uns gegenseitig an. Ich dachte an meine Schwester, die der Arzt nicht behandelt hatte. An den Lehrer, der mich nicht hatte unterrichten wollen. Und ich dachte an meine Api, die immer schon diese Zustände angeprangert hatte. Endlich konnte ich einmal für sie einstehen.

Heute schäme ich mich für meine Aggression, für jeden Stein, den ich geworfen habe. Einen Fahrer anzugreifen, nur weil er zufällig aus Kaschmir stammte, war weder politisch klug noch fair. Doch damals schwamm ich mit in dieser erstaunlichen Dynamik, die uns alle erfasst hatte. Sonja, ich war sogar erleichtert, dass du abgereist warst. Die Lage hatte sich wirklich bedenklich verschärft.

Die folgende Begebenheit ist mir in besonderer Erinnerung geblieben: Ein Polizeiwagen mit rotem Blicklicht auf dem Dach rollte auf dem Versammlungsplatz vor, wo ich mit etwa dreißig Leuten herumstand. Wir hatten gehört, dass Polizisten im ganzen Land umherfuhren und die Dorfleute zu Ordnung und Vernunft ermahnten. Rotes Blinklicht hieß für uns: Besucher von hohem Rang. Aufstehen. Gerade hinstellen. Dem Gast ehrerbietig und mit einer Verbeugung Respekt bezeugen. So war das immer gewesen. Nun stiegen die beiden Polizisten aus dem Fahrzeug in ihrer gebügelten Uniform, mit Sternen am Schulterpolster. Von den Rücksitzen kletterten drei Leibwächter heraus.

Niemand wusste später, wer diesen Satz gemurmelt hatte: »Leute, bleibt, wo ihr seid. Nicht aufstehen!« Jedenfalls wirkte es wie ein Zauberwort. Keiner von uns stellte sich in Position, kein Einziger, auch die Begrüßung sprach niemand aus. Die Beamten standen eine Weile offensichtlich brüskiert herum. Warteten. Die Atmosphäre war angespannt. Schließlich kam der ältere Polizist mit harter Stimme, die ihm in jeder anderen Situation sofort Gehör und Respekt verschafft hätte, ohne Umschweife zum Thema.

»Wenn ihr so weitermacht, werfen wir euch alle zusammen ins Gefängnis! Habt ihr das verstanden? Und glaubt mir: Es wird euch dort nicht gut ergehen. Ist es das, was ihr wollt?« Er schaute uns streng an. Offenbar erwartete er, dass wir reumütig den Kopf senken würden. Wie das immer gewesen war.

Jetzt aber passierte etwas ganz anderes. Unruhe entstand in unserer Gruppe, jemand rief: »Hör auf, Mist zu reden.« Dann schrie jemand: »Von euch lassen wir uns nichts mehr gefallen.«

Der Polizeichef zog die Augenbrauen zusammen, schaute in unsere Runde, um die Rebellen ausfindig machen. Aber er prallte ab an einer Wand von Menschen, die ihn mit verschlossenen Gesichtern anstarrten. Bewegung kam auf, die Leibwächter brachten ihre Finger an den Anschlag der Gewehre. Und noch während der Polizeichef schrie: »Nicht schießen!«, brach ein Tumult aus. Ein paar Jugendliche rissen den verdutzten Leibwächtern die Flinten aus den Händen. Jemand zerrte dem älteren Polizisten die bronzenen Sterne vom Jackett, während der andere herumgeschubst wurde wie eine Marionette.

»Hört auf, es ist genug!«, brüllte schließlich jemand. Es war Onkel Angchuk.

Endlich ließen wir sie los und schauten zu, wie sie zum Auto rannten, eine Staubwolke aufwirbelnd abfuhren, bis der Wagen nur noch als schwarzer Punkt erkennbar war. Wir klopften einander lachend auf die Schultern. Es war ein Sieg, der Mut machte. Der Geshe Meme kam in diesen Tagen häufiger als üblich ins Dorf. Er wollte uns beschwichtigen, dieses Mal aber hörten wir nicht auf seine Worte.

Unterdessen verhandelten unsere Vertreter von der Ladakh Buddhist Association mit den zuständigen Politikern in Srinagar und Delhi. Wir alle hofften, dass diese auf unsere Forderung nach Unabhängigkeit eingingen. Doch schließlich hieß es, wir müssten uns in Geduld üben, Verhandlungen brauchten Zeit. Die LBA rief zur Gewaltlosigkeit auf. Der Sommer ging bereits zu Ende, als die Proteste abebbten.

Eines Abends musterte Vater mich mit einem langen ruhigen Blick. So ernst und bestimmt, dass ich wusste, es war so weit. Schließlich sagte er: »Wir brauchen wieder einen Mann im Haus.«

Ich sollte die Stelle meines Bruders einnehmen. Erbe des Hofes sein und damit Vorstand der Familie. Als Ehemann und Vater mich um seine Frau und die Kinder kümmern. Die Frau meines Bruders hatte einen guten Charakter, sie war freundlich, unkompliziert und die Arbeit war ihr nie zu viel. Wie aber konnte ich ihr Mann sein, mehr noch, das Bett mit ihr teilen? Ich habe immer an dich gedacht, Sonja. Die vergangenen Jahre hatten meiner Seele Flügel wachsen lassen. Und nun sollte ich hier dieses Leben führen. Es war mein Zuhause und war es doch nicht mehr.

Ein Jahr blieb ich und erfüllte meine neue Aufgabe.

Meine Schwägerin brauchte auch Zeit, den Verlust ihres Mannes zu bewältigen, obwohl ich nicht wusste, wie tief ihre Liebe zu ihm gewesen war. Wir hatten einen freundlichen, entspannten Umgang miteinander, zugleich spürte ich, dass sie auf eine Geste von mir wartete.

Eines Nachmittags teilte sie mir mit: »Ich habe nachgedacht, was aus mir und den Kindern werden soll.«

Ich war überrascht, dass sie es war, die eine Entscheidung getroffen hatte. Folgte ihrem Blick zu dem Jungen und dem Mädchen, sie mochten sechs oder acht Jahre alt gewesen sein. Sie spielten auf dem Hof Fangen.

»Ich gehe zurück zu meinen Eltern.«

Auf diese Möglichkeit war ich nicht gekommen. Aber sie hatte recht: Sie war jung und würde gewiss wieder heiraten. Ich wünschte ihr von Herzen einen guten Ehemann.

Ohnmacht und Wut

Sonja legte die Blätter auf den Tisch zurück und starrte hinüber zur Bergkette des Stok Kangri. Über den Gipfeln hatte sich dicker Nebel zusammengezogen. So nah war sie an dem Punkt gewesen, der womöglich Glück bedeutet hätte. Ihr Blick verlor sich in dem undurchdringlichen Gebräu von Weiß, während ihre Erinnerung zögerlich auch die letzte Sequenz dieser Reise freigab.

Einen Tag hatte sie gewartet, schließlich fuhr sie, noch immer zutiefst verletzt, zu ihrer alten Freundin Dolma. Stundenlang, tagelang, saß sie vor dem Haus, starrte Löcher in die Luft. Dolmas Kinder begriffen nicht, weshalb sie keinen Schneewalzer mehr tanzen wollte, und zogen sich beleidigt zurück.

Als die Nachrichten über die Lage in der Stadt sie erreichten, wollte Sonja nach Leh. Dolma tat ihr Bestes, um sie zurückzuhalten. Beschwor sie, gerade jetzt im Dorf zu blieben, wo es sicherer sei. Aber Sonja konnte diese Idylle nicht mehr ertragen und packte ihren Rucksack.

Die ehemals viel befahrene Straße lag da wie ausgestorben. Kein Bus, kein Taxi, kein Motorrad als Mitfahrgelegenheit. Die wenigen Lastwagen hielten nicht an. Am Abend fand sie eine Nische hinter einem Felsen und legte sich schlafen. Die Sonne stand am nächsten Tag schon hoch, sie hatte seit Stunden nichts mehr zu trinken, als endlich der Fahrer eines Lkw sie mitnahm.

Die folgenden Tage kamen ihr vor wie ein utopischer Film. Über die Stadt war Ausgangssperre verhängt, Soldaten patrouillierten mit Schlagstöcken durch die leeren grauen Straßen, auf denen Rudel halbwilder Straßenhunde herumstreunten. Vor dem neuen Tempel an der Hauptstraße versammelten sich jeden Mittag die Frauen und skandierten die Parole: »Shame, shame. Kaschmiris go home.« Immer diese zwei Sätze. »Shame, shame. Kaschmiris go home.«

Die Uniformierten lachten über die aufgebrachten Frauen und warfen einander Witze zu. Es war Tag für Tag dasselbe Prozedere. Man ließ die Frauen eine Weile ihre Slogans rufen, bis ein Lastwagen anrollte und die Heckklappe heruntergelassen wurde. Sie leisteten keinen Widerstand, wenn sie auf die Ladefläche geschickt wurden. Man fuhr sie zur Polizeistation, wo sie die Nacht verbrachten. Am nächsten Morgen durften sie nach Hause gehen. Sie wechselten sich ab, jeden Tag stand eine andere Gruppe vor der Gompa, sie hielten ihre Plakate hoch und das Ritual begann von vorn.

Sonja schloss sich manchmal diesen Frauen an und skandierte mit ihnen. Dabei war es ihr eigener Schmerz, den sie hinausschrie. Dieselbe Wut. Dieselbe Machtlosigkeit.

Ein Offizier mit Schulterstreifen an der Uniform nahm sie einmal beiseite. Er war freundlich. »Misch dich hier besser nicht ein, das ist eine interne Sache, du bist Touristin.« Ein andermal drohte man ihr, sie zusammen mit den anderen ins Gefängnis zu stecken. Es war ihr egal.

Abends saß sie im Hinterzimmer im Haus einer Freundin. Längst kam kein Nachschub an Lebensmitteln mehr, die Restaurants blieben ohnehin geschlossen. In diesem fensterlosen Raum, wo Männer aus dem Viertel sich immer getroffen hatten, Karten spielten und Alkohol tranken, versorgte diese Freundin sie mit einem warmen Essen und einem Gefühl von Geborgenheit. Eine Woche verging so, vielleicht auch zwei. Das Zeitempfinden hatte sie längst verloren. Schließlich kam die polizeiliche Order, dass auch die wenigen verbliebenen Touristen umgehend das Land verlassen mussten. Sie buchte ihren Flug zurück nach Delhi.

Was wäre geschehen, wenn Cittas Nachricht sie erreicht hätte? Sie hätte auf ihn gewartet. Sie wären nach Alchi gefahren. Und dann, wie wäre ihr Leben weiter verlaufen?

Auf dem Handy waren mehrere Nachrichten von Volker, eine ungehaltener als die andere. In der letzten drängte er: »Was ist los, Sonja? Kannst du Vietnam übernehmen? Gib sofort Bescheid. Bitte!«

Sonja trank ihren letzten Schluck Tee, die Wolkendecke hatte sich aufgelockert und gab den Blick auf die Berge wieder frei. Sie schrieb zurück: »Tut mir leid, Volker. Das klappt nicht. Ich hoffe, du findest jemanden.«

Gabelungen

Zwei Jahre blieb ich im Dorf. Sommer für Sommer hoffte ich, du würdest zurückkommen. Sooft es mir möglich war, fuhr ich nach Leh und suchte nach dir.

Nachdem wieder ein Sommer vergangen war und meine Api friedlich und lebenssatt ihren Körper verlassen hatte, verließ ich meine Familie ein zweites Mal.

War es Vorsehung, dass wir uns damals verpasst haben? Das Leben kennt so viele Gabelungen und meist ist es ein winziger Augenblick, der darüber entscheidet, in welche Richtung es weitergeht. Hätte Tundup dir an diesem Abend nicht gewunken oder wärst du in ein anderes Lokal gegangen, vielleicht nebenan, nur wenige Meter entfernt – wir wären uns nie begegnet. Wie auch immer, es war unser Karma, dass es so gekommen ist.

Vom rechten Moment

Ungewohnt war diese Stille. Der Lärm in Delhi, sein Alltag an der Rezeption, auch das Leben mit Frau und zwei Kindern. All das lag hinter ihm. Citta atmete ein. Der Geruch von kaltem Rauch lag in der Küche, nach so langer Zeit. Er überflog noch einmal die Geschichten, legte schließlich die Blätter zurück auf jenes alte lackierte Tischchen, vor dem er nun wochenlang gesessen und geschrieben hatte. Seit zwei Monaten war er zurück. Seine Schwester Dolkar hatte ihm angeboten, im neuen Haus zu wohnen, wo sie mit ihrem Mann lebte, und den Bauernhof weiterführte. Es stand nur einen Steinwurf vom Elternhaus entfernt, direkt an der Straße, wie es neuerdings Mode war. Nachdem Api und seine Eltern gestorben, die Geschwister in den umliegenden Orten verheiratet waren, stand das alte Haus leer.

Mit seiner Rückkehr ließ er die vergangenen zwanzig Jahre hinter sich. Er hatte an der Rezeption von Mittelklassehotels in Delhi gearbeitet, mit seinem Abschluss an einer eher unbedeutenden Universität konnte er nicht mehr erwarten. Immerhin, der Kontakt zu Menschen aus aller Welt hatte ihm stets Freude bereitet. Seine Frau lehrte als Dozentin an der Hochschule für Politikwissenschaften. Diskit Lhamo war außergewöhnlich ehrgeizig und hatte es als eine von wenigen Frauen in eine solch hohe Position geschafft. Seine größte Glückseligkeit aber waren seine zwei Töchter, die er innig liebte. Alles in allem: Es war eine erfüllte Zeit gewesen und er hatte seine Vision aus der Kindheit verwirklicht. Darauf war er stolz.

Im Laufe der letzten Monate jedoch war etwas Unerwartetes geschehen: Inmitten der täglichen Geschäftigkeit fühlte er sich mit einem Mal eigentümlich leer und müde. Er verlor das Interesse an allem, was ihn bis dahin ausgefüllt hatte. An der Rezeption fiel es ihm schwer, freundlich und geduldig mit den Gästen zu sein. Seine Heiterkeit und Leichtigkeit verschwanden. Seitdem die Mädchen in einer anderen Stadt studierten, verschlimmerte sich dieser Zustand rapide.

Was die Ehe betraf, waren er und Diskit Lhamo gewiss ein gutes Paar gewesen. Allerdings standen sie einander nie wirklich nahe, jeder führte sein eigenes Leben und war in seinem Beruf beschäftigt. Manchmal sahen sie einander tagelang nicht oder nur zum gemeinsamen Essen mit den Kindern.

Die Entscheidung war ohne Streit gefallen. Sie blieb natürlich in Delhi. Er wollte zurück nach Ladakh. Vorerst jedenfalls, später würden sie weitersehen.

Ein wunderbarer Lebensabschnitt war vorüber. Er hatte nicht damit gerechnet, dass es so schnell kommen würde. Er lehnte sich zurück. Lächelte. Alles war gut.

Auf der Shanti Stupa

»Das war einfach Zufall«, behauptete sie steif und fest.

»Nein, Dakini. Kein Zufall.«

»Schau nur, wie viele Leute hier sind. Die Shanti Stupa ist nun einmal der Ort für Abendstimmung. Alle wollen sie den Sonnenuntergang sehen. Wir beide eben auch. Rein zufällig.«

»Ach, Dakini, sei doch nicht stur.«

Nun saßen sie auf der Plattform dieser schneeweißen Pyramide und schauten auf die Stadt hinab. Sonja war mit ihrer Gruppe bereits zum zweiten Mal hier, sie alle liebten diesen Ort und wollten ein letztes Mal die überwältigende Atmosphäre in sich aufnehmen.

Sie hatte ihn auf den ersten Blick erkannt, wie er am Rand der Plattform stand. Das Herz schlug ihr bis zum Hals.

Seine Haare waren noch immer dicht, er trug sie zu einem Pferdeschwanz gebunden. Heller Pullover und Jeans. Die dunkelbraunen Augen wach und offen. Sonja wollte die Treppe zur Stupa hinaufeilen und vorgeben, die großartigen Stuckreliefs zu begutachten. Sie musste sich nicht umdrehen, um zu spüren, dass er sie eingeholt hatte. Ihr Herz klopfte so laut, dass er es hören musste. Da standen sie voreinander, überrascht und bestürzt, bis Citta vorschlug, man könne sich ebenso hinsetzen.

Jeder Versuch, ein unverbindliches Gespräch zu beginnen, wäre ihnen plump vorgekommen, und so schwiegen sie vorerst. Dieses Schweigen war vertraut, einerseits. Andererseits lagen so viele Fragen zwischen ihnen. Wo beginnen?

»Wenn dies hier Karma ist, dann war es auch Karma, dass wir uns damals verpasst haben?«, mutmaßte Sonja. Allmählich erholte sie sich. »Seit zwei Tagen bin ich mit der Geschichte durch, und ich muss zugeben: Ich vermisse Norbu.«

»Hast du auch Citta vermisst?«, fragte er mit einem kleinen Lächeln.

»Norbu ist mir im Moment näher«, erwiderte sie vorsichtig.

»Ich wusste ja nicht, ob die Geschichte dich noch interessiert.« Er sann einen Moment nach. »Vielleicht habe ich sie ja auch für mich selbst geschrieben – ein alter Mann, der zurückblickt.« Er lachte und jetzt musste auch Sonja lachen. Sie sagte ihrer Gruppe, sie sollten allein ins Hotel zurückgehen, sie selbst komme später. Das Buffet stehe wie immer um sieben Uhr im Speisesaal bereit.

»Du wohnst wieder im Dorf?«, nahm sie den Faden auf, als die anderen fortgegangen waren. Sonja ließ ihren Blick auf ihm ruhen, während er erzählte. Er war größer, als sie ihn in Erinnerung hatte, was vielleicht daran lag, dass er kräftiger geworden war. Nicht dick, eher erdig. Seine Bewegungen waren gelassen und entspannt, diese ruhige und doch lebendige Ausstrahlung, die Sonja stets angezogen hatte.

Er berührte sie nicht, aber wie er hautnah an ihrer Seite saß, wenige Zentimeter nur sie trennten, wurde ihr zugleich heiß und kalt.

»Ich habe einen Stapel von alten Schwarz-Weiß-Fotos. Erinnerst du dich an den Fotografen, der seinen

Laden hinter der Moschee hatte? Diese großartigen grobkörnigen Porträts von Menschen, die mit strengem Gesicht in die Kamera blickten. Da war jenes Bild von der Hauptstraße, als eine Karawane Yaks und Mulis durchlief. Außerdem habe ich in der Kiste meiner Mutter einen Packen Fotos gefunden. Alte Aufnahmen aus unserem Dorf und von meiner Api. Ich habe keine Ahnung, wer diese Bilder gemacht hat! Ich werde sie vergrößern lassen und in Leh eine Ausstellung organisieren. Für solche Dinge habe ich jetzt endlich die Zeit.«

Einen Moment lang war kein Geräusch zu hören, als ob die Welt einen Moment vergessen hätte, sich weiterzudrehen. Sonja hörte ihren eigenen Atem und sie hörte seinen Atem.

»Wie ist es dir ergangen in all den Jahren?«, fragte er schließlich.

Sonja überlegte. »Alles ist gut. Wie du siehst, bin ich gesund und munter. Und ich darf in der Welt umherreisen. Allerdings habe ich zwischendurch vergessen, Dinge zu tun, die mich glücklich machen.« Weshalb erzählte sie ihm das jetzt?

»Du siehst aber großartig aus und keineswegs betrübt«, entgegnete er charmant.

Sie zuckte die Schultern. »Eigentlich ist ja alles okay. Mir ist nur langweilig geworden.« Er wartete darauf, dass sie weitersprach, aber Sonja winkte ab. »Das ist kompliziert.«

Sie bemerkte, wie er sie ansah. Lange, eingehend. Wann hatte jemand sie auf eine solche Weise angesehen? Jemand, der nur sie, Sonja, meinte?

»Wir sind nicht mehr dieselben«, sagte er schließlich.

»Ich weiß.«

»Aber ich habe dich wiedergefunden.«

Sonja erwiderte nichts.

»Der Moment ist immer das Wichtigste. Er ist alles, was wir haben«, sinnierte er.

»Die Vergangenheit ist vorüber, die Zukunft kennst du nicht«, fuhr sie fort. Die Magie war wieder da. Es war ihr Augenblick. Er beugte sich zu ihr und küsste sie auf die Stirn.

»Wie viel Zeit bleibt uns?«

»Wir fliegen übermorgen zurück.« Es war eher ein Flüstern.

»Ein Tag nur …«

Er strich ihr sanft über das Haar. »Meine Dakini …«

Den Sonnenuntergang sahen sie nicht, auch nicht, wie die anderen gingen. Sie waren viel zu beschäftigt mit sich selbst, und es war längst dunkel, der Schnee auf der Stok-Kangri-Kette leuchtete, als sie schweigend zurück in die Stadt liefen. Schließlich kamen sie an jener besonderen Stelle vorbei. Der Kuss hier, den sie beide wie ein Versprechen empfunden hatten. Sonja lief ein paar Schritte voraus, erleichtert, dass er nicht versuchte, sie einzuholen.

Vor dem Hotel fragte er sie: »Warum bist du damals abgereist?«

Sie ließ sich Zeit, bis sie antwortete: »Ich habe deinen Brief nie erhalten. Ich dachte, du hättest mich verlassen.« Sie konnte sein Gesicht in der Dunkelheit nicht erkennen.

Citta brauchte eine Weile, bis er ihre Worte erfasst hatte.

»Du hast den Brief also nie bekommen …«

»Ich habe auf dich gewartet. Ich dachte, es wäre vorbei.«

»Vorbei«, murmelte Citta. »Für mich war es nie vorbei. Ich dachte, unsere Zeit würde gerade anfangen!«

»Das dachte ich auch«, flüsterte Sonja. »Es war wohl nicht der richtige Moment.«

»Warum hat Tundup das getan? War es seine späte Rache? Vielleicht aus verletzter Eitelkeit, weil du dich mir zugewandt hattest?«

Sie legte ihre Hand auf Cittas Arm. »Das spielt keine Rolle mehr. Jetzt sind wir doch hier.«

»Bitte, Sonja«, sagte Citta leise. »Ich warte auf dich. Bei Tashi.«

»Ich muss gehen.« Vorsichtig löste Sonja sich von ihm. »Gute Nacht, Citta.«

»Gute Nacht, Dakini«, hörte sie noch, als sie hastig in den Garten lief. Das Hotel war finster, in der Lobby brannte das Notlicht. Sie wusste, dass ein Boy neben der Rezeption schlief, und klopfte gegen die Fensterscheibe. Es dauerte einen Moment, bis sie den Schatten des Jungen erkannte, wie er schlaftrunken zur Tür kam und ihr öffnete.

»Ah, Madam Sonja. You are late.« Sonja wandte ihr Gesicht ab, als sie an ihm vorbeieilte.

An Schlaf war nicht zu denken. Dakini, Himmelstänzerin. Sie sah ihn wieder, wie seine Lippen soeben noch diese Worte geformt, seine Augen die ihren festgehalten hatten.

Meine einzige Wirklichkeit ist das Jetzt, dachte sie. Die Zeit bewegt sich stets vorwärts zum nächsten Augenblick.

Sonja schaltete das Licht im Badezimmer an und blickte in den Spiegel. Streckte ihren Körper durch, kämmte mit den Fingern durchs Haar. Zwinkerte dieser Frau zu, die ihr im Spiegel begegnete.

Vollendung

Der Sommer war in seiner ganzen Kraft angekommen. Aufrecht standen die Stockrosen in den Beeten. In den Köpfen der Sonnenblumen hingen Spatzen und pickten die Kerne. Es würde wieder ein heißer Tag werden.

Die meisten wollten noch einmal in die Stadt gehen. Cornelia suchte einen Schal aus Paschminawolle, Heidrun würde mit Günter nach Klangschalen schauen, die Volkers brauchten Mitbringsel für die Enkel: bunte Marionetten aus Pappmaché.

»Und du, Jule?«, fragte Frau Volkers, während die Gruppe sich zerstreute. »Was hast du vor?«

Jule rückte ihre Sonnenbrille zurecht. »Ich setze mich ins Café. Ein letzter Cappuccino mit Blick auf die Berge.«

Sonja nahm indessen Heidrun beiseite. »Wie wird das für dich, übermorgen zu Hause bei deinem Mann zu sein?«

Heidrun lachte, sie wirkte aufgeräumt und entspannt. »Alles gut, Sonja. Nur diesen Kristall krieg ich nicht in den Koffer. Ich werde ihn ins Handgepäck nehmen müssen.«

Sonja nickte und winkte ihr nach. Sie schaute den beiden Hündchen zu, wie sie herumtobten, als Jule zu ihr trat.

»Diese Wochen sind so schnell vergangen«, begann Jule und blinzelte in den Garten, »und doch ist so unglaublich viel geschehen.« Sie zögerte. »Sonja, ich werde meine Arbeit kündigen.«

»Tatsächlich? Du hast offenbar innere Inventur gemacht.« Sonja grinste.

»Kann man sagen. Und weißt du, wem ich diese Klarheit verdanke? Ladakh, Samten und vor allem dir.«

»Danke«, erwiderte Sonja überrascht, »aber ich wüsste nicht, was ich dazu beigetragen habe.«

»Mehr als du glaubst. Jedenfalls jobbe ich vorläufig bei einer Freundin in der Werbeagentur. Das ist schon geklärt. Alles Weitere ergibt sich.«

Spontan umarmte Sonja die junge Frau und wünschte ihr Glück. Da summte ihr Handy und zeigte eine neue SMS an:

»Tibet ist kurzfristig storniert. Peking vergibt keine Visa wegen politischer Unruhen. Übernimm bitte Vietnam!!! Volker.«

Sonja setzte sich in den Garten und bat Ramu um eine Kanne Tee. Am Nachbartisch waren neue Gäste angekommen, erschöpft von der Reise und überwältigt von diesem Panorama. Automatisch hörte sie den Gesprächen zu. Vorfreude, Bedenken, Fragen. Immer dieselben Diskussionen. Sonja lächelte in sich hinein. Sie erhob sich und ging auf ihr Zimmer. Das Päckchen mit dem dunkelroten Stoffeinband lag sorgfältig eingepackt auf dem Nachttisch. Während Sonja es betrachtete, trugen ihre Gedanken sie zurück zu diesen letzten Wochen. Sie zögerte keinen Moment.

»Lieber Volker. Kann Vietnam nicht übernehmen. Wichtige persönliche Termine. Bitte um Verständnis. Gruß Sonja.«

Acht freie Wochen lagen vor ihr.

Wie immer um die Mittagszeit war Tashis Teashop gut besucht und Citta wartete kurz, bis ein Platz frei wurde. Die Besprechung wegen seiner Fotoausstellung war gut gelaufen, in neun Tagen würde die Eröffnung sein. Er dachte an Sonja, wie er immer an sie gedacht hatte, voller Vertrauen in den Lauf des Karma. Ob sie ihn begleiten würde? Entspannt schlug er eine Zeitung auf, blickte hin und wieder hinaus auf die belebte Straße. Er hatte alle Zeit seines Lebens.

Glossar

Ache Schwester im weiteren Sinn, auch ohne verwandtschaftlichen Bezug

Amchi Arzt für traditionelle Heilkunde, bis heute weit verbreitet

Ani Tante, im weiteren Sinn, auch ohne verwandtschaftlichen Bezug

Api Großmutter, wird auch allgemein respektvoll für ältere Frauen verwendet

Ashang Onkel, im weiteren Sinn, auch ohne verwandtschaftlichen Bezug

Bakschisch Schmiergeld für besondere Dienste; nicht nur in Ladakh, auch in ganz Indien weit verbreitet

Beda Musikanten

Chang hausgemachtes Bier aus Gerste

Dakini mystisches Himmelswesen, ähnlich einer Fee, die Meditierenden erscheint, um ihnen den Weg zur spirituellen Entwicklung zu weisen

Dzo Kreuzung zwischen Yak und Kuh; weit verbreitetes Nutztier in Ladakh

Garba Dorfschmied

Goncha ladakhisches Nationalgewand; es ist knielang und wird mit einem breiten Wollband um die Hüften zusammengehalten

Gongmo Frau mit starker negativer Energie

Gonkhang Tempel der zornvollen Schutzgottheiten in einem Kloster

Katak weißer Glücksschal, wird zum Zeichen des Respekts und der Wertschätzung überreicht

Komnyer Mönch, der die Schlüssel für die Klosterräume aufbewahrt

Lhadho eine Steinsetzung in offener Natur, Wohnort von Geistern und Schutzgottheiten

Maitreya der künftige Buddha des kommenden Weltzeitalters

Mala Gebetskette mit 108 Perlen

Ma-shing das größte und beste Feld einer Familie

Meme respektvoll für Großvater, auch ohne verwandtschaftlichen Bezug

Momos Teigtaschen mit Gemüse oder Fleisch gefüllt

Mon Dorftrommler

Njopa Hochzeitstänzer

Perak traditionelle Kopfbedeckung der Frauen

Phaspun Gruppenverband aus mehreren Familien, die einander bei wichtigen Festen wie Hochzeiten und Todesfällen unterstützen

Puja Bezeichnung für Verehrungshandlungen, in der Regel werden dabei heilige Texte gesprochen und Mantren rezitiert

Rigsnan die niederen Kasten

Serai Gemeinschaftshaus im Dorf

Thangka religiöses Rollbild

Tsampa geröstetes Gerstenmehl

Vajra und Gantha Glocke und Donnerkeil; rituelle Instrumente aus dem Buddhismus, die das weibliche bzw. männliche Prinzip darstellen.

Ema Engerer

Liebende

*Eine Geschichte über rückhaltlose Öffnung,
körperlich und geistig: Einklang zwischen Frau
und Mann. HINGABE*

Alles war umarmt und verschmolz in einer Liebe, die immer schon war und immer sein würde.
Nichts gab es mehr zu wissen, alles war, was es ist.
Dies war das Geheimnis der Liebe, der verschmel-
zenden Liebe, deren Samenkorn jedes menschliche Wesen in sich trägt ... Eine ERZÄHLUNG über LIEBE

Liebende ist die Geschichte von Özel Li, einem Nomadenmädchen, auf
der Suche nach dem verborgenen Schatz in sich selbst. Im Stillschwei-
gen der Berge des Himalaya begegnet sie dem Geheimnis der Liebe und
kostet durchdringende Glückseligkeit. Die Flügel ihres Herzens schwingen sich auf – zum freien Flug einer Yogini.

224 Seiten • ISBN 978-3-86410-145-8

Mohsen Charifi

Das Glück wächst auf einem Walnussbaum

Kleine Geschichten für das große Leben

Kurzgeschichten, die Flügel verleihen. Geschichten
sind wie Zauberer und Heiler. Sie öffnen das Tor zu
unseren tiefliegenden Wünschen, Träumen und
Hoffnungen, aber sie berühren auch sanft unsere
verborgenen Unsicherheiten, Zweifel und Ängste.
Egal ob Groß oder Klein: Die Freude, die wir beim
Hören von Geschichten erleben, ist die Ahnung, gar die Entdeckung
unserer Möglichkeiten und Stärken, sowie unseres Potenzials.

Mohsen Charifi schafft es, durch Kurzgeschichten über Dankbarkeit,
Ängste oder die Macht der Worte ein herzerwärmendes Gefühl zu
erzeugen, das augenblicklich Lebendigkeit ins Leben zaubert. Die auf-
geschriebenen Erzählungen sind ein aus Worten kreierter Kompass für
mehr Leichtigkeit im Leben.

216 Seiten • ISBN 978-3-86410-175-5